生徒指導・進路指導の方法と実際

磯辺武雄
Takeo Isobe

金　泰勲　編著
TaeHoon-Kim

山﨑真之
Masayuki yamazaki

成文堂

まえがき

　本書は、教育職員免許法施行規則第6条に規定されている「生徒指導、教育相談及び進路指導等に関する科目」のうち、「生徒指導の理論及び方法」「進路指導の理論及び方法」に関するテキストとして編まれたものである。
　今日、戦後70年を迎え、わが国は今や大きな転換期に直面している。このことは、学校教育の分野においてもその影響は現れている。たとえば、すでに学習指導要領の一部改正により、変化の激しいこれからの社会に対して「生きる力」の育成および「確かな学力」の推進が実施中であり、さらには中央教育審議会や教育再生実行会議などにおいて、大学教育の在り方や小中一貫教育制度化を視野にこれまでの学制の見直し、また小中学校「道徳」の授業の教科への格上げなど、教育全般にわたる抜本的な教育改革の答申や提言などがなされている。
　2006（平成18）年12月に改定された新しい教育基本法に基づき、学校教育法も一部改正され、さらに2008（平成20）年3月に「小学校学習指導要領」および「中学校学習指導要領」の告示、翌2009（平成21）年3月には「高等学校学習指導要領」の告示とともに、学校教育法施行規則の一部改正も行われた。
　この間、児童生徒を取り巻く状況にも多くの変化がみられる。特に学校教育現場では、いじめ、不登校、暴力行為、少年非行、命の教育と自殺防止および携帯電話（スマートフォンなど含む）、インターネットなどに関わる問題は、今日、大きな社会問題にもなっている。こうした背景には、多様な価値観が台頭する中で、児童生徒に関わる問題が複雑化、深層化の傾向にあることにも一つの要因があると考えられる。また最近では、生徒指導の在り方を巡って、学校に対する保護者の姿勢にも大きな変化がみられ、学校側に対して保護者からの意見・要望も多くみられるようになってきている。それだけに、いまや学校現場の教師にとって、複雑・多様化した生徒指導の在り方については、何かと難しい課題も多く、大変な苦労も多いことをよく耳にすることがある。その意味では、生徒指導・進路指導の成否はまさに教師の力量

にかかっているといっても過言ではない。

　本書では、生徒指導上における教育課程内外における自己実現を図るための自己指導能力の育成を目指すとともに、究極の課題である「生きる力」の育成に関わる、生徒指導・進路指導などに関する基礎・基本を中心に編まれている。よって、「生徒指導・進路指導とは何か」という基本中の基本に関する理解を深めていただければ幸いである。

　本書の執筆者は、各分野を代表する方々に分担執筆をしていただいた。なお、分担執筆者の内容が他の執筆者の一部と若干重なる部分もみられるが執筆項目の特性上、どうかご海容いただきたい。

　ともあれ本書は、将来教職を目指す大学生・短期大学生だけでなく、日々実践に携わっている現場の教師や教育に関心のある方々にとっても利用しやすいものとなっている。本書により、「生徒指導・進路指導」の基礎・基本の理論、方法および実際を確認し、かつ実践的指導に生かしていくうえで良き手引きとなれば幸いである。

　最後に、何かとご多忙の中、執筆にご協力いただいた方々に感謝申し上げたい。また、各執筆者の原稿整理や種々の事務的作業では、分担執筆者でもある雨森雅哉氏に負うところが多く深くお礼申し上げる次第である。さらに本書の刊行にあたっては、（株）成文堂編集部の田中伸治氏より多大のお世話をいただいた。この場を借りて深く謝意を申し上げたい。

　2015年9月吉日

編著者
磯辺武雄
金　泰勲
山﨑真之

目　次

第1章　生徒指導の基本原理
1. 生徒指導の意義 …………………………………………………………………1
   (1) 生徒指導の経緯　1
   (2) 『生徒指導提要』にみる生徒指導の意義　3
2. 生徒指導の歴史と理論 …………………………………………………………5
   (1) ガイダンスとしての導入　5
   (2) 生活指導としての展開　6
   (3) 生徒指導としての定着　6
   (4) 1980年代以降の生徒指導　7
3. 生徒指導の内容と領域 …………………………………………………………13
   (1) 学習指導要領における生徒指導の位置づけ　13
   (2) 生徒指導の内容と領域　14
   (3) 児童生徒が安心できる人間関係づくりと生徒指導　16
4. 教育課程における児童生徒指導 ………………………………………………18
   (1) 教育課程と生徒指導との関係　18
   (2) 教科における生徒指導　20
   (3) 道徳教育における生徒指導　21
   (4) 総合的な学習の時間における生徒指導　23
   (5) 特別活動における生徒指導　23

第2章　児童生徒理解の方法
1. 児童生徒の発達課題と心理 ……………………………………………………26
   (1) 発達と理解　26
   (2) 児童生徒を理解するために　27
   (3) 児童生徒理解に必要な資料の収集と解釈　28
   (4) 発達障害　29
   (5) 発達課題と心理　30

2．児童生徒のアセスメント …………………………………………35
　　（1）人間関係（ヒューマンリレーション）づくり　36
　　（2）児童生徒理解にて陥りやすい間違いや現象　37
　　（3）児童生徒のアセスメント　38
　3．集団指導と個別指導 ………………………………………………47
　　（1）集団指導の意義　48
　　（2）学級集団のダイナミクス　48
　　（3）集団指導の方法・技術　48

第3章　学校運営と生徒指導
　1．生徒指導の校内組織体制 …………………………………………51
　　（1）学校の現状と課題　52
　　（2）組織と全体指導計画　54
　　（3）今後の指導計画　57
　　（4）生徒指導と教職員の共通理解　57
　2．生徒指導主事 ………………………………………………………58
　　（1）生徒指導主事の法的位置づけ　58
　　（2）沿　革　59
　　（3）生徒指導主事の役割　59
　　（4）生徒指導主事に求められる資質　59
　　（5）生徒指導主事の身分　60
　　（6）生徒指導主事と学級・学年　61
　3．学級（ホームルーム）経営と担任の役割 ………………………63
　　（1）生徒指導における学級（ホームルーム）担任の立場　63
　　（2）生徒指導の基盤としての学級（ホームルーム）経営　63
　　（3）学級（ホームルーム）経営と生徒指導　64
　4．生徒指導の全体計画と年間指導計画 ……………………………67
　　（1）全体計画と年間指導計画の必要性　67
　　（2）児童生徒の発達特性を踏まえた生徒指導の目標と留意点　67
　　（3）アカウンタビリティ（説明責任・結果責任）を求める生徒指

　　　　導　68

第 4 章　生徒指導と教育相談
　1．教育相談の意義 ……………………………………………………77
　　（1）　教育相談の歴史　77
　　（2）　教育相談とカウンセリング　79
　　（3）　教育相談の意義・役割　79
　2．教育相談の組織と計画 ……………………………………………81
　　（1）　教育相談の組織　81
　　（2）　立場による役割分担　86
　3．教育相談の進め方 …………………………………………………89
　　（1）　学級担任・ホームルーム担任が行う教育相談―相談の基本―　89
　　（2）　教育相談と保護者　92
　　（3）　問題を未然に防ぐための教育相談　94
　　（4）　教育相談で用いるカウンセリング技法　95
　　（5）　教育相談担当教員が行う教育相談　95
　4．学校外の専門機関等との連携 ……………………………………97
　　（1）　連携とは　97
　　（2）　児童福祉施設との連携　97
　　（3）　医療機関との連携　98
　　（4）　児童相談所との連携　98
　　（5）　刑事司法関係の機関との連携　99
　　（6）　民間・NPO 法人が設置する施設との連携　99

第 5 章　児童生徒指導と法制度
　1．校則 ………………………………………………………………101
　　（1）　校則とは　101
　　（2）　日本における校則の歴史　102
　　（3）　校則裁判　103

(4)　校則をめぐる考え　105
　2．懲　　戒 ……………………………………………………………106
　　　(1)　懲戒とは　106
　　　(2)　なぜ懲戒なのか　106
　3．体　　罰 ……………………………………………………………107
　　　(1)　体罰（通常，体罰と判断されると考えられる行為）　107
　　　(2)　認められる懲戒　108
　　　(3)　正当な行為（通常，正当防衛，正当行為と判断されると考えられる行為）　108
　　　(4)　児童生徒を教室外に退去させる等の措置について　109
　　　(5)　懲戒と体罰の区別について　110
　　　(6)　正当防衛及び正当行為について　110
　　　(7)　体罰の防止と組織的な指導体制について　110
　　　(8)　部活動指導について　112
　4．出席停止 ……………………………………………………………114
　　　(1)　出席停止とは　114
　5．ゼロ・トレランス方式 ……………………………………………118
　　　(1)　ゼロ・トレランス方式とは　118
　　　(2)　日本での導入　118
　　　(3)　日本での実践例　119
　　　(4)　「ゼロトレランス方式」についての文部科学省の考え　120
　　　(5)　ゼロ・トレランスのアメリカでの実践例　121
　　　(6)　ゼロ・トランス方式の学校での実践をめぐる考え　121
　6．コンプライアンス …………………………………………………122
　　　(1)　コンプライアンスとは　122
　　　(2)　人権の尊重　123
　　　(3)　個人情報の保護　123
　　　(4)　セクシュアルハラスメント　124

第6章　児童生徒指導の今日的課題

 1．い　じ　め ……………………………………………………… 126
  （1）　いじめ問題に対する基本的な取り組み　127
  （2）　学校の取り組み　130
  （3）　ネット上のいじめ　132
 2．不　登　校 ……………………………………………………… 133
  （1）　現状と動向　133
  （2）　現在の基本的な取り組み　135
  （3）　不登校問題を考えるにあたって　138
 3．中途退学 ………………………………………………………… 141
  （1）　現状と動向　141
  （2）　現在の基本的な取り組み　143
  （3）　中途退学問題を考えるにあたって　145
 4．暴力行為 ………………………………………………………… 146
  （1）　はじめに　146
  （2）　暴力行為とは　147
  （3）　学校の現状と指導方法（対応の仕方）　148
  （4）　家庭での指導　148
  （5）　教師と保護者との連携・協力　149
  （6）　学校と地域との連携・協力　149
  （7）　ま　と　め　150
 5．非行少年 ………………………………………………………… 152
  （1）　はじめに　152
  （2）　少年法とは　152
  （3）　非行少年とは　152
  （4）　ま　と　め　154
 6．心身の健康問題と児童生徒の自殺予防教育 ……………… 154
  （1）　心身の健康問題　154
  （2）　児童生徒の自殺予防教育　157

第7章 進路指導・キャリア教育

1. 進路指導・キャリア教育の意義 161
    (1) 進路指導の意義　161
    (2) キャリア教育の意義　165
2. 進路指導・キャリア教育の歴史と理論 169
    (1) 進路指導・キャリ教育の歴史　169
    (2) 進路指導・キャリア教育の理論　175
3. 進路指導・キャリア教育の内容 179
    (1) 育成すべき能力・態度　179
    (2) 教育課程とキャリア教育　183
    (3) 職場体験・インターンシップ　184
4. 進路指導・キャリア教育の組織と計画 184
    (1) 校内組織と指導・運営体制　184
    (2) 指導計画　186

第8章 学校安全・危機管理

1. 学校安全・危機管理の意義 190
    (1) 意　義　190
    (2) 安全行動形成段階と習得上の課題　193
2. 学校安全・危機管理の内容 195
    (1) 定　義　195
    (2) 目　標　198
    (3) 教育内容　200
    (4) 生徒指導と危機管理　202
3. 学校安全・危機管理の進め方 204
    (1) 安全管理と生徒指導　204
    (2) 心のケアと生徒指導　206
4. マスコミ対応の基本 208
    (1) マスコミ対応にあたっての基本的な心構え　208
    (2) マスコミ対応の手順　210

第1章　生徒指導の基本原理

1．生徒指導の意義
2．生徒指導の歴史と理論
3．生徒指導の内容と領域
4．教育課程における児童生徒指導

1．生徒指導の意義

(1) 生徒指導の経緯

　戦後まもない1949（昭和24）年に、『中学校・高等学校の生徒指導』（文部省初中等教育局編）が刊行された。その本の序文で「この手引は、高等学校中学校における生徒指導を発展させ、これを効果的にするために、学校の教育にたずさわる人々の参考に供しようとして編集したものである。」(p.1)とある。これは新たに1947（昭和22）年に制定された「教育基本法」の教育理念と教育目的・目標などに沿って個性豊かな教育、自発的精神の涵養、自他の敬愛などといった人間像を目標としたものであった。

　1954（昭和29）年、文部省は全国に生徒指導推進校を設けて生徒指導の普及を図り、また文部省主催による生徒指導主事講座や都道府県との共催による中学校・高等学校生徒指導講座も開催している。そして1965（昭和40）年には、『生徒指導の手びき』を刊行し、全国の中学校、高等学校に配布している。なお1981（昭和56）年には『生徒指導の手引（改訂版）』が公刊された。

　この改訂版では「生徒指導は、学校がその教育目標を達成するための重要な機能の一つである。現在の学校教育、特に中学校や高等学校の教育において、生徒指導の充実強化が強く要請されている根拠として、青少年の非行その他の問題行動の増加の現象とそれに対する対策の必要性が挙げられるが、

生徒指導の意義は、このような青少年非行等の対策といったいわば消極的な面にだけあるのではなく、積極的にすべての生徒の一人一人にとっても、また学級や学年、更に学校全体といった様々な集団にとっても、有意義にかつ興味深く、充実したものになるようにすることを目指すところにある。」(p. 1) としている。

　また、1988 (昭和 63) 年に公刊された『生徒指導資料第 20 集・生徒指導研究資料第 14 集 (中学校・高等学校編)』では「生徒指導とは、本来、一人一人の生徒の個性の伸長を図りながら、同時に社会的な資質や能力・態度を育成し、さらに将来において社会的に自己実現ができるような資質・態度を形成していくための指導・助言であり、個々の生徒の自己指導能力の育成を目指すものである。そして、それは学校がその教育目標を達成するためには欠くことのできない重要な機能の一つなのである。」(p. 1) と記している。

　こうした中で、2010 (平成 22) 年に体系的な生徒指導書として文部科学省より『生徒指導提要』が公刊された。これについては後程、主要点についてふれたい。

　以上、『生徒指導提要』が公刊されるまでの生徒指導書に関わる経緯について、ごく簡略的に概察してきた。しかし、この間にも生徒指導書以外でも、生徒指導に関わる動きもみられるので少しみておきたい。

　わが国では 1958 (昭和 33) 年に小・中学校に「道徳」の時間が特設され、1960 (昭和 35) 年には高等学校に科目「倫理社会」が新設された。

　今日の道徳教育については、「中学校学習指導要領」(2008〈平成 20〉年 3 月告示) 第 1 章総則第 1 の 2 で以下のように示されている。すなわち「道徳教育は、教育基本法及び学校教育法に定められた教育の根本精神に基づき、人間尊重の精神と生命に対する畏敬の念を家庭、学校、その他社会における具体的な生活の中に生かし、豊かな心をもち、伝統と文化を尊重し、それらをはぐくんできた我が国と郷土を愛し、個性豊かな文化の創造を図るとともに、公共の精神を尊び、民主的な社会及び国家の発展に努め、他国を尊重し、国際社会の平和と発展や環境の保全に貢献し未来を拓く主体性のある日本人を育成するため、その基盤としての道徳性を養うことを目標とする。」(p. 15) としている。

このように道徳は、子どものより良い人格の発達を目指す生徒指導と多くの共通点があることにも注視すべきであろう。

　ところで、1989（平成元）年の学習指導要領改訂告示により「新しい学力観」が提示され、これまでの知識・理解・技能に加えて関心・意欲・態度が学力の一つとして位置づけられた。また1998（平成10）年（小・中学校）、1999（平成11）年（高等学校）の学習指導要領改訂告示において、新学習指導要領の目玉といわれた「総合的な学習の時間」が新設され従来の教科や領域の枠を超えた横断的・総合的な課題や児童生徒の興味・関心に基づく学習活動が示された。2002（平成14）年から（高校では2003〈平成15〉年）は、教科内容と授業時間数の削減が導入されており、2003（平成15）年の中央教育審議会答申「初等中等教育における当面の教育課程及び指導の充実・改善方策について」において、「ゆとり教育」と特色ある教育により「生きる力」の育成をめざすことが示されている。しかし、その後において学力低下や生徒指導上の多様な問題も生じ、多くの課題が指摘されてきた。

　2006（平成18）年には、59年ぶりに教育基本法の抜本的改革が行われ、新たに「教育の目標」（第2条）として「豊かな情操と道徳心を培うとともに、健やかな身体を養う」「個人の価値を尊重して、その能力を伸ばし、創造性を培い、自主及び自律の精神を養う」「正義と責任、男女の平等、自他の敬愛と協力を重んずる」「伝統と文化を尊重し、それらをはぐくんできた我が国と郷土を愛する」ことなどが明記された。

　こうした背景を踏まえた中で、小学校では2011（平成23）年、中学校では2012（平成24）年の学習指導要領改訂では「生きる力」が強調されている。「生きる力」は、教育基本法改正後に、新たに「愛国心」や「道徳心」といった意味も加味された言葉として注視すべきものであろう。

(2) 『生徒指導提要』にみる生徒指導の意義

　生徒指導の呼称については、文部省より1965（昭和40）年に刊行された『生徒指導の手びき』以来、小学校・中学校・高等学校を通して「生徒指導」と総称されるようになった。また、1981（昭和56）年には『生徒指導の手引（改訂版）』が公刊されたものの、少年非行、暴力行為に加えて、昨今では深刻な

いじめ問題、インターネットや携帯電話に関わる問題など、生徒指導上の問題も多岐にわたり、かつ深刻さも増してきている。

こうした現況から、『生徒指導の手引（改訂版）』から29年ぶりに文部科学省より2010（平成22）年に生徒指導の在り方につて新たに示されたのが『生徒指導提要』（以下、『提要』とする）である。

『提要』では、生徒指導の意義について以下のように示している。

> 「生徒指導とは、一人一人の児童生徒の人格を尊重し、個性の伸長を図りながら、社会的資質や行動力を高めることを目指して行われる教育活動のことです。すなわち、生徒指導は、すべての児童生徒のそれぞれの人格のよりよい発達を目指すとともに、学校生活がすべての児童生徒にとって有意義で興味深く、充実したものになることを目指しています。生徒指導は学校の教育目標を達成する上で重要な機能を果たすものであり、学習指導と並んで学校教育において重要な意義を持つものと言えます。
> 各学校においては、生徒指導が、教育課程の内外において一人一人の児童生徒の健全な成長を促し、児童生徒自ら現在及び将来における自己実現を図っていくための自己指導能力の育成を目指すという児童生徒の積極的な意義を踏まえ、学校の教育活動全体を通じ、その一層の充実を図っていくことが必要です。」（文部科学省編『生徒指導提要』教育図書、2010〈平成22〉年3月、p. 1）。

上記の『提要』の内容から、生徒指導といえば、とかく非行や不登校、いじめなどの問題行動の児童生徒が指導の対象と思われがちだが、そうではなくすべての児童生徒を対象として行われるものであるとしている。また、生徒指導は、学習指導と並んで学校教育において重要な意義を持つことや児童生徒自ら現在および将来における「自己実現」を図っていくための「自己指導能力」の育成を目指し、学校の教育活動全体を通じ、その一層の充実を図っていくことの必要性など、生徒指導の基準について明確に記している。

これまでの生徒指導のガイドラインが中学校・高等学校中心であったものが、この『提要』では、小学校の児童も対象にしており、2010（平成22）年の秋に全国の小学校・中学校・高等学校に配布された。

2．生徒指導の歴史と理論

　生徒指導は、第二次世界大戦後に新しい指導の考え方、方法としてわが国に導入されてから、今日に至るまで、社会の状況とそれにともなう学校教育および児童生徒の変化に応じて、その在り方を変えてきた。本節では、今日の生徒指導の在り方を歴史の相の下に深く考えていくため、戦後の生徒指導の歴史的変遷について概観することとしたい。

(1) ガイダンスとしての導入

　第二次世界大戦直後のわが国の教育にとって米国教育使節団報告書などアメリカの影響が大きかったが、生徒指導（生活指導）についても同様であった。戦後の新しい教育理念を示した旧教育基本法の前文には「個人の尊厳を重んずる」という原則が示され、その根本課題として「真理と平和を希求する人間の育成」と「普遍的にしてしかも個性豊かな文化の創造」の二つを挙げているが、この実現に向けての方法・技術としてアメリカのガイダンスが学校に導入された。ガイダンスは、人生の過程で直面する問題を児童生徒が自分で解決できるように導いていくものである。1950（昭和25）年頃までは、特に児童生徒を心理学的に分析・診断する技術に力点がおかれたガイダンスに基づく生徒指導が教育現場で志向されていた。

　1949（昭和24）年に文部省は、現職教員に向けて「児童の理解と指導」、「中学校・高等学校の生徒指導」を刊行してガイダンスの理解を図った。さらに1951（昭和26）年の「学習指導要領一般編」においてガイダンスが学校教育の重要な任務として位置づけられた。こうしたガイダンスの導入が進むにつれて、問題のある子どもに対する指導についての関心が教師の間で高まっていった。また、ガイダンスの活動領域としてホームルームに関心が集まり、特別教育活動、児童会、クラブ活動などについての研究や実践が盛んに行われた。

(2) 生活指導としての展開

サンフランシスコ講和条約の締結（1952〈昭和 27〉年）により連合国による占領が終焉し、わが国の独立が回復すると、教師たちの間にも国民的な自覚が高まり、ガイダンスに基づく形式的な生徒指導（生活指導）に対する批判と相まって、生活の実態に根ざした生活指導が求められるようになった。これらは「山びこ学校」にみられるような生活綴方による生活指導へと発展することとなった。生活現実に対面している子どもを発掘し、子どもの生活認識を高め、意味ある行動をとらせるという教育活動を通じて生活指導していくものである。1955（昭和30）年以降、これは「生活綴方的生活指導」（仲間づくり、学級づくり論）として理論化され、民間教育運動の一翼を担うようになった。こうして、個性についての心理学的な理解を前提としたガイダンスや生徒指導という用語は次第に教育現場で用いられなくなり、1954（昭和29）年頃より生活指導という用語が一般に使われるようになった。

その後、教育現場の中にはソ連のマカレンコに代表される集団主義理論に基づいた生活指導を実践するところもでてきた。これは班づくり、核づくり、討議づくりの三つの方法によって、寄り集まりの子どもたちを一つのまとまったスタイルと意志を持った集団に組織していく指導である。

このような生活指導が行われていった一方で、個人の行動や人格に対する指導としての生活指導の考え方も確立されていくことになる。たとえば、文部省は 1956（昭和31）年に生活指導研究協議会を主催し、初等教育及び中等教育の分野において、児童生徒の実態に基づき、その指導に関する重要な諸問題について研究協議し、生活指導の充実と拡充を図っていくことになる。

(3) 生徒指導としての定着

少年非行の増加傾向がみられ、その第二のピークを迎えた 1964（昭和39）年、文部省では生徒指導講座を開催し、生徒指導研究推進校の指定を行った。また、1965（昭和40）年には生徒指導資料第 1 集として『生徒指導の手びき』を公刊し、中学校・高等学校の教師に配布することによって生徒指導の理解と普及を図っていった。そこでは「生活指導という用語は現在かなり多義的に使われているので、本書では生徒指導とした」として、生徒指導を公式な

用語として再び位置づけることとなった。

　『生徒指導の手びき』の「まえがき」では、生徒指導は「すべての生徒のそれぞれの人格のよりよき発達を目ざすとともに、学校生活が生徒のひとりひとりとっても、また学級や学年、さらに学校全体にとっても、有意義に、興味深く、そして充実したものになるようにすることを目標とする」としつつも、「近時生徒の非行や問題行動が増加の傾向にあり、これは学校教育としても重大な関心事でなければならない。非行対策は、本来生徒指導の消極的な面であるが、学校における考え方や扱い方に時には誤りも見られるし、当面の大きな問題であるので、本書においては、この問題についても重点的に取り上げた。」としている。こうしたことが、生徒指導を非行、問題行動のある児童生徒のみを対象とした指導であるとの印象を与えることにつながった。

(4) 1980年代以降の生徒指導

　1980年代前半、少年非行が第三のピークを迎え、いじめ、登校拒否、校内暴力、少年非行などの教育荒廃といわれる現象が社会的に問題とされるようになった。1984（昭和59）年に発足した内閣総理大臣直属の臨時教育審議会では、この背景として、偏差値や学歴の偏重の画一的な教育が子どもの多様な個性への配慮を欠いていること、学校教育における徳育が十分に機能していないこと、また家庭の教育力の低下や有害な環境による影響があることなどを指摘した。これを受けて、文部省は従来からの生徒指導の課題に加えて、①人間関係の改善と望ましい人間関係の促進、②生徒の自然体験や生活体験の不足を補うような習慣の形成、③生徒の将来展望の不確実さや不安の解消及び自己指導能力の伸長を挙げて、積極的、能動的な生徒指導の展開の必要性を指摘した（『生徒指導資料集第20集』1988〈昭和63〉年）。

　1996（平成8）年、中央教育審議会答申「21世紀を展望した我が国の教育の在り方について」は、学校教育において最も解決に向けて取り組みが求められる課題として、いじめと不登校を挙げた。この問題の解決には、学校や教育委員会、家庭・地域社会の一層の取り組みが必要であるだけでなく、教育相談体制を充実するうえで教員以外の専門家の協力が不可欠であること、また学校は全力をあげて取り組むだけでなく、学校のみで解決をすることにこ

第1章 生徒指導の基本原理

表 1-2-1　生徒指導年表

年度	生徒指導に関わる制度改正、審議会答申等	生徒指導に関わる事業
1949年 (昭和24年)	・「文部省設置法」制定(初等中等教育局の所掌事務として「生徒指導」が規定される。	・文部省、「児童生徒の理解と指導」および「中学校・高等学校の生徒指導」
1951年 (昭和26年)	・「学習指導要領一般編」において生徒指導(ガイダンス)が学校教育の重要な任務として取り上げられる。	
1952年 (昭和27年)	・社会教育審議会〈青少年教護分科審〉が、青少年不良化防止、校外生活指導を審議。	
1955年 (昭和30年)		・生徒指導に関する研修指定校(中・高1校ずつ)を指定。
1956年 (昭和31年)	・「地方教育行政の組織及び運営に関する法律」制定。(教育委員会の職務として「生徒指導に関すること」が規定される。生徒指導とは、生徒児童幼児の健康、性格、社会性、公民性及び余暇利用等に関し、教師の行う生活指導、躾をいう。)	・生活指導の占める意義の高まりを踏まえ、「生活指導研究協議会」を開催。翌1957(昭和32)年も実施。
1958年 (昭和33年)	・学習指導要領に「道徳」を特設。	
1964年 (昭和39年)	・生徒指導担当の指導主事(充て指導主事)の配置。(90人、生徒指導研究推進校における生徒指導の現場に対して指導力を発揮。)	・生徒指導研究推進校を設置。(青少年の不良化が増加したため、生徒の健全育成と非行防止対策として中学校54校、高等学校8校を指定。) ・生徒指導主事講座を開催。(生徒指導を専門的に担当する教師の育成。) ・生徒指導講座を開催。(中・高校の教頭を対象に生徒指導の充実強化を図る。)
1965年 (昭和40年)	・中央教育審議会「期待される人間像」の中間草案を発表。	・生徒指導資料第1集「生徒指導の手引き」を作成。(15万部を中・高に配布。)
1966年 (昭和41年)	・中央教育審議会「後期中等教育の拡充整備について」答申。	・都道府県生徒指導講座の実施。 ・不登校(学校嫌い)調査開始。
1967年 (昭和42年)	・教育課程審議会「小学校の教育課程の改善について」答申。(「児童会活動」「学校行事」「その他の教育活動」から成る「特別活動」を新設。)	

2．生徒指導の歴史と理論　9

1968年 (昭和43年)	・教育課程審議会「中学校の教育課程の改善について」答申。(「生徒指導」：自主的な生活態度の育成、個性の伸長。学級指導…生徒理解、悩みや不安の解消、生活態度の育成。)	・高等学校生徒指導連絡協議会の開催。
1969年 (昭和44年)	・教育課程審議会「高等学校教育課程の改善について」答申。 ・定数改善5か年計画により18学級以上の中学校に生徒指導主事を配置。 ・改定された中学校学習指導要領に「生徒指導の充実」を明記。	
1970年 (昭和45年)	・改定された高等学校学習指導要領に「生徒指導の充実」を明記。	
1971年 (昭和46年)	・中央教育審議会「今後における学校教育の総合的な拡充整備のための基本的施策について」答申。(初等中等教育の問題…量の増大に伴う質の変化への対応、教育内容の精選と個性の伸長、個人の特性に応じた教育。)	
1975年 (昭和50年)	・主任の制度化。(中・高校に「生徒指導主事」が省令主任として位置づけられる。)	・カウンセリング技術指導講座の実施。
1976年 (昭和51年)	・教育課程審議会「小学校、中学校及び高等学校の教育課程の基準の改善について」答申。(人間性豊かな児童生徒の育成、ゆとりと充実の学校生活を目指す。生徒指導、進路指導に関しては、特別活動と各教科外活動の学級指導およびホームルームの充実。)	・生徒指導主事講座の実施。
1978年 (昭和53年)		・中・高等学校生徒指導研究推進地域の指定。
1981年 (昭和56年)		・小・中学校生徒指導研究推進地域の指定。(小・中連携の推進。) ・校内暴力についての手引き書の作成(生徒指導資料第17集「生徒の健全育成をめぐる諸問題—校内暴力を中心に—」)。

1982年 (昭和57年)	・最近の学校における問題行動に関する懇談会が校内暴力について提言。(町田市の教員による中学生殺傷事件、横浜市の中学生等による浮浪者襲撃事件を契機。これまでの取組だけでは不十分であることを指摘。)	・「生徒指導推進会議」を開催。(中央および地方で開催。教育委員会、学校、PTA、関係機関等による協議を実施。各関係者の共通理解、地域ぐるみの指導体制の強化を図る。)
1983年 (昭和58年)	・中央教育審議会教育内容等小委員会審議経過報告。	・登校拒否に関する手引書を作成(生徒指導資料第18集、生徒指導研究資料第12集「生徒の健全育成をめぐる諸問題：登校拒否問題を中心に」)。 ・教育相談活動推進事業を実施。(委嘱相談員による巡回指導。)
1984年 (昭和59年)		・自然教室推進事業を開始。(自然環境の中での集団宿泊活動を行う事業に対する補助。児童生徒の問題行動に対処し、長期的な視点に立った生徒指導を行うもの。)
1985年 (昭和60年)	・中央教育審議会「時代の変化に対応する初等中等教育の基本的あり方について」答申。 ・児童生徒の問題行動に関する検討会議が「いじめの問題の解決のための緊急アピール」を提言。 ・関係省庁から成る非行防止対策推進連絡会議「最近における「いじめ」等青少年の問題行動に関し当面とるべき措置について」申し合わせ。	・中学校生徒指導推進校事業を実施。(地域の団体との連携を含めて対応するため、事業内容を拡充。)
1986年 (昭和61年)	・臨時教育審議会「教育改革に関する第二次答申」。(いじめの問題、瑣末主義的管理教育を改め、学校に事由と規律を求める。)	
1987年 (昭和62年)	・臨時教育審議会「教育改革に関する第三次答申」。(自然学校の推進。) ・臨時教育審議会「教育改革に関する第四次答申」(最終答申)。	・夜間電話相談事業を開始。
1988年 (昭和63年)	・いじめ、登校拒否問題の深刻な中学校に教員の加配措置を講ずる。	

1989年 (平成元年)	・学校不適応対策調査研究協力者会議を設置。（登校拒否、高校中退問題について検討。） ・改訂された小学校学習指導要領に「生徒指導の充実」を明記。	・学校不適応対策推進事業を開始。（協力者会議、学校不適応対策全国連絡協議会、地域ぐるみの対策事業「総合推進事業」。） ・生徒指導講座の実施（カウンセリング技術指導講座と生徒指導主事講座を統合）。
1990年 (平成2年)	・学校不適応対策調査研究協力者会議「登校拒否問題について」中間まとめを公表。	・登校拒否児の適応指導教室事業を開始。 ・校則の見直し状況についての調査を実施。（神戸高塚高校女子生徒死亡事件を契機に、全日本中学校長会及び全国高等学校長協会に委託。）
1991年 (平成3年)		・校則見直し状況調査結果を公表（中・高校長会委託）。
1992年 (平成4年)	・学校不適応対策調査研究協力者会議「登校拒否（不登校）問題について」報告。 ・学校不適応対策調査研究協力者会議「高等学校中途退学問題について」報告。	
1994年 (平成6年)	・「いじめ対策緊急会議」緊急アピール。	
1995年 (平成7年)		・スクールカウンセラーの配置の開始。（2000〈平成12〉年度までは調査研究事業、2001〈平成13〉年度から補助事業化）
1996年 (平成8年)	・中教審「21世紀を展望したわが国の教育の在り方について」答申。 ・児童生徒の問題行動等に関する調査研究協力者会議「いじめの問題に関する総合的な取組について」。	・いじめ問題等対策研修講座の実施。
1997年 (平成9年)	・中学校卒業程度認定試験の受験資格の弾力化（学校教育法施行規則の改正）。	
1998年 (平成10年)	・中教審「新しい時代を開く心を育てるために」答申。 ・文部大臣の緊急アピール（ナイフを持ち込まない）。	・「心の教室相談員」の配置の開始。 ・いじめ・不登校等研修講座の実施。

12　第1章　生徒指導の基本原理

1999年 (平成11年)		・「不登校児童生徒の適応指導総合調査研究委託:スクーリング・サポートプログラム (SSP)」開始。 ・「生徒指導総合研修講座」開始。
2000年 (平成12年)	・教育改革国民会議。	・「生徒指導総合連携推進事業」開始。
2001年 (平成13年)	・出席停止制度の改善。 ・学校における体験活動の充実（学校教育法の一部改正）。 ・「心と行動のネットワーク」（少年の問題行動等に関する調査研究協力者会議報告書）。	
2002年 (平成14年)	・児童生徒支援加配制度の創設（義務標準法施行令の改正）。 ・「不登校問題に関する調査研究協力者会議」発足。 ・中教審答申「青少年の奉仕活動・体験活動の推進方策について」。	・「サポートチーム等地域支援システムづくり推進事業」開始。 ・「豊かな体験活動推進授業」開始。
2003年 (平成15年)	・「今後の不登校への対応の在り方について」（不登校問題に関する調査研究協力者会議報告書）。	・スクーリング・サポート・ネットワーク事業（SSN）開始。
2004年 (平成16年)	・「学校と関係機関等との行動連携を一層推進するために」（学校と関係機関との行動連携に関する研究会報告書）。 ・「児童生徒の問題行動対策重点プログラム」策定。	・「子どもと親の相談員の配置」開始 ・「生徒指導上の諸問題に対する指導者の育成を目的とした研修」および「体験活動の円滑な実施を促進するための指導者の養成を目的とした研究」の開始。

文部科学省ウェブサイト「生徒指導関係年表」より作成

だわらない開かれた学校運営が大切であることを指摘した。これを受けて、スクールカウンセラーの配置が補助事業となり（2001〈平成13〉年度より）、生徒指導をサポートする体制の充実が図られた。また、2008（平成20）年からは、スクールソーシャルワーカーが配置されることとなった。

　1998（平成10）年の児童生徒の問題行動等に関する調査協力者会議報告書「学校の『抱え込み』から開かれた『連携』へ―問題行動への新たな対応―」は、子どもの問題行動の背後には、意識と行動の質的変化などが存在し、学校のみで対応できない新たな問題が増加しているため、学校内ですべての問

題を解決しようとする意識を捨て、関係する人々や関係機関と協同して生徒指導にあたる姿勢に転換するよう提言した。

さらに、2001（平成13）年の少年の問題行動等に関する調査研究協力者会議報告書「心と行動のネットワーク―心のサインを見逃すな、『情報連携』から『行動連携』へ」は、問題行動への対応にあたり、学校、家庭および地域社会の情報のみの連携では不十分であり、互いの意思疎通を図り、自らの役割と責任を果たしつつ、ネットワークとして一体的に対応を行う行動連携の必要性を指摘した。

これまでの学校では、学校内で生起する問題をすべて自ら解決しようとする意識があった。しかし現在では、保護者や地域社会に「開かれた生徒指導」として、家庭や関係機関とネットワーク化を図るとともに、「学校としての説明責任」を果たすという、新たな考え方に基づく生徒指導の在り方が問われるようになった。こうした中で学校の裁量拡大、学校評議員制度、学校運営協議会制度（コミュニティスクール）、学校評価と情報提供の推進などの取り組みが進められている。

3．生徒指導の内容と領域

(1) 学習指導要領における生徒指導の位置づけ

生徒指導計画の作成などにあたって配慮すべき事項として「小学校学習指要領」（2008〈平成20〉年3月告示）の第1章総則第4の2（3）では、「(3) 日ごろから学級経営の充実を図り、教師と児童の信頼関係及び児童相互の好ましい人間関係を育てるとともに児童理解を深め、生徒指導の充実を図ること。」（p.16）として、学級経営と生徒指導の充実を示している。

また、「中学校学習指導要領」（2008〈平成20〉年3月告示）の第1章総則第4の2（3）（4）（5）では、「(3) 教師と生徒の信頼関係及び生徒相互の好ましい人間関係を育てるとともに生徒理解を深め、生徒が自主的に判断、行動し積極的に自己を生かしていくことができるよう、生徒指導の充実を図ること。(4) 生徒が自らの生き方を考え主体的に進路を選択することができるよう、学校の教育活動全体を通じ、計画的、組織的な進路指導を行うこと。(5) 生徒が

学校や学級での生活によりよく適応するとともに、現在及び将来の生き方を考え行動する態度や能力を育成することができるよう、学校の教育活動全体を通じ、ガイダンスの機能の充実を図ること。」(p.18) として、生徒指導やガイダンスの機能の充実および計画的、組織的な進路指導が示されている。

さらに、「高等校学習指導要領」(2009〈平成21〉年3月告示) の第1章総則第5款の5の (3)(4) では、「(3) 教師と生徒の信頼関係及び生徒相互の好ましい人間関係を育てるとともに生徒理解を深め、生徒が主体的に判断、行動し積極的に自己を生かしていくことができるよう、生徒指導の充実を図ること。(4) 生徒が自己の在り方生き方を考え、主体的に進路を選択することができるよう、学校の教育活動全体を通じ、計画的、組織的な進路指導を行い、キャリア教育を推進すること。」(p.22) として、生徒指導の充実およびキャリア教育の推進を示している。

上記の学習指導要領総則では付言すれば、教師と生徒の信頼関係および生徒相互の好ましい人間関係を育てるとともに生徒理解を深め、生徒が自主的・主体的に判断、行動し積極的に自己を生かしていくことができるよう、学校教育全体を通じ、ガイダンスの充実を図ることなどが明記され、よって生徒指導は、教育活動のすべての領域において機能すべきものとして考えられている。

現行の教育課程に基づく教育活動には、各教科、道徳、総合的な学習の時間、特別活動などがあるが、生徒指導は、これらの教科・科目だけでなく、教育課程以外の領域にも関するすべての事項に関係している。中でも道徳および特別活動との関わりは大変に深いといえよう。

(2) 生徒指導の内容と領域

生徒指導はあらゆる教育活動の中で機能するものと考えられているため、その領域や具体的な指導内容は多岐にわたる。一般的には、各教科、道徳、総合的な学習時間、特別活動などの教育課程の全領域を通じて行われる。また、教育相談や随時に行われる指導のような、領域的には教育課程に属さない教育活動でも行われる。いずれの領域における生徒指導においても、各学校では、児童生徒の将来における職業や生活への見通しなどにおいて、自己

実現を図っていくための自己指導能力の育成を目指すという、積極的な活動とその充実が求められている。つまり、児童生徒のいる場所ではいつでも生徒指導的な関わりが求められているといえる。特に学校教育では、生徒指導と学習指導は深く関わっている。

　自己指導能力という言葉自体は、以前から使用されていたものである。たとえば1988（昭和63）年3月発行の文部省編『生徒指導資料第20集（生徒指導研究資料第14集）』（中学校・高等学校編）には、「自己指導能力には、自己をありのままに認め（自己受容）、自己に対する洞察を深めること（自己理解）、これらを基盤に自らの追求しつつある目標を確立し、また明確化していくこと、そしてこの目標の達成のため、自発的、自律的に行動を決断し、実行することが含まれる。そして生徒が、ダイナミックな日常生活のそれぞれの場でどのような選択が適切であるか、自分で判断して実行し、またそれについて責任をとるという経験を広く持つことの積み重ねを通じて自己指導能力はその育成が図られる。」（p.16）としている。なお、『提要』によれば日常の学校生活の場面における様々な「自己選択」、「自己決定」とともに「自己実現」ができることで、「自己指導能力」は完結し、最終的には「自己実現」が集団や社会の一員として認められていくことを前提にした概念だとしている（同書 p.1）。この観点から、生徒指導において自己実現ができるための目標をもたせ、その目標に向かって自ら自主的、主体的に「生きる力」、すなわち自己指導能力の育成を図るための留意点として、以下の三つが重要である。

1）生徒一人一人に自己存在感を与えること

　個々人は、本人に代わる人が存在しないという意味でかけがえのない存在である。人は他者との関わりの中で生きており生徒が現にここに存在しているということだけで、かけがえのない存在として認め、生徒一人一人の存在を大切にすることが指導の基本となる。一人一人の生徒が例外なくあらゆる学校生活の場で自己存在感をもつことができるように配慮することが重要であり、そのために生徒の独自性、個別性を大切にして指導を行うことが求められる。

2）共感的な人間関係を育成すること

　かつてのような教師と生徒との関係を権威と服従のような関係で教育効果

を上げることは、一時的な効果はあるにしても継続的な効果をあげるには難しい。教師は、生徒から尊敬され、かつ一人の人間として生徒との人間的なふれあいを通じて、お互いの信頼関係が構築されていることが大切である。

たとえば合唱コンクールに向けて、指導教師と部員が一体となって日々の猛練習の結果、合唱コンクールで入賞したときの喜びと達成感を共有することができるのは、普段生徒のために情熱をもって一生懸命に指導する教師の姿（いわゆる後姿）をみて、生徒も自ら目覚めたり、気づいたりしてそれに応えて練習に励むという共感的な人間関係、信頼関係があればこそといえよう。この共感的な人間関係は、単に教師と生徒との間だけでなく、学級の仲間や友人（学級以外）をお互いに一人の人間として尊重し合い、より良い人間関係を構築し生徒一人一人の個性の伸長を促すことにおいても、生徒間の共感的な人間関係の育成も重要である。

3）自己決定の場を与え自己の可能性の開発を援助すること

生徒が自らの行動を選択（決断）し、実行し、責任をもつという経験を通して自己指導能力の育成が図られることについてはすでに述べた通りである。このため、生徒に自己決定の場を多く与え、生徒一人一人が、自分自身で判断し、行動を選択するための時間や機会を十分に確保することは重要である。学校においては、特に特別活動の内容である学級（ホームルーム）活動、生徒会活動、学校行事においては、この自己決定が中心的な課題といえる。

上記の三つを中心に展開される教育活動を、一般に「生徒指導の三機能」と呼んでいる。

(3) 児童生徒が安心できる人間関係づくりと生徒指導

生き生きとした学校づくりを進めるためには、生徒指導の三機能を生かすほかに、児童生徒が安心できる人間関係づくりの面からの生徒指導において以下のことにも配慮すべきである。

1）自尊感情（自己肯定感）

自尊感情とは、他人から愛され、自分自身の価値や有能さに関する感覚や感情のことである。この自尊感情は自己肯定感とほぼ同義のものとされている。自尊心が高い人は、自分を大切にするだけでなく、他人への思いやりを

もつこともでき、良好な人間関係を構築しやすい。
 2）自己効力感
　自己効力感とは、自分自身が、他人に対して「することができる」「してあげることができる」といったような何らかの働きかけをすることが可能であるという感情である。
 3）自己有用感
　自己有用感とは、自分自身が、相手の役に立つことができるとして必要とされている、あるいは他人から何かしら必要とされているという感情をいう。
　実際には、これらは重複する部分も多いが、いずれにしても上記の感情（感覚）を高めることは生徒指導において大切なことである。
　ところで生徒指導において、治療的生徒指導、予防的生徒指導、開発的生徒指導という用語がしばしば使われることがある。
　治療的生徒指導とは、後追い指導のことで、問題行動が起こった時に事後対処的な生徒指導をいう。
　予防的生徒指導とは、予想される問題行動などに対して深刻なものにならないように、早期発見、早期対応の生徒指導をいう。
　開発的生徒指導とは、対処的生徒指導や予防的生徒指導を連動させながら、生徒の良さを伸ばす生徒指導をいう。
　今日では、予防的生徒指導および開発的生徒指導を中核とした生徒指導が行われている。なお、八並（2009）は、「生徒指導の実践モデル」として**図1-3-1**を示している。
　このモデルによれば、第一は、すべての子どもを対象とした問題行動の予防や、子供の個性・自尊感情・社会的スキルの伸長に力点を置いたプロアクティブな（育てる）生徒指導であり、開発的生徒指導と呼ばれるものであるとしている。また第二は、一部の気になる子どもや特定の子どもによって引き起こされた問題行動に、どのように対応するかというリアクティブな（治す）生徒指導で、初期の段階で問題解決を図り、深刻な問題へ発展しないように予防するもので、予防的生徒指導としている。また、いじめ・不登校・暴力行為・性の逸脱行為・薬物乱用・摂食障害・不安障害など、深刻な問題行動や悩みを抱えている特定の子どもに対しては、学校や関係機関が連携して解

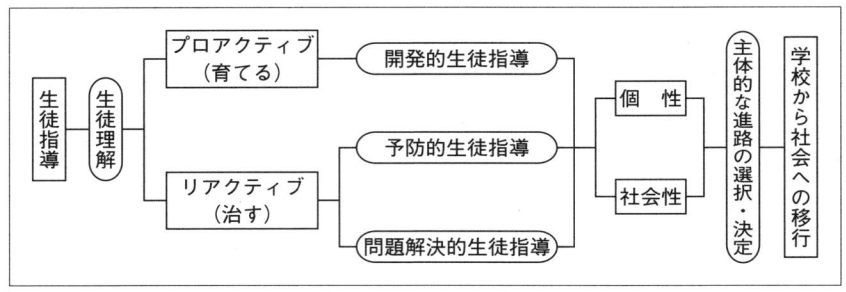

図 1-3-1　生徒指導の実践モデル
(八並光俊・國分康孝編集『新生徒指導ガイド』2009〈平成21〉年 p.17)

決を行うものとし、これを問題解決的生徒指導としている。いずれも、特別な援助ニーズをもつ個に焦点をあて、個を育てるとしている。

　生徒指導の究極は、一人一人の児童生徒が現在および将来においての「生きる力」の育成といえる。そのためには一人一人の児童生徒の人格を尊重し、個性の伸長を図りながら、社会的資質や行動力を高めた自己実現を図っていくための自己指導能力の育成が求められる。それゆえに、自尊感情（自己肯定感）、自己効力感、自己有用感の育成にも努め、学校の教育活動全体を通じて一層の積極的な生徒指導の充実が求められる。

4．教育課程における児童生徒指導

(1) 教育課程と生徒指導との関係

　教育課程は、学校教育の目的や目標を達成するために、教育の内容を児童生徒の心身の発達に応じ、授業時数との関連において総合的に組織した学校の教育計画である（文部科学省「中学校学習指導要領解説総則編」ぎょうせい、1945〈昭和20〉年、p.9）。

　その教育課程は、各教科（高校では各教科に属する科目）、道徳（小・中学校）、外国語活動（小学校）、総合的な学習の時間、特別活動によって編成するものとされている（学校教育法施行規則50条、72条、83条）。

　したがって、学校の教育活動はそのほとんどが教育課程の中に包含されて

いる。しかし、学校教育は極めて多岐にわたるため、教育的に重要な活動が教育課程外として実施されているものもある。その中でも児童生徒に直接働きかける教育活動としては、休み時間や放課後などに行われる個別的な指導や教育相談などの生徒指導が挙げられる。他方で、教育課程の展開として行われるそれぞれの目標に向けた教育活

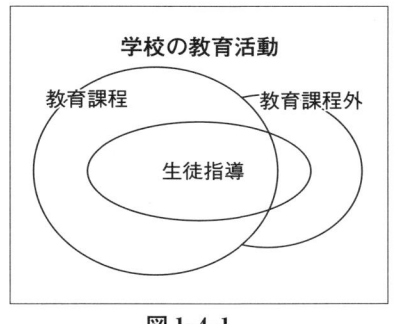

図 1-4-1

動にも、生徒指導の機能が同時に働いている場面がある。すなわち、上**図 1-4-1** のように、生徒指導は教育課程内外の活動において重要な機能を担うものであるといえる。

1）教育課程と生徒指導の特性

教育課程は、学校において児童生徒の人間形成や成長発展に直接関わる役割を担っている。そこではどうしても多数の児童生徒を対象として、一定の期間に、人間として必要な共通の基盤に立つ資質や能力を育成しようとするのであるから、「共通性」がその特性として挙げられる。他方で、児童生徒は一人一人異なる個性をもち、その成育条件や環境条件も同じではないことから、個性的な資質能力を伸ばしていくことも必要となる。後者はまさに生徒指導が機能する場面といえる。なぜなら、生徒指導は「一人一人の児童生徒の人格を尊重し、個性の伸長を図る」ことを本質とするものであるからである（文部科学省『生徒指導提要』教育図書、2010〈平成 22〉年、p.1）。このことから、生徒指導の特性として「個別性」が挙げられることになる。

教育課程の実施にあたっては、その「共通性」からある程度の画一的な指導は避けられない。ただ、その中でも児童生徒の個性や能力に応じた教育が行われるようになれば、教育課程のもつ「共通性」を補正し、「個別性」を図ることを目指す生徒指導の機能が生かされることになる。このことを教科を例にみてみると、そこでは教育課程として共通の学習内容の設定があり、一定水準を目指した指導が行われる。しかし、児童生徒の一人一人はその能力・適性において千差万別で、必ず学習上の不適応を起こす者が出てくる。これ

を救うためには、わかる授業の推進や興味関心を引き出す授業の工夫等の教育課程実施上の改善措置に依存するところが大きい。しかしそれだけでは決して十分とはいえない。そこで、児童生徒一人一人のもつ学習上の悩みの相談に温かく応じ、その能力・適性や家庭状況の理解にも努め、個々の事情に即した指導方針を打ち出して、適切な指導をすることが必要になってくる。これこそが、生徒指導の重要な機能といえるのである。

2）教育課程と生徒指導の相互関係

生徒指導は、教育課程だけでは足りないところ補う役割をもつとともに、教育課程の展開を助けることにも貢献する。すなわち、教育課程外における指導で、その足りないところを補い、また、教育課程内においても、上述のような生徒指導の機能が働くことにより、児童生徒の学校生活における学習や生活が安定し、教育課程を円滑に実施することが可能となる。他方でこれとは逆に、教育課程の内容が生徒指導に直接または間接に貢献することもある。これらの点は、以下に詳細を述べるが、このような教育課程と生徒指導の相互関係を理解しておくことは、それぞれの教育活動を効果的に進めるためにも大切である。

(2) 教科における生徒指導

児童生徒にとって、学校生活の中心は授業であり、児童生徒に楽しくわかる授業を実感させることは教師の最大の使命といってよい。その使命に応えるための教科の指導は、教科における生徒指導によって支えられ、逆に学校における生徒指導は、教科の指導によって推進される。

1）教科の指導への生徒指導の貢献

教科そのもののもつ意義を説明して理解させて学習意欲を引き出したり、学習上の不適応についての対応など、教科の学習を直接助ける指導をする。また、教室内の座席の決定や、グループ学習のための班編成、学級における人間関係の調整など、学級の生活条件整備を行う。さらに児童生徒の学習計画の立て方、予習復習の仕方、図書館や資料室の利用法、学用品や参考書の選び方や使い方など、学習の仕方についての指導など、これらの教科内における生徒指導は、いずれも教科指導の充実に貢献し、学力の向上につながる

ものである。

2）生徒指導の推進と教科の指導

逆に、生徒指導は教科の指導によっても推進される。教科の目標や内容のうちに、生徒指導のねらいとするものが含まれている場合、たとえば国語、社会、理科などで児童生徒の生き方と直接関わる単元や題材を扱う場合は、その学習指導がそのまま生徒指導のねらいの達成に貢献することになる。また、教科の学習活動の展開のうちに、生徒指導の機会が見出される場合がある。たとえば、理科の実験や音楽・体育などで、教師と児童生徒が、また児童生徒同士が人間的に触れ合ったりぶつかり合ったりすることがある。そこは児童生徒理解の良い機会であるとともに、基本的な行動様式について学ぶ絶好の場にもなる。

このように、教師は自分の教科を通して、授業時間中に何らかの生徒指導が行えるはずである。そのことが、結局はその教科の学習指導の成果を上げることにつながるのである。

(3) 道徳教育における生徒指導

道徳教育は、道徳の時間を要として学校の教育活動全体を通じて行うものである。生徒指導も、同様に教育活動全体の中で行う性質のものである。しかし、道徳教育は、児童生徒の道徳的な心情、判断力、実践意欲や態度などの道徳性の育成を直接的なねらいとしているのに対して、生徒指導は、児童生徒一人一人の具体的な日常生活の問題について援助し指導する場合が多い。

もちろん、ここでも両者は密接な関係に立つ。たとえば、道徳教育において児童生徒の道徳性が養われれば、それはやがて日常生活における道徳的実践が確かなものとなり、生徒指導も充実する。逆に、児童生徒の日常生活における生徒指導が徹底すれば、望ましい生活態度を身につけることになり、これは道徳性を養うという道徳教育のねらいを助けることになる。このように、道徳教育と生徒指導は、前述した教科指導と生徒指導の関係に類似する。道徳の時間の授業（以下「道徳の授業」とする。）と生徒指導の相互関係について、文部省『生徒指導の手引（改訂版）』および文部科学省『生徒指導提要』

は、おおよそ以下のような点を挙げている。
① 道徳の授業に役立つ生徒指導
　ア　道徳の授業に対する学習態度を育成することができる。
　　　例えば、一人一人の児童生徒のもつ問題や悩みを解決することは、道徳の授業を受けやすい態度を育成することになる。
　イ　道徳の授業への資料を提供することができる。
　　　例えば、生徒指導で問題になったことを道徳の授業の導入で使ったり、児童生徒理解のために行った調査結果を展開段階で用いたりするなどである。
　ウ　学級内の人間関係や環境を整備して望ましい道徳の時間を醸成する。
　　　例えば、児童生徒の人間関係を深めたり、教室内の座席配置やグループ編成の工夫によって、道徳の授業をしやすい条件を整えることができる。
② 生徒指導への道徳の授業の貢献
　ア　生徒指導を進める望ましい雰囲気を醸成することができる。
　　　例えば、道徳の授業で児童生徒の悩みや心の揺れ、葛藤などをテーマに取り上げることによって、実際に生活上の悩みをもつ児童生徒の心の安定につなげることができる。
　イ　道徳の授業をそのまま生徒指導の一部にすることができる。
　　　学習指導要領では、道徳の授業の内容として、望ましい生活習慣を身に付けること、他者に対する思いやりの心をもつこと、自他の生命を尊重すること、法やきまりの意義を理解することなどがあり、これらの指導はそのまま生徒指導の一部に含まれるものである。
　ウ　道徳の授業の展開の中に生徒指導の機会をおくことができる。
　　　道徳の授業の過程において、教員と児童生徒及び児童生徒相互のコミュニケーションを通して人間的な触れ合いの機会がある。これは相互理解や信頼関係構築のための良い機会でもあり、そのまま生徒指導の良い場になる。また、望ましい授業態度の指導などは、直接的な生徒指導の場にもなっている（文部省『生徒指導の手引（改訂版）』大蔵省印

刷局、1981〈昭和56〉年、pp.80〜81。文部科学省『生徒指導提要』教育図書、2010〈平成22〉年、pp.26〜27)。

(4) 総合的な学習の時間における生徒指導

　総合的な学習の時間は、基礎的・基本的な知識・技能の定着やこれらを活用する学習活動は各教科で行うことを前提に、既存の教科等の枠を超えた横断的・総合的な学習や探究的な学習を行い、いわゆる「生きる力」を身につけさせようとするものである。

　ここにも、総合的な学習の時間と生徒指導との相互補完関係がみられるが、「生きる力」と「自己指導能力」の育成という両者にとって重なる部分の多い目標を目指すだけに、総合的な学習の実践はそのまま生徒指導に結びつく場合が多い。ここでは、総合的な学習の時間がどのような形で生徒指導に貢献するかをみておく。

　総合的な学習の時間では、問題解決や探究活動において容易に解決されないような複雑な問題を扱う中で、物事の本質を見極めようとする児童生徒の姿がみられる。教師は、そのような児童生徒一人一人に寄り添い、必要な情報を収集し、選択・判断しながら、児童生徒の学習を支え、その主体性が発揮できるように、学習状況に応じて適切な指導を行うことが必要となる。このように教師の適切な指導の下で総合的な学習の時間を充実させることは、児童生徒一人一人の健全な成長を促し、児童生徒自らが現在及び将来における自己実現を図っていくための自己指導能力の育成にも資することになり、そのまま、生徒指導の充実を図ることにもつながるわけである。

(5) 特別活動における生徒指導

　特別活動の目標は、中学校学習指導要領を例にとれば、「望ましい集団活動を通して、心身の調和のとれた発達と個性の伸長を図り、集団や社会の一員としてよりよい生活や人間関係を築こうとする自主的、実践的な態度を育てるとともに、人間としての生き方についての自覚を深め、自己を生かす能力を養う。」とされている。これは、生徒指導のねらいである「自己指導能力」や「自己実現」のための態度や能力の育成と重なり、教育課程の中でも特別

活動は生徒指導と最も密接に関わっているといえる。

その目標にある「望ましい集団活動を通して」とは、特別活動の基本的な性格をあらわす指導原理であるが、特別活動における集団活動には、生徒指導の機能を生かしながら学ぶ場面が多く、これについて、文部省『生徒指導の手引（改訂版）』および文部科学省『生徒指導提要』は、以下の3点を挙げている。

　ア　自分たちの集団を、自分たちの力によって、円滑に規律正しく運営することを学ぶ。
　イ　集団生活の中でより良い人間関係を築き、それぞれが個性や能力を生かし、互いの人格を尊重し合って生きることの大切さを学ぶ。
　エ　集団としての連帯意識を高め、集団や社会の一員としてふさわしい態度や行動を学ぶ（文部省『生徒指導の手引（改訂版）』大蔵省印刷局、1981〈昭和56〉年、p.82。文部科学省『生徒指導提要』教育図書、2010〈平成22〉年、pp.29〜30）。

特別活動の目標は、学級活動・ホームルーム活動、児童会・生徒会活動、クラブ活動（小学校）、学校行事のそれぞれの目標や内容の実現をもって達成されることになるが、以下に、各活動と生徒指導の関係についてその特徴的な点をみていくこととする。

1）学級活動・ホームルーム活動と生徒指導

学級活動の内容として、例えば中学校学習指導要領では「学級や学校の生活づくり」「適応と成長及び健康安全」「学業と進路」が挙げられる。ことに「適応と成長」に関する指導にかかる「思春期の不安や悩みとその解決」「自己及び他者の個性の理解と尊重」などは、生徒指導の機能を生かす直接的な場でもある。その意味で、学級活動・ホームルーム活動は、生徒指導の中心的な土俵として、生徒指導の全機能を補充し、深化し、統合する役割を担っているのである。

2）児童会・生徒会活動、クラブ活動（小学校）と生徒指導

これらはいずれも次のような共通した学びの特色をもっている。すなわち、異年齢集団活動を通して望ましい人間関係を学び、また、より大きな集団の一員として役割を分担し合って協力し合う態度を学ぶ。さらに、自発的・自

治的な実践活動を通して自主的な態度の在り方を学ぶというものである。このような、望ましい人間関係、協力、自主性といった価値は、まさに生徒指導に直結している。

3）学校行事と生徒指導

　児童生徒にとって学校生活は、教科学習など知的な理解を中心とする活動が多くを占める。しかし、学校行事は生活に直結した具体的な実践であり、個人ではできないことが集団だからこそ成し遂げられる活動として大きな達成感と感動を伴うものである。そこではたとえば、教科学習でつまずきがちであったり、問題行動のある児童生徒も、自分の得意とする能力を生かす機会が与えられ、自己存在感と自信を回復させることもできる。これらは生徒指導の目標とする「個性の伸長」「自己実現」「自己指導能力の育成」などに大きく貢献するものといってよい。

参考文献
- 文部省編『生徒指導の手引（改訂版）』大蔵省印刷局、1981（昭和56）年
- 文部科学省編『生徒指導提要』教育図書、2010（平成22）年
- 奥田真丈・小林一也編『生徒指導』（現代学校教育全集12）ぎょうせい、1979（昭和54）年
- 国立教育政策研究所生徒指導研究センター編『生徒指導上の諸問題の推移とこれからの生徒指導』（生徒指導資料第1集）文部科学省、2009（平成21）年
- 片山紀子『新訂版　入門生徒指導』学事出版、2014（平成26）年
- 文部科学省初等中等教育局児童生徒課「生徒指導関係略年表について」（文部科学省ウェブサイト）
- 文部科学省編「小校学習指導要領」東京書籍、2008（平成20）年
- 文部科学省編「中校学習指導要領」東山書房、2008（平成20）年
- 文部科学省編「高等学校学習指導要領」東山書房、2009（平成21）年
- 文部省編『生徒指導資料　第20集/生徒指導研究資料　第14集（中学校・高等学校編）』大蔵省印刷局、1988（昭和63）年
- 文部省編『生徒指導資料第20集・生徒指導研究資料第14集』大蔵省印刷局、1988（昭和63）年
- 高橋超他編著『生徒指導・進路指導』ミネルヴァ書房、2011（平成23）年
- 八並光俊・國分康孝編集『新生徒指導ガイド（開発・予防・解決的な教育モデルによる発達援助）』図書文化、2009（平成21）年
- 岩城孝次・森嶋昭伸編著『生徒指導の新展開』ミネルヴァ書房、2008（平成20）年

第2章　児童生徒理解の方法

1．児童生徒の発達課題と心理
2．児童生徒のアセスメント
3．集団指導と個別指導

1．児童生徒の発達課題と心理

(1) 発達と理解

　発達には胎児期から老年期までの身体・精神・行動・人格の構造と機能の順次的段階的な形成・変化をさす広義と、心理・人格面の質的変化をさす狭義のとらえかたがある。学習の結果として生じる内面の質的変化は、発達の一例である。発達は、幼児期や児童期の「できるようになる」だけではなく、老年期の「できなくなる」ことも含まれる。発達は、一生涯続く連続した過程なのである。これを「生涯発達」と呼ぶ。

　一方、理解には「物事の道理や筋道が正しくわかること。意味・内容をのみこむこと」のほかに「他人の気持ちや立場を察すること」という意味がある（小学館「デジタル大辞泉」）。

　児童生徒指導は、一人一人の健全な発達を促し、自らで現在と将来の自己実現を行うための「自己指導能力」の育成を目指すものである。そのためには、以下の二つの「理解」が必要である。一つ目は、一人一人に対する理解である。理解に基づき、一人一人に応じた指導を行うための理解である二つ目は、一人一人を理解するための基盤となる一般的な「発達」についての理解である。

(2) 児童生徒を理解するために
1）一人一人への理解

性格や人格は一人一人異なり、誰ひとりとして同じ人間はいない。物事を判断する際にも、結論は同じであったとしても、導き出されるまでの過程が異なる事は良くある。「学校」という集団の場面において、「空気を読む」ことにより判断を変えた経験をもつ人も多いであろう。

「なぜ、この生徒はこのような行動に至ったのか」、生徒指導の場面では、導き出した結論としての「行動」に注目するだけではなく、導き出す過程にも注目する必要がある。その際、過程に影響を与えるものとして、物事の背景だけではなく、その児童生徒がもつ判断力、感情、意志などの個人の要因にも注目する必要がある。

児童生徒を理解するとは、一人一人が判断力の向上と、意志決定力の向上を見据えて、判断過程に影響を与えている個人のもつ要因を多角的・多面的に捉え、正しく解釈するとともに、解釈された情報をいつでも指導に利用できる形に整理する営みなのである。

2）個人がもつ要因の理解

個人がもつ要因として、以下の項目への注目が必要である。

① 能　　力

　　能力には、身体、知的、学力などが含まれる。学校生活に大きく影響を与えるものであるが、校内で把握しやすいため、確実に理解し、解釈しておくことが重要である。

② 性　　格

　　生徒指導の方法を示唆するものである。性格を理解することにより、禁止、叱責、激励などの中から、より指導効果の高い方法を用いることが可能になる。また、情緒面の把握は、予防的な関わりに有益である。情緒ができるだけ安定するような指導や配慮が可能となる。

③ 興味・要求・悩み

　　日々の生活に直接的に関連するものである。興味や、要求、悩みなどを理解することは、行動の理解や予測、指導方法を決定する上でも有益である。

④　交友関係

　　交友関係の把握は非常に有益であるが、その際、以下の項目に注意すると良い。
ⅰ．学校の内外を問わない
ⅱ．どのような友人と、どのような交際をしているのか
ⅲ．スマートフォンのアプリケーションソフトやSNSをどの程度利用しているのか
　　・面識のない人と結びつけたり，交流したりする機能の利用により、犯罪に巻き込まれるなどの問題が生じる。
ⅳ．所属する集団の性格や位置づけ、集団内での位置づけや立場
　　・集団そのものの把握
　　・スクールカースト
　　・集団内における、一人一人の位置づけ
ⅴ．異性との交友関係

⑤　環　　境

　　ここでの「環境」とは、家庭、地域などである。物理的、客観的な側面に加え、家庭内の人間関係や雰囲気、文化、生育歴や子育て観、教育観、生育歴も重要である。

　　地域や近隣社会の状況把握として、地域のもつ子育て観、教育観も重要である。たとえば、スポーツが盛ん、学校に協力的、ベッドタウンで昼間人口が少ない、反社会的行動に許容的などの把握である。

(3) 児童生徒理解に必要な資料の収集と解釈

　資料を収集する際は、プライバシーを保護するために、細かな点に気を配ることが必要である。児童生徒や保護者のプライバシーを確保しつつ、客観性を保ちながら、できる限り多角的で多面的な資料を得る必要がある。

　こうして得られた資料は、指導に役立てるように「資料の解釈」を行う必要がある。得られたままの資料では、資料ごとに独立した記述が示されたままであり、全体像がみえないからである。資料は児童生徒の行動改善を行い、最終的に望ましい人格を形成するためのものである。解釈にあたっては、客

観性を保ち、「推測」はあくまでも推測として取り扱う必要がある。
　集団内の児童生徒全員が同じ行動であっても、一人一人は独立した意志をもつ主体である。上述のように個人のもつ要因が異なり、導き出されるまでの過程も異なる。得られた資料を用いて、一人一人に対して共感的に理解を行い、どのような要因が強く影響を与えているのか深く吟味し、行動を改善し、判断力を高める指導を行う必要がある。

（4）発達障害
1）発達障害の定義

　発達障害については、『生徒指導提要』をまとめると、以下のような状態像である。今後、様々な側面から名称や定義が変更される可能性がある。

①　学習障害（LD）
　基本的には、知的発達に遅れはない。聞く、話す、読む、書く、計算する、類推する、これらのうち、特定の能力の「習得」「使用」に著しい困難を示す。原因は、中枢神経系に何らかの機能障害があるための推定される。他の障害や、環境要因が直接の原因ではない。

②　注意欠陥多動性障害（ADHD）
　年齢あるいは発達に不釣り合いな注意力、及び/又は衝動性、多動性を特徴とする行動の障害で、社会的な活動や学業の機能に支障をきたすものである。また、7歳以前に現れ、その状態が継続し、中枢神経系に何らかの要因による機能不全があると推定される。

③　アスペルガー症候群
　知的発達の遅れ、言葉の発達の遅れを伴わない。広汎性発達障害（PDD）に分類される。

④　自閉症
　おおむね3歳までに現れる。行動の障害があり、中枢神経系に機能不全があると推定されている。社会的関係を他者と形成することが困難、言葉の遅れ、興味や関心が狭い、特定のものにこだわる特徴がある。

⑤　高機能自閉症
　おおむね3歳までに現れる。状態像は自閉症と重なるが、知的発達の遅れは伴わない。

⑥　広汎性発達障害（PDD）
　自閉症、高機能自閉症に近い特徴を示す発達障害の総称として用いられる概念。
⑦　自閉症スペクトラム障害（ASD）
　自閉症、アスペルガー症候群は、状態の軽重や有無があるものの、全体として状態像に類似性があることから、自閉症という連続体の中にあるという捉え方において用いる。広汎性発達障害（PDD）とほぼ同義。

2）一人一人への理解を深めるために

　発達障害の障害特性は生涯にわたり持続するといわれている。成長や環境によって、その特性が目立ったり、目立たなくなったり、特性が変容することがある。また、個人間の特性の差が非常に大きい。一人一人の実態を的確に把握するとともに、特性の変容にも注目しながら、理解を深めることが必要である。『生徒指導提要』では学習面、行動面、その両面に困難があり、特別な支援が必要である児童生徒は、小中学校の通常学級40人中、2から3人在籍していると示している。この2、3人の中に発達障害と捉えられず、発達する機会を奪われている児童生徒がいる可能性はないだろうか。こうした可能性を低くするためには、教育の専門家であるわれわれが、発達障害、児童生徒を一人一人正しく理解するしか方法はないのである。

(5) 発達課題と心理
1) 発 達 段 階

　発達は周囲の仲間や大人との関わり、つまり社会・文化的な相互作用の中で起こると考えられる。エリクソン（Erikson, E.H.）は生まれてから死ぬまでの一生涯を八つの発達段階に分け、各時期の発達課題をクリアして次の段階へ進むことで健全なパーソナリティが形成されるとした（**表2-1-1**）。
　発達段階については法令や研究者によって名称がつけられるため、各段階に複数の名称がつけられているが、指し示す時期にはあまり違いはない。本章では誕生から、おおむね高校生までの「子どもの時期」について一般的に馴染みのある呼び方を用いて、発達について説明する。

1．児童生徒の発達課題と心理　31

表 2-1-1　エリクソンの発達段階

発達段階	心理社会的危機
老年期	統合 対 絶望
中年期	生殖性 対 停滞
成人期	親密さ 対 孤独
青年期	同一性 対 同一性拡散
児童期	勤勉性 対 劣等感
遊戯期	自発性 対 罪悪感
幼児期初期	自律性 対 恥、疑惑
乳児期	基本的信頼 対 基本的不信

下山晴彦編『よくわかる臨床心理学』（ミネルヴァ書房、2003（平成15）年、p.87）をもとに作成

① 乳幼児期（誕生から就学前）

生後1年未満を「乳児」とし、1歳から就学前までの間を「幼児」としている。「幼児」のうち、特に3歳未満までを「3歳未満児」とし、幼稚園教育の対象となる3歳以降を「3歳以上児」と区別することがある。

保育所保育の基準である「保育所保育指針」（厚生労働省）では、就学前までの乳幼児を以下の八つの段階に分け、発達の段階を示している。

1．おおむね6ヶ月未満
2．おおむね6ヶ月から1歳3ヶ月未満
3．おおむね1歳3ヶ月未満から2歳未満
4．おおむね2歳
5．おおむね3歳
6．おおむね4歳
7．おおむね5歳
8．おおむね6歳

小学校就学以降、以下に示す二つの段階が「子どもの時期」となる。

② 児童期（小学生）
③ 青年期（中学生からおおむね大学生）

これら区分は均一的な基準ではなく、一人一人の発達過程としてとらえることが重要である。2歳児が3歳児になったからといって、できなかった事が急にできるようにはならない。これを「発達の連続性」といい、発達をとらえる際の重要な視点である。

2）各発達段階における発達と心理課題

子どもの発達と課題については、文部科学省の子どもの徳育に関する懇談会「子どもの徳育の充実に向けた在り方について（報告）」において以下のようにまとめている。これをもとに、発達と課題について解説する。

① 乳 幼 児 期

乳児は誕生以降、著しく心身を発達させる。特に感覚（視覚、聴覚、きゅう覚など）は敏感である。表情（泣く、笑うなど）の変化、身体の動き、「あーうー」「ばぶばぶ」といった喃語（なんご、まだ言葉にならない段階の声）により、自分の欲求を表現する。保護者など、特定の大人と継続的に関わること

で、愛されること、大切にされることを経験する。この経験により情緒的なきずな（愛着）が深まり、情緒が安定することで人への信頼感を育む。その際、特にスキンシップが大きな役割を果たす。この信頼感を心のよりどころとし、徐々に身近な人に働きかけ、歩行の開始などとともに行動範囲を広げる。

　幼児期には、身近な人や周囲の物、自然などの環境と関わりを深め、興味・関心の対象を広げる。認識力、社会性を発達させて、食事や排せつ、睡眠といった基本的な生活習慣を獲得する。また、子ども同士での遊びを通じ、豊かな想像力が育まれるとともに、自らと違う他者の存在や視点に気づく。相手の気持ちになって考えたり、葛藤をおぼえたりする中で、自分の感情や意志を表現しながら、協同的な学びを通じ、十分な自己の発揮と他者の受容を経験する。こうした体験を通じ、道徳性や社会性の基盤が育まれる。

　乳幼児期の課題は、以下の項目である。
・愛着の形成
・人に対する基本的信頼感の獲得
・基本的な生活習慣の形成
・十分な自己の発揮と他者の受容による自己肯定感の獲得
・道徳性や社会性の芽生えとなる遊びなどを通じた子ども同士の体験活動の充実

② 児 童 期
ａ．小学校低学年

　幼児期の特徴を残しながら、大人の指示を守る中で、善悪の理解と判断ができるようになる。言語能力や認識力も高まり、自然などへの関心が増える時期でもある。家庭内の状況や、子ども同士の交流の減少、生活体験の減少などにより、社会性を十分に身につけないまま小学校に入学することが増えている。精神的な不安定さや、周囲との人間関係が構築できない、集団生活になじめないなどから、いわゆる「小１プロブレム」という形で、問題が顕在化することが増えている。

　小学校低学年の課題は、以下の項目である。
・「人として、行ってはならないこと」についての知識と感性の涵養や、集

団や社会のルールを守る態度など、善悪の判断や規範意識の基礎の形成
・自然や美しいものに感動する心などの育成（情操の涵養）

b．小学校高学年

物事をある程度対象化して認識できるようになり、自分自身も客観的にとらえられるようになる。発達の個人差が顕著になる。自己肯定感をもち始める時期であるが、肯定感をもてずに自尊感情が低下し、劣等感をもちやすくなる時期でもある。

集団の規則を理解して、集団活動に主体的に関与する。遊びなどでは自分たちでルールを作り、守るようになる。閉鎖的な仲間集団が発生し、勝手なルールを作る、判断を他者に委ねるなどの行動がみられる場合もある。インターネットなどによる擬似的・間接的な体験が増加し、人やもの、自然に直接触れる体験や活動の機会が減少している。

小学校高学年の課題は、以下の項目である。
・抽象的な思考の次元への適応や他者の視点に対する理解
・自己肯定感の育成
・自他の尊重の意識や他者への思いやりなどの涵養
・集団における役割の自覚や主体的な責任意識の育成
・体験活動の実施など実社会への興味・関心をもつきっかけづくり

③ 青　年　期

a．中　学　校

思春期に入るこの時期は、問題行動などが表出しやすい時期でもある。自分自身の中に、独自の内面的世界があることに気づきはじめる。自意識と客観的事実との違いに悩み、考えが対立する中で、自らの生き方を模索しはじめる。親や周囲の大人よりも、友人や仲間関係に強い意味を見いだす。親に対しては反抗期を迎える。仲間からの評価を強く意識するが、他者との交流に消極的な面もみられる。性、異性への興味や関心も高まる。不登校や引きこもりの増加傾向がみられる時期でもある。

青年前期の課題は、以下の項目である。
・人間としての生き方をふまえ、自らの個性や適性を探求する経験を通して、自己を見つめ、自らの課題と正面から向き合い、自己の在り方を思

考
・社会の一員として他者と協力し、自立した生活を営む力の育成法やきまりの意義の理解や公徳心の自覚

b．高等学校

　親の保護のもとから、社会へ加わり貢献し、自立した大人になるための移行時期である。思春期の葛藤や混乱から徐々に脱し、大人社会を目前に、将来や自身の生き方を模索しはじめる。一方でこうした模索を放棄する傾向が増加している。また、所属する仲間集団では濃密な人間関係を維持するが、集団外の他者へは無関心となる傾向がある。社会や公共に対する意識・関心の低下がみられ、公共の福祉やモラルに背いても、所属集団の「楽しさ」や自身の位置の維持が優先される傾向がある。

　青年中期の発達の課題は、以下の項目である。
・人間としての在り方生き方をふまえ、自らの個性・適性を伸ばしつつ、生き方について考え、主体的な選択と進路の決定
・他者の善意や支えへの感謝の気持ちとそれにこたえること
・社会の一員としての自覚をもった行動

2．児童生徒のアセスメント

　学校教育の現場において生徒指導というと、規則や規律に従わない問題行動がみられる児童生徒に対する指導と思われがちである。かつての教育現場ではそういったいわゆる問題児童生徒が多く、その指導が中心であったのも事実であろう。近年ではそういった従来の問題児童生徒に加え、学校や学校生活、友人関係、学業問題、家庭の問題、個人のパーソナリティというように児童生徒が抱える問題は多種多様である。これらを指導または援助することが教師に求められている。これらを達成するために、まず教師は個々の児童生徒と好ましい人間関係（ヒューマンリレーション）を作る必要がある。そのうえで児童生徒の内面の問題まで把握できるよう児童生徒理解に努めなければならないのである。この児童生徒理解のための具体的な方略としてアセスメントが用いられる。

36　第2章　児童生徒理解の方法

　アセスメント（assessment）とは、評価・査定・診断・見立てという意味である。教育の現場以外でも様々な場面で使われており、多くのテクニックが存在する。その中でも、生徒指導において有用なものを紹介したい。またなぜアセスメントが必要なのか、児童生徒理解において陥りやすい間違いや現象をみることでアセスメントの重要性も考えて欲しい。

(1) 人間関係（ヒューマンリレーション）づくり

　まずは、児童生徒との人間関係づくりで大切なことは相互の信頼関係（ラポール）である。ラポールとは臨床心理学の用語で、心理カウンセリングの場面で、相談者とカウンセラーの間で、お互いに信頼しあい、親しみに基づく温かい心的交流がなされている状態をいう。相談者は悩みや問題を相談するためにカウンセリングルームを訪れているが、全員がすぐさまなんでも話せるわけではない。カウンセラーに慣れて、安心・信頼し、打ち解けていることが必要になる。カウンセリングや心理療法を成立させるための基本的な前提条件といえる。教育の場面でも、同様の意味合いで用いられる。信頼関係がなければ、児童生徒は教師に自分たちの内面を語ろうとはしないし、教師のいうことも聴こうとはしないだろう。文部科学省編（2008〈平成20〉年3月）『小学校学習指導要領』第1章総則第4「指導計画の作成等に当たって配慮すべき事項」に、以下のようにある。

　　「……教師と児童の信頼関係及び児童相互の好ましい人間関係を育てるとともに児童理解を深め、生徒指導の充実を図ること。」（p.16）

　中学校や高等学校の学習指導要領にも同様に記述されている。このように信頼関係（ラポール）に基づき、良好な関係性において教育や生徒指導が進んでいくのである。信頼関係（ラポール）の形成は、教師と児童生徒との相互交流によって行われていくが、まずは児童生徒側からの教師理解が重要となる。そのために教師側は適切なタイミングで児童生徒に自己開示をしていく必要性がある。教師が嘘偽りなく自らの価値観や経験などを児童生徒に語り、示すことによって相互交流が始まる。そうすることで児童生徒側も教師へ自分たちのことを打ち明けるようになるのである。このようなやり取りの後に信

頼関係が生まれることになる。

　児童生徒による教師理解であるが、児童生徒による教師への期待や要求、理解、態度などには当然個人差がある。また個人差だけでなく、小学校低学年と高校生における教師への期待や要求、理解、態度などの違いという発達的な差も存在する。これら児童生徒側の個人差や発達差を理解しておく必要がある。そして教師側からの児童生徒への期待や要求、理解、態度なども当然個人差がある。教師も一人の人間であるので、児童生徒を評価する基準は個々人で異なるのである。また児童生徒のすべてを完璧に評価できるということも難しく、偏りや歪みが生じる。このような児童生徒理解における教師側の注意点を次にまとめたい。

(2) 児童生徒理解にて陥りやすい間違いや現象
　児童生徒の性格や能力、学力を公正に評価し、理解につなげていくことを多くの教師は望むが、必ずしもすべてを公正に評価できるとは限らない。
　1) ステレオタイプ
　「日本人は勤勉だ」「警察官は正義感がある」「(血液型が) A 型の人は几帳面である」などの、型にはまった見方をすることをステレオタイプという。合理的な理由なしに単純化された認知で、特定の集団（上記の例だと、国民性や職業や血液型）の成員が同じ特性をもっているとみなす信念である。その人がどんな人かを判断する際に材料ともなるが、ステレオタイプに依存した判断をすると先入観や偏見といった評価における歪みとなる。教育の場面だと、体型や服装など、親の職業などがステレオタイプ的な判断をさせるものとなりやすいと考えられる。
　2) ハロー効果
　光背効果、後光効果ともいう。評価の際に、目立った特徴に引きずられてそれ以外の特徴の評価が不当になること。性格が良いから、成績も良いだろうというようにポジティブな方向へ評価が歪むこともあるし、逆に整理整頓ができないから、仕事もできないだろうというネガティブな方への評価の歪みもある。教師を好意的に思っている児童生徒には好意的に接してしまったり、教師を嫌っている児童生徒には否定的な態度をとってしまったり、とい

うことが起きることもあるだろう。

3）寛容効果

好意的に感じている相手だと、少しくらいの欠点は気にならないというように、好ましい側面が強調され、好ましくない側面が寛大に評価されることを寛大効果いう。ある感情によって、実際よりも好意的な評価になる傾向のこと。

4）ピグマリオン効果

教師期待効果やローゼンタール効果ともいう。人間は期待された通りに成果を出す傾向のこと。ロバート・ローゼンタール（Rosenthal, R.）の実験において、あるクラスの児童たちは成績が伸びる児童たちであると教師が教えられ、教師は児童たちに成績向上を期待して接していたら、確かに成績が向上したという結果からいわれたものである。教師が期待をかけたかどうかによって、児童たちの成長に違いがみられること。

教師も人間であるので、このような心理的な作用がどうしても働いてしまう。ステレオタイプやハロー効果、寛容効果によって、偏った評価や歪んだ評価、または不十分な評価をされた児童生徒は、ピグマリオン効果も手伝って教師の誤った評価の方へと傾いていくこともある。もちろんマイナス方向ばかりでなくプラス方向へ傾くこともある。プラスであれマイナスであれ、このように児童生徒理解は、容易に歪んでしまう。これらの自覚をもって児童生徒と関わることが大切である。自覚をもったうえで、主観的に判断するのではなく、一般論やある一部分だけの情報で決めつけるのではなく、できるだけ複数の視点で児童生徒をみることを意識する必要がある。そのための技法としてアセスメントが発展・運用されてきた。

(3) 児童生徒のアセスメント

児童生徒理解を進めるうえで具体的な方略を紹介したい。以下に観察法・面接法・質問紙調査法・心理検査法という児童生徒から直接情報を収集する方法を紹介する。これらと併せて、可能であれば前学年時、学内の他の教員、養護教諭、保護者、地域、などからも情報収集を行い分析するのも有効であろう。

1）観　察　法

　観察法は、学校生活中に起こる児童生徒の行動を何の操作も加えずに客観的に観察する方法である。観察対象者の能力や適性、性格などの内面の特徴を理解する方法で、児童生徒理解の最も基本的なものといえる。教師が毎日の学校生活において気づく児童生徒の行動や出来事を日誌やメモに記録するという比較的行いやすい方法から、専門的に分析・解釈するために記録用紙などを用いる方法など、いくつかの手法がある。まずは観察法の特徴をつかむために、観察法の長所と短所をまとめてみたい。

〈長所〉①観察対象者への拘束や制約が少なく日常生活上の自然な行動を対象にできる。②行動そのものを対象とするので個人の能力や態度にかかわらず、すべての児童生徒に適用できる（言語的理解力や言語的表出力などが十分でない乳幼児や障害児も対象とすることが出来る）。③観察の結果に基づいて、その場で必要な指導をすぐ行える。

〈短所〉①自然な行動を観察することから、観察対象となる行動が反復して起きるとは限らず、行動を予知して観察できず、行動が起きるのを待たねばならない。②観察対象となる同じ行動が起きても、その発生理由やその行動の意味は同一でない場合もある。③観察の視点や解釈に主観が入りやすいため、客観的で信頼できる観察とするには多くの配慮と訓練が必要になる。④観察可能な行動には限界がある。当然のことだが時間帯や場所など24時間観察できるわけではないので、プライベートな行動観察はできない。

　これらの長所と短所をもつ観察法は大きく分けると自然観察法と参与観察法、実験観察法の3種類になる。この中でも生徒指導においてよく用いられる自然観察法を中心に述べる。

　自然観察法は行動の発生に人為的な操作を加えず、自然な状況の中でありのままの行動を観察する方法である。自然観察法は偶発的観察法と、組織的観察法に分けることができる。偶発的観察法は、学校生活における様々な場面（授業中、休み時間、食事、掃除、部活動など）で偶然に観察した内容を記録していく方法になる。この記録や印象をもとに一定の人物像を作り上げたり、人間関係などを理解しようとするものである。もう一つの組織的観察法は一定の目標を決め、観察すべき場所や時間、観察方法などを選択して観察する

方法である。自然観察法ではある行動を観察するのにはそれが自然に発生する場面に偶然いあわせるか、起きるまで待たねばならないし、行動が起きたとしても因果関係を推測することも難しい。組織的観察法の方が信頼性の高い有用な情報が得られることが多い。

　組織的観察法を行うにあたって、注意点がいくつかある。まず観察の目標をあらかじめ明確にしておくこと、そしてその目標に照らし合わせて観察する場所を選択すること、観察された内容とほかの側面の関係性を考慮して理解することが挙げられる。組織観察法では時間見本法、事象見本法、評定尺度法の三つの方法を用いることが多い。①時間見本法とは、タイムサンプリング法ともいい、学校生活の中で起こりうるある特定の行動を決めて、時間間隔で区切り、その間隔ごとに観察対象の行動が起きたかを観察・記録する方法である。この方法は効率的で時間をあまりかけずに実施することができ、行動の生起頻度や持続時間などの量的なデータを収集するものである。ただし、めったに起きないような行動を特定するには向いていない方法となる。②事象見本法は、イベントサンプリング法とも呼ばれる。ある特定の行動に焦点を当て、それが生じた場合には、原因、経過、結果がその時の文脈の中で組織的に観察し記録する方法である。あまり頻繁に起きない行動にも使える方法であるが、起きるまで待たなくてはならないという短所もある。だが、ある特定の行動を観察すると、それがどのような状況で多く発生するか、時間帯や前後の行動などとの関係はどうか、持続時間や程度に違いがあるかなど詳細な分析が可能といえる。③評定尺度法とは一定時間ある行動を観察し、その行動の程度や印象などを3～5段階で評定する方法である。この方法はあまり訓練を必要としないため簡単に実施ができる。

　2）面　接　法

　面接法は児童生徒と対面し、言語的なコミュニケーションを中心としたやりとりで児童生徒理解を深める方法である。観察法や後述する心理検査などでは、分かりにくい児童生徒の考えや気持ちなどを、直接本人から聴くことによって得ようとするものである。特に心理検査と同時に実施することで相互補完的な運用方法が望ましい。面接法には、児童生徒を理解するための情報収集を目的とした調査的面接法と、児童生徒の問題解決を目的とした相談

的面接法がある。

　調査的面接法とは、児童生徒のものの見方や考え方、体験や性格特性などを質問形式で聴いていく、いわばインタビュー形式の面接である。あらかじめ質問内容（インタビュー項目）が記載されたマニュアルなどに従って面接を行い、必要な情報を収集する方法である。児童生徒のおかれている状況をできるだけ客観的に理解しようとするもので、質問に対して意味が分からない、不明瞭であったりした場合、質問を繰り返すことができたり説明したりすることができるため、ある程度時間はかかるが具体的で正確な回答を得ることができる。

　相談的面接法とは、児童生徒との相互理解と人間的なふれあいを深めながら、生徒児童が直面している問題や悩み、不安や苦しみ、能力や個性の開発、心理的な成長を援助することが目的となる。教師と児童生徒が1対1で行い個人面接と、複数の児童生徒と行う集団面接がある。どちらの面接にしても、効果的に進めるためには教師と児童生徒との間に信頼関係（ラポール）が形成されていることが必要不可欠である。信頼関係（ラポール）があれば、児童生徒は不安や緊張、心理的な抵抗などを感じたりせず、教師に自分の内面を伝えてくれるだろう。それを決して批判・否定せずに受容的に受けとめる（受容）・聴くこと（傾聴）によって、共感的理解につながるのである。このような流れで児童生徒の不安をやわらげより良い児童生徒理解へと進むのである。また注意する点としては、悩みや不安など自分の内面を語ってくれたことに対して、「なおそう」、「正そう」、「間違いだ」という否定的で指示的な発言は児童生徒にとっては、逆効果になってしまうおそれがある。せっかく心を開いて自分の内面を語ってくれたのに、批判・否定することによって、話す気がなくなってしまうかもしれない。批判・否定的な態度を出さずに、ただただ聴き役に徹して、受容し、児童生徒を理解しようとすることを心掛ける必要がある。そして言語的なやりとりだけでなく、非言語的なやりとりも重要になってくる。言葉で受容的な反応を繰り返すだけでなく、表情や目線、うなずき、ジェスチャーといった非言語的なコミュニケーションも受容的な態度に合ったもので、使っていくことが求められる。面接というシチュエーションでは、座る位置や距離、角度なども考えて環境づくりから気をつける

とより良いだろう。もちろん教師側だけでなく、児童生徒が発する非言語的なコミュニケーションにも気づく必要がある。言語的な内容と連動して非言語的な発信もあるのである。このように児童生徒に十分配慮し、やさしく自由な雰囲気を作り、面接を行うことで、より教師と児童生徒の信頼関係は深いものとなり、理解も深まっていくだろう。

3）質問紙法

質問紙法とは、紙に質問文が書かれており、それに対して「はい」「いいえ」や「あてはまる」「あてはまらない」などというように回答するものである。いわゆるアンケート形式の方法である。ただのアンケートを実施するわけではなく、児童生徒のどういった側面を知りたいか（測定したいか）を十分検討してから、専門的なものを実施する必要がある。専門的な質問紙調査というものは、標準化という手続きが取られていて、信頼性と妥当性が確かめられているものをさす。開発されている質問紙法の多くは、性格を診断するものや、感情を調べる、適性を調べるなどのものである。こういった内容を測定したければ心理検査を専門に扱う業者に質問紙の必要部数とマニュアルを購入する。客観的に児童生徒を理解・援助するために、そして児童生徒に自分自身への気づきの助けとなるためにも、これらの質問紙法はおすすめできるものである。後述する心理検査には、知能テストや投影法といったものがあるが、これらは専門的なトレーニングを必要とするが、質問紙法に関してはそれほどの難易度はなく、マニュアルを読み実施することが可能であろう。もちろん可能な限り専門家の指導を受けて実施と解釈をするのが望ましい。紙面の都合で多くは載せられないが、以下に有名な心理検査である質問紙法を紹介する。

① Y-G 性格検査

矢田部-ギルフォード性格検査。日常の行動傾向や態度に関する120の質問項目に「はい」「いいえ」「どちらでもない」の3件法での回答を求める。120の質問項目から12の性格特性（抑うつ性・回帰性傾向・劣等感・神経質・客観性・協調性・攻撃性・活動性・のんきさ・思考的外向・支配性・社会的外向）を測定し、個人のパーソナリティをとらえようとするものである。

② 主要5因子性格検査（BigFive）

最近の性格理論において性格を構成する基本的な要素が五つ（外向性・協調性・勤勉性・情緒安定性・知性）であるという意見から、ビッグファイブや5因子モデルと呼ばれる仮説が存在する。オルポート（Allport, G.W.）から始まる性格特性用語の研究の一つの結果といえるものである。日本では村上らによって作成された主要5因子性格検査は、70の質問項目から妥当性尺度（不応答・頻度・建前）と基本尺度（外向性・協調性・勤勉性・情緒安定性・知性）を測定するものである。

③ MMPI（ミネソタ多面人格目録）

ハサウェイとマッキンレー（Hathaway, S.R. & Mckinley, J.C.）による、あらゆる生活面、行動面、態度面、身体的精神的長江などの広範囲な内容から成り立つ質問項目に回答することで、多面的に人格を測定するものである。550とかなり多くの質問項目が作成されており、「そう」「ちがう」「どちらでもない」の3件法で回答する。そこから妥当性尺度4尺度、臨床尺度10尺度の得点が求められる。

④ EPPS性格検査

作成者のエドワーズ（Edwards, A.L.）は、マレー（Murray, H.A.）の欲求圧力理論から15の欲求（達成・追従・秩序・顕示・自律・親和・他者認知・救護・支配・内罰・養護・変化・持久・異性愛・攻撃）の程度を調べる検査を開発した。225対の組み合わされた二つの行動のうちの、いずれか一方を選択させるという回答方法である。これによって学生相談・人事相談・選抜・配置などの資料として利用できる性格特性（欲求）を測定することができる。

また、こういった専門的な心理検査ではなく、悩み調査や家庭調査、生活実態調査というような内容を知りたければ、質問紙を作成する必要も出てくる。ただのアンケートとお気軽に作成するのではなく、ここでも専門家の協力を得て信頼性と妥当性を確かめられたものを作成する必要が出てくる。各質問項目への回答法として①2件法（真偽法）、「はい」「いいえ」、「賛成」「反対」などの二つの選択肢から一つを選ばせる回答方法である。回答時間が短く、多くの質問項目に答えることができるだろう。だが、回答が大まかであるため詳細な分析が難しいといえる。②3件法、2件法に「どちらでもない」

というような中間の回答項目を付け加え、三つの中から一つを選ばせる方法である。これだと回答しやすくなることもあるが中心（「どちらでもない」）に回答が偏ってしまうという弊害も起きやすくなる（中心化傾向）。③多肢選択法、四つ以上の選択肢から選ばせるものである。一つだけ選ばせる単一回答法、複数を選ばせる複数回答法、回答数を制限する限定回答法などがある。④評定法、「とても」、「やや」、「あまり」というような程度や頻度をあらわす選択肢を用意し、選択させる方法である。⑤順位法、いくつかある選択肢に、1位、2位、3位というような順位づけをさせる方法である。⑥自由回答法、これまでのような選択肢を用いずに、質問に対して自由に記述させる方法である。このように回答者への負担を減らすために問題数や回答方法に工夫をする必要がある。

4）心理検査法

これまでに述べた観察法や面接法、質問紙法などは専門的な部分をもちながらも、学校場面で日常的に担任教師が行える部分ももち合わせていた。児童生徒理解のためのアセスメントとして、より専門的な技法である心理検査法が存在する。こちらは発達障害の児童生徒への理解や関わり、精神疾患の児童生徒たちの理解や関わりという部分で大切なものとなる。一般教師がこういったより専門性の高い心理検査を学校場面で実施できるようになることは大切だが、専門性が高いということはトレーニングにも時間と労力がかかることである。教師としての職務との兼任は難しいと考えられる。そのためのチーム支援として、スクールカウンセラーが配置されているわけである。精神疾患に関してはスクールカウンセラーだけでなく担当の医師との連携も必要となるだろう。すでに家庭で発達障害や精神疾患を理解していて、学校に通っている場合であれば、校内の専門家や校外の専門家との連携が必要になる場面も多いため、担任教師としてはどういった心理検査なのかという理解が必要だろう。またそういったケースだけでなく、担任教師の気づきから校内・校外の専門家へ依頼が必要かどうかの判断にもこれら知識は必要になろう。もちろん気づきのために観察法や面接法などのアセスメントの能力が担任教師に求められる。だが、こういったことで児童生徒やその保護者への支援・援助となるのである。専門性の高いアセスメントとして、質問紙法だ

けでなくその他にも多くの心理検査（知能検査・作業検査法・投影法など）が活用されているので、以下に紹介する。

① ビネー式知能検査

発達障害などの早期発見を目的とし、1905（明治38）年にビネーとシモン（Binet, A. & Simon, T.）によって作成された世界初の知能検査。「精神年齢（MA）」と呼ばれる知能の発達の程度を表す指標が用いられた。各年齢ごとにその年齢の子どもであれば解答することができる問題を設定し、解答することができればその精神年齢となる。発達が進んでいれば精神年齢が高くなり、遅れていれば低くなる。日本においては田中寛一によって日本人向けに田中ビネー知能検査（1947〈昭和22〉年）として作成された。現在、田中ビネー知能検査Ⅴと呼ばれる第5版が使われている。

② ウェクスラー式知能検査

ビネー式の知能検査は開発の経緯からも子どもの知能を測定することを目的とされていた。これに対し、アメリカのウェクスラー（Wechsler, D.）は成人を対象とした知能検査を開発した（1939〈昭和14〉年）。この成人を対象としたウェクスラー式知能検査をWAISと呼び、5～16歳の子どもを対象としたWISC、就学前児童用を対象としたWPPSIも開発された。それぞれ改定を重ね、現在世界中で広く用いられている。トータルとしての知能指数を測定するだけでなく、検査項目は「言語性検査」と「動作性検査」という下位検査に分かれ、さらに認知機能についてより詳しく調べるために、言語理解、知覚統合、作動記憶、処理速度といった群に分かれて測定することも可能である。

③ 内田クレペリン精神作業検査

作業検査法と呼ばれる心理検査である。単純加算作業を繰り返すことで、その作業量、作業曲線、誤数からパーソナリティ（意思努力・疲労・気乗り・慣れ・練習）を測定しようとするものである。作業を行わせた成果から診断するので、意図的な回答がしにくいという利点がある。反面、作業にまつわることなのでパーソナリティ全体を把握することが難しい。

④ ロールシャッハ・テスト

投影法と呼ばれる性格検査。投影法検査の代表的なものである。紙にイン

クをたらし、半分に折り広げて、偶然に出来上がったような左右対称のシミの図版を用いる。この図版10種類をみて、何にみえるかを連想させて、なぜそうみえたのかをインタビューしていくテストである。曖昧な図版への反応から性格や感情傾向などを分析するものである。

⑤ 主題統覚検査（TAT）

こちらも投影法検査である。ロールシャッハ・テスト同様に投影法検査の代表的なものの一つとなっている。主題が不明瞭な絵画をみせて、そこから自由に物語を作らせ、その物語を分析することで、個人の抑圧された欲求や承認しがたい欲求、葛藤、無意識の願望、コンプレックスなどを明らかにするものである。

⑥ 絵画欲求不満テスト（P-Fスタディ）

投影法検査の一つで、ローゼンツァイク（Rosenzweig, S.）によって開発された。Picture-Frustration Study の略であり、その名の通り欲求不満場面における反応から性格を診断するものである、日常体験しそうな欲求不満場面が描かれたマンガ風の絵をみせて、登場人物のうち話しかけられている人物の立場に立って回答するものとなっている。マンガ風の吹き出しにセリフを考えるという具合である。そこから欲求不満反応型と攻撃反応の方向性から性格特徴を診断する。

⑦ 文章完成法テスト（SCT）

単語や未完成な短い刺激文を示して、自由な方法で続きの文章を完成させ、その文章を分析する方法である。人格を全体的に広く（性格・能力・価値観・関心・態度など）把握し、支援や援助を得る手がかりとすることを目的としている。他の投影法検査よりも、個別・集団どちらでも実施でき、実施時間も短いので扱いやすいものとなっている。

⑧ 描画法（バウムテストやHTPテストなど）

投影法の一種で、他のもののように刺激に対する反応ではなく、筆記用具を用い、テーマに沿って自由に描かせたものを分析対象とするものである。描かれた内容から性格や感情、欲求、おかれた状況などを捉える情報源とする。もっとも有名なものはバウムテストと呼ばれるものであろう。樹木画テストとも呼ばれ、木を描かせるものである。他にも人物画テスト（グッドイナ

フテスト）や、家と木と人物を描かせる HTP テスト（House-Tree-Person Test）などがある。描画法は言語を用いたものではないので、言語的なコミュニケーションが苦手な人（幼い児童など）や、なんとなく漠然としたイメージとして理解しているが言葉で説明が難しいような内容をとらえるのに向いている。心理検査としての側面だけでなく、創造的な活動を行うこと、そしてその作品を検査者と話し合うことによって自己洞察の助けともなるので、単純にアセスメントだけの要素ではなく支援・援助の要素も含んでいる。

⑨　適性検査（職業興味適性検査など）

　質問紙法の手法で実施されるものが多く、パーソナリティの側面からさまざまな適正を診断するものである。適正とは、教育や訓練を受けることによって、特定の職業や学業、芸術などの活動を適切かつ有効に遂行できるといった個人的特性のことである。多くの人が経験するであろう例を挙げると運転免許試験時に運転にまつわる適正検査が挙げられるだろう。教育場面でいうとキャリア形成・指導、職業指導といった場面で職業興味適性検査が実施されることがあるだろう。厚生労働省編一般職業適性検査や新版職業レディネステスト、職業興味適性テストなどがある。

3．集団指導と個別指導

　集団指導と個別指導とは、ともに同じ目的で実施される。児童生徒の理解から、それぞれの児童生徒の発達を促す教師の働きかけである。これまでに述べてきた児童生徒の理解については、基本的には児童生徒と教師の 1 対 1 の関係で行われる個別指導になるものが多い。だが、個別指導だけでは児童生徒の発達を十分に伸ばすことはできない。学校場面においても、学級単位での活動が多い、またクラブ活動や部活動、課外活動においても複数の構成員で活動するであろう。そして、将来を考えてみても社会に出たときに他者との関係なしでは社会生活を成立させることはできない。このように個人と個人、個人と集団、集団と集団というような相互作用で人格の発達が促される。児童生徒の発達のために、集団指導と個別指導のどちらも重要であることを理解してもらいたい。そこで本節では集団指導とはどのようなものかを

概観していこう。

(1) 集団指導の意義

集団指導（group guidance）とは、集団における活動や集団の構成員としての意識によって児童生徒の基本的欲求の充足や社会性の発達、人格的発達、情緒的発達などを目指すために用いられる。これまでに述べたような個別指導も児童生徒の個人を理解するために必要なものではあるが、それだけでは児童生徒の相互交流から生まれる社会化（socialization）の達成が困難であるし、教育効果としては足りない。そこで集団の力を利用する必要性がある。だが、決して集団指導と個別指導は別のものというわけではなく、集団によって個が成長し、個の成長が集団を発展させるという相互作用によって児童生徒たちは生きるための力というものを身につけるだろう。

集団指導とは、集団場面の力動的な相互作用の効果によって、個々の児童生徒を成長・発達させ、その社会的自己実現を図ることが狙いである。

(2) 学級集団のダイナミクス

グループダイナミクス（group dynamics）という言葉があるがこれは、集団生活や集団活動において、集団内における集団全体と構成員である部分との間の相互作用による変化の状態を力学的に解明することをめざしている。

学校教育においては、大部分が学級単位で活動を行うため、学級集団などの集団の構造と機能を対象として、その集団の活動過程、集団の生産性が問題とされる。具体的には、学級・ホームルーム集団の形成過程やその構造、そこでの人間関係、リーダーシップとメンバーシップ、集団の凝集性、集団モラール、集団の意思決定等の問題がある。こうした問題に対してどのような手法があるかを以下にまとめる。こういった手法や理論を理解したうえで、学級・ホームルームなどの活動を計画し、実践することが大切である。

(3) 集団指導の方法・技術

集団指導のために児童生徒たちの交友関係などを調査する具体的な方法として、ソシオメトリックテストやゲスフーテストがある。また集団指導にお

いて有用な構成的グループエンカウンターを以下に紹介する。
　① ソシオメトリックテスト
　まず学級における児童生徒たちの人間関係を把握するために、ソシオメトリックテストがある。ソシオメトリックテストはモレノ（Moreno, J.L.）によって、集団の構造や人間関係を把握するために開発された測定方法である。集団の構成員同士の親和と反発の感情関係を測定・分析することで学級集団の構造や人間関係を明らかにするものである。具体的な方法として「クラスの中でいっしょのグループになりたいのはだれか」「一緒に写真を撮りたいのはだれか」「一緒に給食を食べたいのはだれか」といった質問をすることで集団内での対人的なネットワークを把握する。なかには「一緒のグループになりたくないのはだれか」というようなネガティブな質問をすることもある。人間関係について深く聞いてしまっているので、もちろんのことであるがこのテストの結果は誰にも知らせない、教師だけが知るもので秘密が守られるものであると十分理解されたうえで実施するものである。そのためには児童生徒とのラポールの形成が不可欠である。
　② ゲスフーテスト
　ソシオメトリックテストでは児童生徒の感情的な評価や願望を調査したものであるが、ゲスフーテストは実際の行動を対象として、児童生徒相互の評価によって、集団内での児童生徒の社会的地位を測定するものである。具体的には「クラスの中で、責任感が強いのはだれですか」「親切な人はだれですか」というような質問から、該当する人を回答させる方法である。回答には該当する人数をあらかじめ制限しておくが、これによって行動特性得点が求められ、学級における構成員の社会的地位を把握することができる。ソシオメトリックテストと同様に「自分勝手なのはだれですか」というようなネガティブな質問も用いる場合もある。ゲスフーテストやソシオメトリックテストでは教師が自身の経験上で判断していた児童生徒の評価と、児童生徒たちからの評価のズレを確認することに役に立つ。
　③ 構成的グループエンカウンター
　「エンカウンター」とは「出会う」ということであり、グループエンカウンターとはグループのメンバー同士が出会い、心の交流をするという意味とな

る。「構成的」とはグループの規模や時間、どういったレクリエーションを行うかといった内容があらかじめ決められていることである。この手法は学校場面で比較的用いやすいものである。このようなグループ活動を通じて、他者と出会い、自分を再発見するきっかけをみつけることができるかもしれない。また人間関係作りや相互理解、他者と協力して問題解決に取り組む力などが育成される効果もある。学級や保護者といった対象に用いられる。

参考文献
・文部科学省子どもの徳育に関する懇談会『子どもの徳育の充実に向けた在り方について（報告）』2009（平成21）年　（文部科学省ホームページ　http://www.mext.go.jp/b_menu/shingi/chousa/shotou/053/gaiyou/attach/1286128.htm, 2015〈平成27〉年8月25日閲覧）
・文部科学省『生徒指導提要』教育図書株式会社、2010（平成22）年
・厚生労働省『保育所保育指針』フレーベル館、2008（平成20）年
・厚生労働省『保育所保育指針解説書』フレーベル館、2008（平成20）年
・文部科学省『幼稚園教育要領解説』フレーベル館、2008（平成20）年
・下山春彦編『よくわかる臨床心理学』ミネルヴァ書房、2003（平成15）年
・松田文子・高橋超『生きる力が育つ生徒指導と進路指導』北大路書房、2013（平成25）年
・仙崎武・野々村新・渡辺三枝子・菊池武剋『改訂生徒指導・教育相談・進路指導』田研出版株式会社、2012（平成24）年
・小泉令三『よくわかる生徒指導・キャリア教育』ミネルヴァ書房、2010（平成22）年
・藤田主一・斎藤雅英・宇部弘子『新発達と教育の心理学』福村出版、2013（平成25）年
・鎌原雅彦・竹綱誠一郎『やさしい教育心理学』有斐閣アルマ、2009（平成21）年
・花沢成一・佐藤誠・大村政男『心理検査の理論と技法—第Ⅳ版—』駿河台出版社、2001（平成13）年
・中澤潤・大野木裕明・南博文『心理学マニュアル観察法』北大路書房、1997（平成9）年
・保坂享・中澤潤・大野木裕明『心理学マニュアル面接法』北大路書房、2000（平成12）年
・鎌原雅彦・宮下一博・大野木裕明・中澤潤『心理学マニュアル質問紙法』北大路書房、1998（平成10）年

第3章　学校運営と生徒指導

1．生徒指導の校内組織体制
2．生徒指導主事
3．学級（ホームルーム）経営と担任の役割
4．生徒指導の全体計画と年間指導計画

1．生徒指導の校内組織体制

　新しい教育基本法、学習指導要領のキーワードは「生きる力」の育成である。いわゆる、自ら考え正しく判断し、行動できる子どもを育てることである。特に、生活の指導では各学校の教育計画に、学校教育目標を実現するため、基本方針として、生徒指導に関する内容が位置づけられた。子どもの健全育成、自己実現を図っていくための、自己指導力や社会性の育成、そのために明確な計画が必要である。また、自己指導能力とは、子どもたちが自ら自分の行動目標を判断し、決定し、その目標を実現するため計画を立て、自分自身の力によって取り組みを進めて解決を図ることである。そして、一人一人の子どもの個性の伸長と社会的な自己実現への支援、援助が具体的に計画され、全教職員が一体となって取り組むことが極めて重要である。

　生徒指導とは、『生徒指導資料第20集』（文部省）で「生徒指導とは、本来、一人一人の生徒の個性の伸長を図りながら、同時に社会的な資質や能力・態度を育成し、さらに将来において社会的に自己実現ができるような資質・態度を形成していくための指導・援助であり、個々の生徒の自己指導能力の育成を目指すものである」と定義されている。

(1) 学校の現状と課題

　今の子どもたちは、携帯電話、スマートフォン、パソコン等デジタル化された環境の中で、日々生活し、行動範囲も広域になっている。

　学校では、いじめ、不登校、非行、万引き、校内・校外暴力、器物損壊など減少するのではなく、年々増加しているのが現状である。また、軽度発達障害を中心に特別支援教育を必要とする子どもやシングルペアレントの児童生徒が地域の学校に増え、家庭崩壊など多様な社会状況のなかで暮らし問題行動を起こす子どもも低年齢化している。そのため、小学校の生徒指導が極めて重要になってきている。

　そこで、管理職を中心に教職員全員による指導の一体化が必要である。今後の学校内の生徒指導体制と組織の確立を図り、各分掌、係責任者、養護教諭、スクールカンセラーと連携を充実させ、外部では教育委員会、関係諸機関、保護者、地域と学校の課題を共有化し、協力、連携して行くことが、子ども達の個性を伸長、自己実現を図るとともに「生きる力」を身につけ、健全な子どもを育成することができる。

　もっとも、生徒指導の観点から現在の学校教育をみると、多くの問題点が指摘される実情にある。具体例をいくつか列挙してみよう。

・基本的な生活習慣が身についていない。
・規範意識が希薄化している。
・忍耐力が不足（我慢できない）している。
・思いやりの心が欠如している。
・価値観の違い。
・いじめ・不登校生徒が増えている。
・仲間意識が不透明である（コミュニケーション能力の不足）。
・生活のデジタル化が進んでいる。
・夢や希望を持ってない。（意欲がない）。
・家庭や地域力の低下。
・学力の格差が大きくなってきている。
・障害を持っている子どもの増加。
・携帯電話、ゲームなどで過ごしている時間が増えている。

・外国人の児童・生徒が多くなってきている。
・万引き、校内暴力、対教師暴力が減少しない。
・保護者、地域から苦情。
・挨拶、服装の乱れ、時間が守れない子どもが多くなってきている。
・睡眠時間の不足で朝食をとらないで登校する児童・生徒が増えている。
・不規則な食事（偏食、ファストフード、スナック菓子、ソフトドリンクの多量摂取など）。

以上にみられる様々な問題点を克服するためには、学校内におけるしっかりとした指導体制や指導方法等の確立が求められる。その際には、次の諸点が課題となろう。

1）小学校の場合
① 指導体制など
・6年間を見通した指導計画の作成と支援・援助をする。
・学級、学年、学校全体で協力し、組織的な指導体制を確立する。
・特別支援が必要な児童の指導を充実させる。
・担任一人で抱え込まないで、全職員で指導する体制をつくる。
② 指導方法など
・一人一人の児童の姿をよく観察、把握して見守る指導が必要である。
・教科指導の充実強化を図る。
・児童に言葉かけを心がける。
・ルールを守らせる指導を徹底する。
・情報の共有化を図る。
・問題発生に対して初期指導の徹底を心がける。
・児童一人一人の特性、特徴を認め、誉めながら指導する。
・学力不足の児童の個人指導を充実する。
・課題のある保護者の対応については教職員全員が共有する。
・養護教諭、栄養士、スクールカンセラーとの連携、協力を密にする。
・報告・連絡・相談（ほう・れん・そう）を徹底する。

2）中学校・高等学校の場合
・指導の目標を明確にし、共通理解を図る。

- 発達段階を考慮し、課題を共有化する。
- 誰にでもわかる授業を実施する。
- 信頼関係を築くことが大切である。
- 徹底して面倒をみる。
- 「いざ」というときは全職員で動く。
- 個人プレイから組織的な指導が重要である。
- 個々の指導を徹底する。
- 家庭との連携を密にする。
- 地域の教育力を借りる。
- 関係諸機関との連携を図る。
- 教師同士学び合い、高めあって個々の教員の能力向上を図る。
- 若手教員を育てるベテラン教員が不足しているので研修を積む。
- 学校全体がチームワークを重視した、レベルアップを目指す校内研修を充実させる。

(2) 組織と全体指導計画

　生徒指導の実践では、それを支える校内の指導・運営体制や指導計画などを整備する必要がある。以下にその例示を図式化して示す。

1．生徒指導の校内組織体制　55

1）全体指導計画

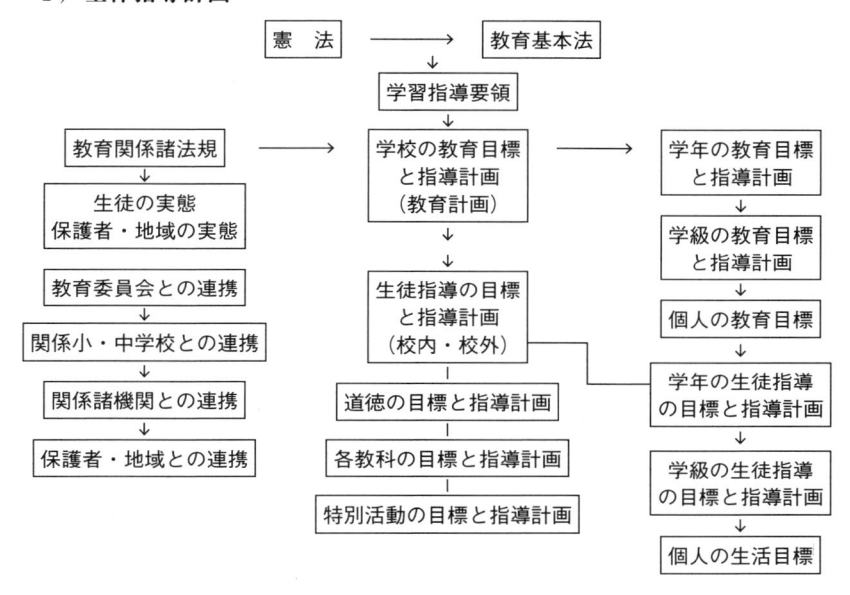

```
                    憲　法  ──→  教育基本法
                                    ↓
                              学習指導要領
                                    ↓
教育関係諸法規  ──→  学校の教育目標   ──→  学年の教育目標
    ↓              と指導計画              と指導計画
 生徒の実態         （教育計画）              ↓
保護者・地域の実態       ↓               学級の教育目標
                                          と指導計画
教育委員会との連携   生徒指導の目標            ↓
    ↓              と指導計画          個人の教育目標
関係小・中学校との連携 （校内・校外）           ↓
    ↓                 │              学年の生徒指導
関係諸機関との連携  道徳の目標と指導計画    の目標と指導計画
    ↓                                    ↓
保護者・地域との連携 各教科の目標と指導計画  学級の生徒指導
                                        の目標と指導計画
                 特別活動の目標と指導計画    ↓
                                      個人の生活目標
```

2）校内指導組織

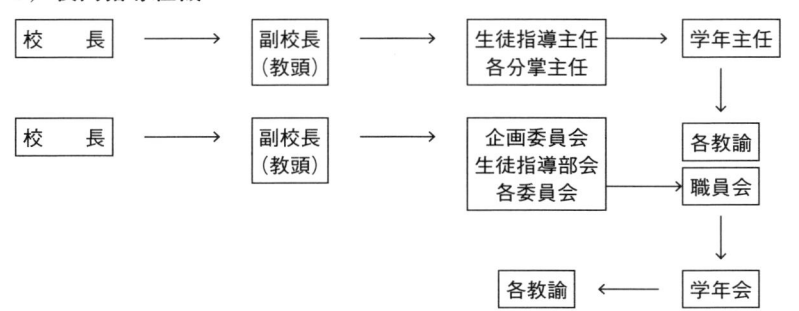

```
校　長 ──→ 副校長  ──→ 生徒指導主任  ──→ 学年主任
           （教頭）       各分掌主任            ↓
                                           各教諭
校　長 ──→ 副校長  ──→ 企画委員会  ──→
           （教頭）       生徒指導部会        職員会
                         各委員会              ↓
                                           学年会
                         各教諭  ←─────
```

3）校外指導組織

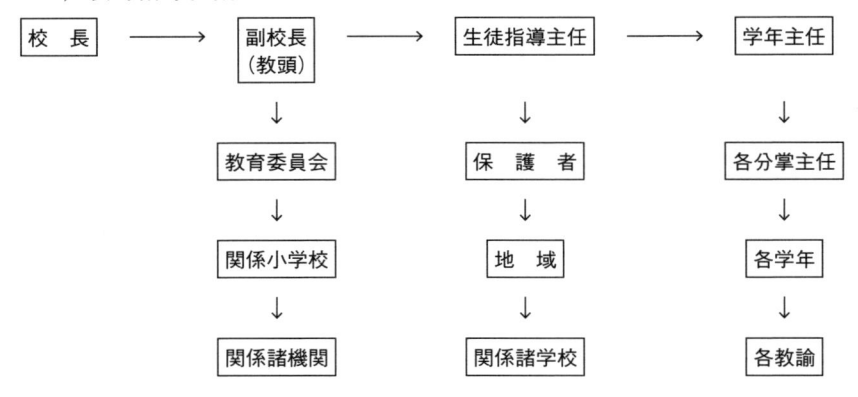

```
校　長　→　副校長　→　生徒指導主任　→　学年主任
　　　　　　（教頭）
　　　　　　　↓　　　　　　　↓　　　　　　　↓
　　　　　　教育委員会　　　保　護　者　　　各分掌主任
　　　　　　　↓　　　　　　　↓　　　　　　　↓
　　　　　　関係小学校　　　地　域　　　　　各学年
　　　　　　　↓　　　　　　　↓　　　　　　　↓
　　　　　　関係諸機関　　　関係諸学校　　　各教諭
```

① 校長→副校長（教頭）→生徒指導主任・各分掌主任・学年主任→各教諭
② 校長→副校長（教頭）→生徒指導・各分掌・企画部会→職員会→学年会→各教諭
③ 報告・連絡・相談（ほう・れん・そう）の徹底を図る。

4）小学校の校内・校外指導組織

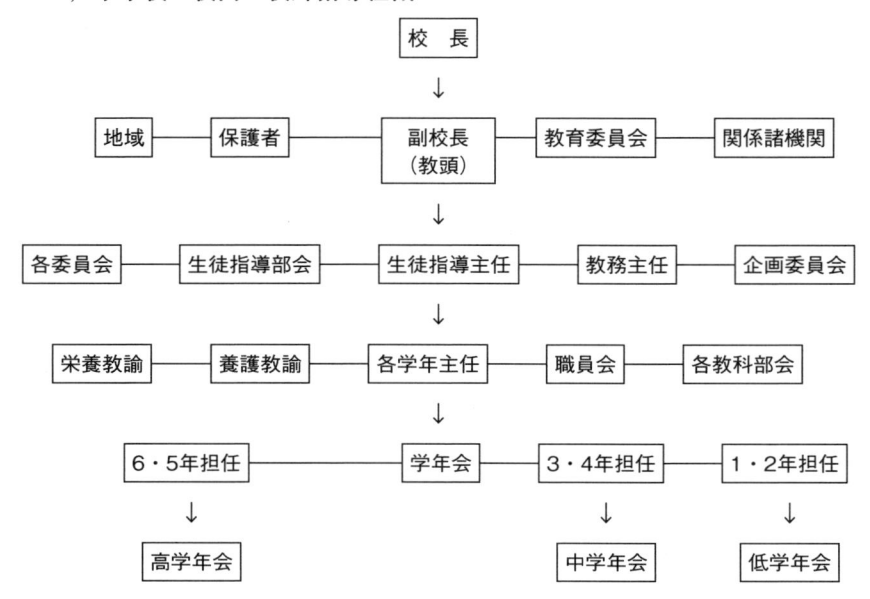

```
　　　　　　　　　　　　校　長
　　　　　　　　　　　　　↓
地域 ― 保護者 ―　副校長　― 教育委員会 ― 関係諸機関
　　　　　　　　（教頭）
　　　　　　　　　　↓
各委員会 ― 生徒指導部会 ― 生徒指導主任 ― 教務主任 ― 企画委員会
　　　　　　　　　　↓
栄養教諭 ― 養護教諭 ― 各学年主任 ― 職員会 ― 各教科部会
　　　　　　　　　　↓
6・5年担任 ――― 学年会 ――― 3・4年担任 ― 1・2年担任
　　↓　　　　　　　　　　　　　↓　　　　　　　↓
　高学年会　　　　　　　　　　中学年会　　　　低学年会
```

①　生徒指導に関するものは生徒指導部会で・教務に関するものは教務部会で。
②　学年に関するものは、学年全体、各学年、高・中・低学年で検討して情報を共有する　例として、早期発見、早期治療を心がける。
③　緊急性を必要とする時の会議の持ち方を徹底しておく。
④　親身になってとことん面倒をみる。
⑤　指導は個人プレイではなく組織、チームを組んで指導する。

(3) 今後の指導計画

生徒指導における指導計画の要点をまとめれば、以下の３点を指摘できる。
　1）生徒指導の組織は教育目標を達成するため、学校として生徒指導の基本構想を明示し、全体計画と各分掌や領域の具体的な指導内容、指導方法などを年間を通したものを示し、日々、全教職員で共通理解のもと児童生徒の指導に当たることが必要である。
　2）学校全体として、各学年、各教科、総合的学習、道徳、特別活動や、教育相談、進路指導、健康安全指導、生徒指導、適応指導などにおける指導方針（其本方針）・目標、また、保護者、諸機関と連携、協力に関する指導内容、方法、指導時期の概要を示すことである。
　3）児童生徒の発達段階を見極め、環境の変化による指導に形成的評価を加え、反省、改善しながら指導して行くことが非常に大切である。

(4) 生徒指導と教職員の共通理解

健全な子どもを育成するためには教職員が児童生徒にどのように関わり指導して行くかにかかっている。年度末に評価・反省を明確にし、次年度の目標を決定する。具体的には、1）挨拶をしっかりする。2）目標をもたせる。3）当たり前のことをあたり前にする。4）人のいやなことをしない、言わない。5）朝の校門指導の実施などの目標を立てて、学校全体の取り組みとして、生徒指導部、各学年、教務部、その他の分掌部で具体的な指導計画を立てて教職員がお互いに課題意識を共有しながら実践する。

特に一つ目には学校の生命である１時間の授業の中で、しつけ、生徒指導

をし、子ども達に安心、安全を与える。今日の授業は楽しかった、わかったといえるような充実したものにして行くことが大切である。二つ目は子どもたちが校内、校外で問題行動を起こした時に一人の先生が指導を抱え込むのではなく、学年、生徒指導部など課題ごとに、各分掌の責任者を中心に指導する。そして指導経過を常に管理職をはじめ、教職員に報告、連絡、相談（ほう・れん・そう）をしながら、学校全体で取り組み、指導する姿勢が重要である。

2．生徒指導主事

　生徒指導主事は、生徒指導部の責任者として、生徒指導部の組織活動の円滑な実施や全校生徒指導体制の確立に努める役割を担う。
　自治体によっては、生徒指導主事と実質的に同じ役を担うものとして、これを「生活指導主任」と呼称する場合がある。例えば、東京都では、東京都立学校の管理運営に関する規則第10条の4第1項で「学校に、教務主任、生活指導主任、進路指導主任……を置く。」とする。

(1) 生徒指導主事の法的位置づけ

　学校教育法施行規則第70条第1項に「中学校には、生徒指導主事を置くものとする。」とあり、第4項に「生徒指導主事は、校長の監督を受け、生徒指導に関する事項をつかさどり、当該事項について連絡調整及び指導、助言に当たる。」と規定している。高等学校や特別支援学校については、学校教育法施行規則第104条第1項、第135条第4項及び第5項に、中学校における第70条を準用するとする。つまり、中学校、高等学校、特別支援学校については、生徒指導主事の法的根拠は、学校教育法施行規則の上記条項に求められる。
　しかし、小学校については、生徒指導主事にあたる職の規定がない。そこで、学校教育法施行規則第47条の「小学校においては……教務主任、学年主任、保健主事及び事務主任のほか、校務を分担する主任等を置くことができる。」という規定を受けて、小学校の校務分掌に生活指導部を置き、その責任

者に生活指導主任を置いているというのが一般的である。

(2) 沿　革

　生徒指導主事制度は、1964（昭和39）年に「生徒指導担当充て指導主事」として、都道府県教育委員会と中学校生徒指導研究推進校を中心に全国に約100名の生徒指導主事が配置されたのがその始まりである。当初は、相談教師、生徒指導部長、学校の生徒指導（特に生徒指導部の仕事）そのものを担う役割等が考えられていた。その後、1975（昭和50）年の主任の制度化に伴って、学校教育法施行規則に上記のような規定が設けられることになった。

(3) 生徒指導主事の役割

　学校教育法施行規則第70条第4項に「生徒指導主事は、校長の監督を受け、生徒指導に関する事項をつかさどり、当該事項について連絡調整及び指導、助言に当たる。」とし、その職務内容を明記している。これを詳論すれば以下のようになる。

① 校務分掌上の生徒指導の組織の中心として位置付けられ、学校における生徒指導を組織的、計画的に運営していく責任をもつこと。
② 学校における生徒指導を計画的かつ継続的に運営するため、分担する校務に関する全校の教師間の連絡調整に当たること。
③ 学校における生徒指導の特に専門的な知識や技術を必要とする面の担当者になるとともに、生徒指導部の構成員や学級担任・ホームルーム担任その他の関係の組織の教師に対して指導・助言を行うこと。
④ 必要に応じて、生徒や家庭、関係諸機関等に直接働き掛け、問題解決に当たる役割を果たすこと。

（文部省『生徒指導の手引（改訂版）』大蔵省印刷局、1981（昭和56）年、p.99）

(4) 生徒指導主事に求められる資質

　生徒指導主事は、学校における生徒指導を組織的に運営していくために中心となる者であり、その活動にあたっては、他の教師と上下の関係に立つのではなく、組織の要として関係の教師の協力を得てその職責を果たし、また

指導・助言を行うという専門職としての自覚をもって行動することが大切である。そこで、主として次のような資質が必要となる。

① 生徒指導の意義や課題を十分理解していて、他の教師からはもちろん、生徒からも信頼される人間性をもっていること。
② 学校教育全般を見通す視野や識見をもち、生徒指導に必要な知識や技能を身に付けているとともに、向上を目指す努力と研鑽を怠らないこと。
③ 生徒指導上必要な資料の提示や情報の交換によって、全教師の意識を高め、共通理解を図り、全教師が意欲的な取り組みに向かうようにする指導性をもっていること。
④ 学校や地域の実情を理解し、それらに即した指導計画を立て、実際の指導に当たって創意工夫を働かせ、より優れた展開ができること。
⑤ 生徒を取り巻く最近の社会環境は激しく流動し、現代青年の心理も大きく揺れ動いていることを的確に把握し、それを指導に生かしていく態度をもっていること。

（文部省『生徒指導の手引（改訂版）』大蔵省印刷局、1981（昭和56）年、pp.99～100）

(5) 生徒指導主事の身分

学校教育法施行規則第70条第3項で「生徒指導主事は、指導教諭又は教諭をもって、これに充てる。」とする。ただし、同条2項に「生徒指導主事の担当する校務を整理する主幹教諭を置くとき……は、生徒指導主事を置かないことができる。」とあり、実質的に主幹教諭がその役割を担うことが多い。

いずれにしても、生徒指導主事は「教諭」として「教育をつかさどる」ことを本務とする身分なので、教科の指導を行っているのが通常である。そこにある問題性について、1981（昭和56）年に文部省から出された『生徒指導の手引（改訂版）』は、つとに次のように述べている。

この場合には教科の指導を行うことによって生徒とのつながりができて、教師と生徒との間の相互理解がしやすいということ、他の教師との間にもいわゆる仲間意識ができて、仕事がしやすいということ、などが利点として挙げられる。しかし、教科を担当すれば、それだけ生徒指導に集中すべき時間や労力が削減され、仮に教科の指導を兼務するにしても、よほどの小規模の学校ででもなければ、とうてい全校の生徒の授業を担当することはできないから、生徒

とのつながりも完全なものとはなり得ないという主張も成り立つであろう。したがって、生徒指導主事が教科を指導し、持ち時間数をどの程度にするかは、どこまでも生徒指導の効果を一層高めるという目的から決定すべきことであると言えよう。教科を指導することによって、生徒指導主事が置かれた趣旨を自らこわしてしまうというような結果にならないように戒める必要があろう。
(p. 100)

このように、生徒指導主事制度の導入当初から、その身分の扱いには議論のあったところである。これに関して、東京都では生活指導を担当する主幹教諭または主任の授業持ち時数について、小学校（12学級以上校）は2時間、中学校は8時間の軽減が認められている。これは、生徒指導主事が質量ともに重い職務を担っていることに対応したものであり、それゆえに、生徒指導主事は、生徒指導の全体を統括するという重責を果たしながら、同時に教科指導を通して生徒指導の機能を高めていくことが求められるわけである。

(6) 生徒指導主事と学級・学年

生徒指導がうまく機能しない場合、その原因として様々なことが考えられる。中でも、児童生徒の所属する学級・ホームルーム担任の教師の指導や学年としての指導の在り方に問題があるために、十分な指導ができない場合が少なくない。たとえば、学級・ホームルーム担任の教師が自己の経験を過信して独断に走り指導を誤っている場合、また学年主任を中心に学級・ホームルーム担任の教師が結束してはいるが、いわゆる学年王国を築き、問題が起こった場合にも内部解決を急ぐあまりその場限りの処理に終始している場合などである。これらのケースでは、かえって問題を複雑化させ、表面化した時には、解決を極めて困難にしていることが多い。

このような場合、全校的な立場で生徒指導に関する責任をもつ生徒指導主事は、いわゆる学級・学年王国的な生徒指導に陥ることのないように、積極的に学級や学年会との連携を密にする必要がある。特に、生徒指導主事と学年との連携の在り方について、文部省は『生徒指導上の問題についての対策』（生徒指導資料集第15集）（1980〈昭和55〉年）の中で、次のような配慮事項を挙げている。

① 必要に応じて学年会に出席し、援助・助言に当たること
　学校の規模や組織によっても異なるが、学年会の考え方と生徒指導部としての意図が食い違っている場合も見られる。この間のずれを正すためには、生徒指導主事が学年会に出席し、そのずれを明らかにすることが大切である。このことによって、学年主任をはじめ、学級・ホームルーム担任の教師から直接意見や情報を得ることも可能になり、全校的な生徒指導の推進上にも効果を表すことであろう。
　また、学年会としての事例研究などは、教師個々の資質の向上に役立つとともに、学年会としてのまとまりを強固にする機会でもある。このため、次のような主たるねらいを立て、実践していくことが大切である。
　ア　生徒の問題行動について、多角的な正確な診断を行い、その原因を明確にすること。
　イ　事例に対する適切な指導のねらいや方法を明らかにして実施し、その結果の反省に基づいて、より適切な指導の在り方を明らかにすること。
　ウ　各学級・ホームルーム担任の教師の生徒指導に関する理解を深め、指導力の向上を図ること。
　エ　自由な意見交換によって好ましい人間関係を確立し、共通理解を深め、協力体制の強化を図ること。
　このような場面に生徒指導主事が出席し、適切な助言を行うならば、一層効果が上がるはずである。
② 必要な資料を提供すること
　生徒指導主事や生徒指導部によって得られた各種の資料や情報を、できるだけ理解しやすく、活用しやすい形に整えて、学年会に提供することが大切である。特に、他校の実践例の報告や関係機関等からの情報は、問題をもつ生徒の指導に悩んでいる学年会やその中の個々の教師にとっては、非常に参考になり、また渇望しているものでもあるので、重要な援助になるのである。
③ 学年会の要望や意見を全校的な取組に反映させること
　生徒指導は、生徒指導部が中心になって全校的な視野から計画し、実施すべきものであるが、ややもすれば学年の実態を十分に反映せずに生徒指導部の独断になったりして、このために学年会が閉鎖的になっていく原因の一つになっていることがある。相互に連携を図るためには、全校的な立場を維持しながらも、学年の実態に応じた弾力的な運営がなされなければ効果は上がらない。そのためにも、生徒指導主事は、その間の連絡調整に当たり、学年主任を通してそれぞれの学年の教師の実態や希望を汲み入れ、できるだけ各学年の

特質を生かすように配慮する必要がある。

　各学級・ホームルームで問題が生じた場合は、まず第一段階として、当該学年の教師の協力で解決するように努めなければならない。その際、生徒指導部としては、問題解決のための指示を与えるのではなく、学年の主体性を尊重し、実態に応じて、学年全体の指導力の強化につながるように援助する役割を果たすことが大切である。

（文部省『生徒指導上の問題についての対策』（生徒指導資料集第 15 集）大蔵省印刷局、1980（昭和 55）年、pp. 9〜12）

3．学級（ホームルーム）経営と担任の役割

(1) 生徒指導における学級（ホームルーム）担任の立場

　生徒指導は、学校の教職員全員によって進められるべきものであるが、実際の指導にあたっては、学級担任・ホームルーム担任の果たすべき役割は大きい。担任の教師は、所属する児童生徒と接する機会が最も多く、その個性や家庭の事情、学校における人間関係など多くの情報をもっており、児童生徒の日常の姿や学校生活の状況を最もよく把握しているからである。

　特に小学校では、学級担任がほとんどの教科を担当し、学校生活のあらゆる面にわたって触れ合い、児童を最も理解できる立場にいる。中学校や高等学校では、担任が学習の様々な場面に立ち合うわけではないが、自分の専門教科や道徳、総合的な学習の時間、学級活動等で生徒と接触し、継続的に生徒を理解し指導する機会をもっている。

　こうした点から、生徒指導を進めるにあたっては、一人一人の児童生徒について最もよく理解する立場に立つ、学級担任・ホームルーム担任の教師の果たす役割が最も大きいといえる。

(2) 生徒指導の基盤としての学級（ホームルーム）経営

　学校における児童生徒の人間形成や成長発達は、その多くが学級・ホームルームを場とする生活の中で行われる。それは各教科や学級活動等の教育課程上の活動だけでなく、例えば始業前における教室での仲間関係、休み時間や給食の時間での人間的な交わり、放課後における様々な活動を通しても、

児童生徒の個性や資質は育まれていく。その意味から、学級・ホームルームは生徒指導を進めるうえでも基本となる生活場面といえるのである。

したがって、学級経営・ホームルーム経営は、生徒指導を推進する役割を果たすとともに、生徒指導が学級経営・ホームルーム経営の重要な内容を構成していると考えることができる。

なお、環境が人をつくるといわれているように、教室がどのように整備されているかによって、そこで学習し生活する児童生徒の情緒の安定も左右される。その意味で、教室の整備などの教室経営も、学級経営・ホームルーム経営の一つとして考えられる。

(3) 学級（ホームルーム）経営と生徒指導
1) 児童生徒理解の徹底

一人一人の児童生徒はそれぞれ違った能力・適性、興味・関心をもっており、生育環境も将来の進路希望も異なる。学校生活への不適応や不登校傾向を示す児童生徒もいる。また、学習障害や注意欠陥多動性障害、高機能自閉症等の発達障害を含め、特別の支援が求められる児童生徒もいる。学級経営・ホームルーム経営と生徒指導を進めるうえでまず重要なことは、このような児童生徒一人一人の実態を把握すること、すなわち児童生徒理解の徹底である。これは、児童生徒一人一人の内面を共感的に理解し、個に応じた適切な指導を進める上で極めて重要なことである。

2) 学級集団・ホームルーム集団の人間関係づくり

学級・ホームルームにおける児童生徒の人間関係を調整・改善し、より良い集団づくりを進めていくことも、学級経営・ホームルーム経営の重要な内容である。他者を無視したり否定するような人間関係の中では、いじめなども起こり、こうした排他的な集団や人間関係の中では、児童生徒の健全な成長は期待できない。集団内で、お互いの価値を認め、望ましい人間関係をつくるためには、次のような点に配慮することが必要である。

① リーダーを育成する

個性や能力・資質に違いのある個々人や、結合したり対立したりする小グループを一つにまとめるためには、強力なリーダーシップが必要である。そ

こでの担任教師の役割は大きいが、児童生徒が自主的に問題を解決できるようにするためには、児童生徒の中のリーダーの存在は不可欠である。数名の生活班の班長と全体を統括する学級委員ないしルーム長の育成が必要となる。悪しきリーダーのもとでは、質の高い集団と健全な人間関係は期待できない。

② 集団による話し合いで問題を解決できるようにする

その集団内では、互いに気兼ねや不安や猜疑心をもつことなく、自由に意見が述べられる雰囲気をつくること、その中で一人一人が何らかの良さや長所をもっていることに気づかせること、一人の問題を全員の問題として考え解決するように仕向けて行くことなどが大切である。いじめなどは、上からの一方的な指導では根本的な解決を図ることはできない。当事者を含む集団の中での話し合いこそが、解決への近道である。

③ 教師が児童生徒に対して公平な態度で接する

指導にあたる教師自身の態度にも留意しなければならないことがある。中でも、教師が児童生徒に対して常に公平な態度で接するということは、望ましい人間関係を構築するうえでも重要である。なぜなら、公平な教師の態度によって、児童生徒は均等に集団に参加することができるようになり、児童生徒の学級・ホームルームでの生活も情緒的に安定し、人間関係も安定したものになるからである。

3）学級（ホームルーム）担任が行う教育相談

成長発達の途上にある児童生徒は、学校生活の中で様々な不安や悩みをもっている。学習上の悩みもあれば、友人関係に関わるもの、自分の将来に関すること、家庭内の問題など、いろいろなことが考えられる。

これらの不安や悩み、訴えに耳を傾け相談にのることも、学級担任・ホームルーム担任の重要な役割の一つである。教育相談には、意図的・計画的なものから、放課後などに行うその都度の悩み相談まで、様々である。こうした相談を通して、児童生徒理解も深まり、様々な問題への早期の発見や対応も可能になる。学級担任やホームルーム担任の教師はそうした教育相談の力を高め、生徒指導に教育相談を有効に生かしていくことが大切である。

4）開かれた学級（ホームルーム）経営の推進

　学級担任・ホームルーム担任の教師が生徒指導において担う役割は大きい。しかし、このような役割や責任を強く考えるあまり、問題を自分だけで抱え込もうとしたり、誤って学級王国・ホームルーム王国的な考えに陥るようなことがあってはならない。また、担任教師は児童生徒とはもちろんであるが、保護者とも信頼関係を結び、生徒指導にあたっては保護者とベクトルを同じ方向に向かわせる必要がある。これらのために、学級経営・ホームルーム経営を、常に開かれたものにしておかなければならない。

　① 校内に開く

　学級・ホームルームの中には、いろいろな個性をもった児童生徒が存在し、それぞれが課題を抱え、それは複雑化しているのが現状である。担任一人では到底解決できないものが多くなっている。しかし、自分の責任で何とか解決しようとして、思い悩む教員が少なくない。特に小学校の担任にそれが顕著である。

　しかし、生徒指導は、全教職員の共通理解のもと、学校全体として協力して進めることが大切である。この点を踏まえ、校長や副校長の指導のもと、学年の教員や生徒指導主事、養護教諭やスクールカウンセラーなど他の教職員と連携しながら開かれた学級経営・ホームルーム経営を進めることが大切である。

　② 校外に開く

　生徒指導を実効あらしめるためには、担任として、家庭や地域社会との連携を密にすることが大切である。特に、保護者との間で、学級だより・ホームルーム通信や、保護者会や家庭訪問などによる相互の交流を通して、児童生徒理解について、また児童生徒に対する指導の在り方について共通理解を深めることが大切である。そのためには、担任としての思いや教育観を常日頃から保護者に発信しておくことが必要である。その意味でも、学級だよりは有効なツールであり、多忙な中での発行は大変であるが、保護者との信頼関係を結ぶ手段として活用したい。

4．生徒指導の全体計画と年間指導計画

(1) 全体計画と年間指導計画の必要性
1) 小中高等学校連携による生徒指導体制づくりからみた必要性
　教師として学校現場に立った時、生徒指導とは、基本的生活習慣の徹底やいじめ・不登校、非行問題対策であると考えがちである。しかし、生徒指導は「自己指導能力」育成が目標である。指導上の留意点として「自己存在感を与える・共感的人間関係の育成・自己決定の場を与える」ことを掲げている。埼玉県新座市教育委員会は、「小中地区生徒指導連絡協議会」を強く推進している。同じ学区内にある新座市立栄小学校・新座市立第三中学校の小中連携による成果を分析すると、全体計画・年間指導計画の必要性を推察できた。両校では、「9年間を見通した生徒指導により、多くの成果をあげることができた」と述べている。

2) 積極的な生徒指導体制づくりからみた必要性
　各教師は、管理職のリーダーシップの下、全教職員の共通理解に基づいた校内生徒指導体制を確立し、各教科、道徳、総合的学習、特別活動等の指導との関連を図りながら積極的な生徒指導を推進する必要がある。このことについて、2015（平成27）年度宝仙学園「理数インター（中高一貫校）」の6年間を見通した実践事例を紹介する。同校校長は、学校経営方針として、生徒指導を「生徒支援」へ、進路指導を「進路支援」へと変更し、学校を「知的で開放的な広場」に創造したいと提起した。4月当初より、生徒会活動を中核とした「企画段階からの生徒参加」を促すことから始めた。積極的な生徒指導への転換を図り、進路支援と生徒支援を一体としたカリキュラムデザイナーとしての教師力育成を図ることを通して、生徒が主役の学校文化の創造に努めている。

(2) 児童生徒の発達特性を踏まえた生徒指導の目標と留意点
1) 発達特性を踏まえた生徒指導の目標
　教師は、小中高等学校12年間を通して育成すべき「自己指導能力」は、「自

己決定の場」を位置づけることによって、次期学習指導要領の「論理的批判的思考力」の育成につながるものと考える。埼玉県教育委員会は、生徒指導目標として、小学校は「基本的な生活習慣の育成（**表3-4-1、3-4-2参照**）」、中学校は「生きがいのある学校生活の実現（**表3-4-3、3-4-4、3-4-5参照**）」、高等学校は「学校生活に張りを持たせる指導の充実」を「重点・努力点（埼玉県教育委員会「指導の重点・努力点」2014（平成26）年、pp.15～16）」として示している。

宝仙学園「理数インター（中高一貫校）」は、「人を造る教育とは、知性と品格を兼ね備えた全人的な教育であり、自らの人生を、強く、賢く、豊かに生きる、その土台を固める教育であり、人間力を育てる教育である（**表3-4-6参照**）」と述べている。このことは、「生きる力」の中核である「自己指導能力」の育成につながるものと捉えた。現在、生徒支援部の基本的なコンセプトを「自分の足で立って歩き出すための支援」であると位置づけた。次に、指導上の留意点である「自己決定の場を与える」ために、「企画段階からの参加」を保障するための活動の場として、幹事会などを組織し、自己決定の場づくりがプログラムされている状況を議事録（**表3-4-7参照**）から読み取ることができる。

2）生徒指導の目標達成のための留意点

教師は、生徒指導目標達成のためには、意見表明権など基本的人権の尊重の精神を基盤に児童生徒の自主性、自発性を大切にするとともに規律正しい生活態度、善悪を正しく判断して行動する力、好ましい人間関係などの育成に努めるべきである。さらに、教師は、生徒一人一人が成就感や存在感を得られるよう教育活動全体を工夫し、進路指導の充実に努め、生徒一人一人が社会の一員として将来を展望し、自己実現が図れるよう指導・援助すべきである。

（3）アカウンタビリティ（説明責任・結果責任）を求める生徒指導
1）校内生徒指導体制の充実（表3-4-1、3-4-2、3-4-3、3-4-4、3-4-5参照）

小中高校の全体計画および年間指導計画は、校内生徒指導体制充実の基盤

4．生徒指導の全体計画と年間指導計画

表 3-4-1　埼玉県新座市立栄小学校「生徒指導全体計画」（一部抜粋）

- 日本国憲法
- 教育基本法
- 学校教育法
- 学習指導要領
- 県及び市の指導の重点・努力点
- 生徒指導総合計画

【学校教育目標】
○ さわやかな子
○ かしこい子
○ えがおのある子

- 今日的な教育課題
- 児童の実態
- 保護者の願い
- 教師の願い
- 地域の願い

【生徒指導の目標】
・基本的な生活習慣の確立
・望ましい集団活動と社会性の育成
・人間的なふれあいを通した信頼関係の確立

【教育に関する3つの達成目標】
「規律ある態度」
1　けじめのある生活ができる。
2　礼儀正しく人と接することができる。
3　約束やきまりを守ることができる。

○ 人権尊重教育との関連
・学校教育全体を通した人権尊重の教育の徹底
○ 教科・総合的な学習の時間との関連
・習得した知識の活用、及び人の意見や考え方の尊重
○ 道徳との関連
・計画的な指導
・児童の道徳性の育成
○ 特別活動との関連
・集団の一員としての自覚の促進
・自主的、自発的な実践的活動の拡充

【生徒指導方針】
○ 一人一人を大切にした指導を行い、児童理解を深める。
○ 一人一人のよさや可能性を伸ばす。
○ 児童に所属感や自己有用感を持たせる。
○ 全教職員の共通理解を基に、組織的に指導を行う。（報告・連絡・相談）
○ 家庭や地域、関係機関との連携を密にする

【学年・学級での取組】
○ 各学年・学級の目標
○ 各学級・学級の取組

【指導の重点】
○ 進んであいさつ・返事をしましょう。
○ 整理整頓をしましょう。
○ 学習の準備をしっかりしましょう。

【連携・協力】
○ 各領域
　・各領域、教科部
　・特別支援教育
　・人権教育
○ 家庭・地域
　・学校、学年だより
　・個人面談
　・家庭訪問
　・学校公開
　・朝の声かけ
○ 関係諸機関
　・学警連
　・教育相談室
　・民生児童委員
　・児童相談所

【生徒指導委員会】
○「規律ある態度」の育成
　・共通指導項目　・意識調査の実施　・生活目標での重点的な取組
○ いじめ・不登校の根絶
　・各種アンケートの実施　・情報交換　・組織的な対応
○ 問題行動・暴力行為の根絶
　・非行防止教室の計画、実施　・情報交換　・組織的な対応
　・薬物乱用防止教室の計画、実施
○ 学習規律の確立……児童指導上の留意点、校内研修との関わり
○ 生活目標の徹底
　・全校朝会での指導　・指導内容の重点化　・各教室への掲示
○ 小中連携の取組
　・小中連携事業の計画、実施　・ハートフルシートの作成、送付
○ 児童理解情報交換会の実施
　・配慮児童の情報交換の計画、実施　・共通理解、共通行動の促進

（出典）埼玉県新座市立栄小学校「生徒指導全体計画」2015（平成27）年4月、により作成。

である。しかし、生徒指導は、生徒指導の得意な人がやればいいと考える教師が少なくはない。学校生活の中心は授業であり、その授業に生徒指導の原点がある。学習指導と生徒指導を一体化することにより、生徒一人一人が活躍できる授業、わかる授業づくりができる。教師力とは、授業の中で、自己

表3-4-2　埼玉県新座市立栄小学校「生徒指導年間指導計画」（一部抜粋）

26年度	年間生活目標	○進んであいさつ・返事をしましょう。 ○整理整頓をしましょう。 ○学習の準備をしっかりしましょう。	
月	生活目標	指導の重点	生徒指導関係の取り組み
4	◎☆気持ちのよいあいさつ・返事をしましょう。 ◎話をしっかり聞きましょう。	・入学、進級の喜びと新しい友達づくりをする学級開き・あいさつの励行 ・話の聞き方の約束を確認	児童理解情報交換会① 生活アンケート
5	○☆きまりを守り、友だちと仲よくしましょう。	・「栄っ子の生活」の確認 ・縦割り班活動を通しての他学年との交流 ・係や当番の仕事と学級生活の向上	小中連携事業 非行防止教室 （4・5・6年） 生活アンケート
6	○手あらいをしっかりして、健康に気をつけましょう。 ◎☆持ち物の整理整頓をしましょう。	・梅雨時の健康と安全な生活 ・治療勧告 ・机やロッカー、下駄箱等の整理整頓	非行防止教室 （1・2・3年） 生活アンケート
7	○安全に気をつけて行動しましょう。	・廊下歩行の徹底 ・夏休みの生活指導	薬物乱用防止教室 規律意識調査① 生活アンケート
9	◎☆時間を守り、学習のじゅんびをととのえましょう。	・チャイム着席 ・掃除時間の確保 ・学習の準備の徹底	生活アンケート
10	○本をたくさん読みましょう。 ◎やさしい言葉づかいをしましょう。	・読書の励行 ・やさしい言葉づかいの指導	規律意識調査② 生活アンケート
11	○体をじょうぶにしましょう。	・体力づくりの奨励 ・持久走大会へ向けての取り組み	生活アンケート
12	◎☆学校をきれいにしましょう。	・教室環境の整備・冬休みの生活指導 ・物や金銭の大切さの理解	生活アンケート
1	○楽しい給食にしましょう。 ・廊下を静かに歩きましょう。	・お世話になっている方々への感謝の気持ち ・廊下歩行の徹底	規律意識調査③（3達検証） 生活アンケート
2	○寒さに負けない生活をしましょう。	・活発な遊びと安全 ・インフルエンザの予防	児童理解情報交換会② 生活アンケート
3	◎1年間のまとめをしましょう。	・「規律ある態度」の振り返り （けじめのある生活・礼儀正しく人と接する・約束やきまりを守る） ・新年度の計画づくりと希望 ・春休みの生活指導	生活アンケート

※◎印は、3つの達成目標「規律ある態度」にかかわるもの。
※☆印は、本年度の年間生活目標にかかわるもの。

（出典）埼玉県新座市立栄小学校「生徒指導年間指導計画」2015（平成27）年4月、により作成。

4．生徒指導の全体計画と年間指導計画　71

表 3-4-3　埼玉県新座市立第三中学校「生徒指導全体計画」（一部抜粋）

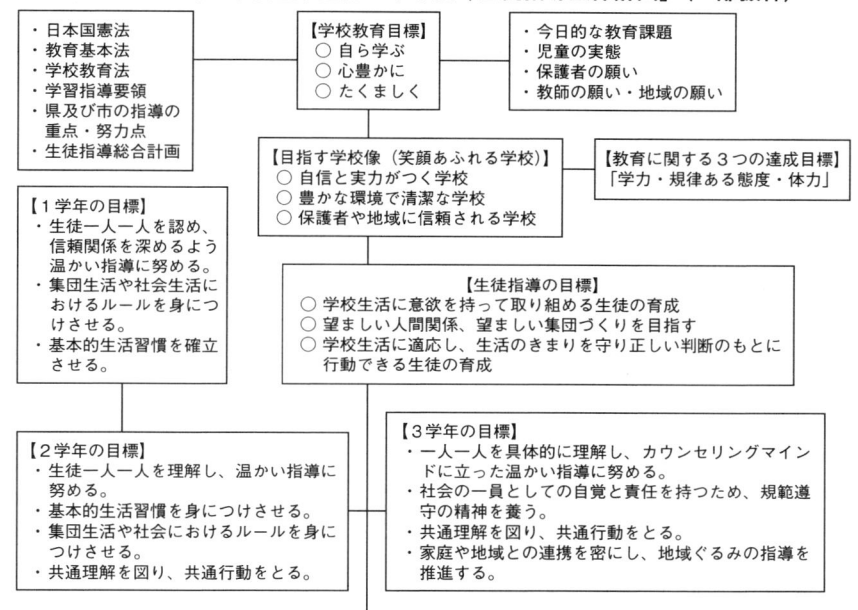

- 日本国憲法
- 教育基本法
- 学校教育法
- 学習指導要領
- 県及び市の指導の重点・努力点
- 生徒指導総合計画

【学校教育目標】
○ 自ら学ぶ
○ 心豊かに
○ たくましく

- 今日的な教育課題
- 児童の実態
- 保護者の願い
- 教師の願い・地域の願い

【目指す学校像（笑顔あふれる学校）】
○ 自信と実力がつく学校
○ 豊かな環境で清潔な学校
○ 保護者や地域に信頼される学校

【教育に関する3つの達成目標】
「学力・規律ある態度・体力」

【1学年の目標】
・生徒一人一人を認め、信頼関係を深めるよう温かい指導に努める。
・集団生活や社会生活におけるルールを身につけさせる。
・基本的生活習慣を確立させる。

【生徒指導の目標】
○ 学校生活に意欲を持って取り組める生徒の育成
○ 望ましい人間関係、望ましい集団づくりを目指す
○ 学校生活に適応し、生活のきまりを守り正しい判断のもとに行動できる生徒の育成

【2学年の目標】
・生徒一人一人を理解し、温かい指導に努める。
・基本的生活習慣を身につけさせる。
・集団生活や社会におけるルールを身につけさせる。
・共通理解を図り、共通行動をとる。

【3学年の目標】
・一人一人を具体的に理解し、カウンセリングマインドに立った温かい指導に努める。
・社会の一員としての自覚と責任を持つため、規範遵守の精神を養う。
・共通理解を図り、共通行動をとる。
・家庭や地域との連携を密にし、地域ぐるみの指導を推進する。

○ 不登校対策委員会─不登校の実態を毎月把握し、生徒の立場に学校としてどのような対応ができるか検討していく。
○ 生徒会─委員会・本部・学級の議長団及び行司の活動を通し、自主的な活動を育成していく。
○ 生徒指導─全教職員の共通理解に基づいた校内指導体制を確立し、教科や道徳、特別活動等の指導との関連を図りながら積極的な生徒指導を推進する。
○ 教育相談─一人1人の生徒の抱えている悩みや情報を的確に把握し生徒理解に努める。生徒が自発的に相談しやすいように、日頃から信頼関係を深め、相談活動を積極的に行う。
○ 保健指導─自分自身の健康状態を把握し、疾病・異常等をすみやかに治療し、心身とも健康に学校生活を主体的に実践する力を育成していく。
○ 安全指導─防災・ストーブの使用の指導計画、校舎内の安全管理、学期始めごとの登校指導を通じ、生徒に安全に対する心がまえを育成していくとともに交通安全についても指導する。
○ 給食指導─給食中の衛生指導、後片付け、パントリー指導を通じ、食事に対する心がまえを育成するとともに、給食を作ってくれる調理員さんに感謝の気持ちを育てる。
○ 清掃指導─清掃分担区域の決定、用具の配布や管理の指導、身の回りの環境を常にきれいにする心を育成する。意欲的な活動を通し、校舎内外の美化に努める。
○ 学習指導─学習に対する心がまえ、定期テストの受け方の指導と学習への意欲の育成。

（出典）埼玉県新座市立第三中学校「生徒指導年間指導計画」、2015（平成27）年4月により作成。

決定の場づくりを通して、「リーダーシップ」・「フォロアーシップ」・「メンバーシップ」の役割と機能をカリキュラムデザインできる資質能力である。教師は、授業の中で児童生徒に居場所をつくり、主体的な学習態度を養い、とも

表3-4-4　埼玉県新座市立第三中学校「生徒指導年間指導計画（細案）」（一部抜粋）

月	生活目標	校内外生活	教育相談・給食指導・清掃指導・保健指導・安全指導については、省略する。
4月	・あいさつをしっかりしよう ・礼儀正しい言葉遣いをしよう	・挨拶をしっかりさせる ・場に応じた言葉遣いを身につけさせる	
5月	・生活環境の美化に努めよう ・規則正しい生活のリズムを作ろう	・遅刻をなくし、チャイム着席を守らせる	（略）
6月	・服装を整えよう ・梅雨時の衛生に気をつけよう	・服装を整えさせる	
7月	・1学期の生活を見直し、2学期の目標を立てよう ・事故に気をつけよう	・1学期を振り替えさせ、生活の見直しをさせる	
8月	・規則正しい生活を送ろう ・水の事故に気をつけよう	・規則正しい生活を送らせる	
9月	・生活リズムを整えよう ・体育祭を成功させよう	・生活のリズムを整えさせる	（略）
10月	・服装を整えよう ・心を一つにして合唱際を成功させよう	・服装を整えさせる	
11月	・清掃をしっかりしよう ・けじめのある生活をしよう	・不要物を持ってこないようにさせる	
12月	・2学期の生活を振り返り、3学期の目標を立てよう ・規則正しい生活をしよう	・2学期を振り返らせ、けじめのある生活をさせる	
1月	・決意や抱負を持って、新しい年の出発をしよう ・風邪の予防に心がけよう	・遅刻をなくし、チャイム着席を守らせる	
2月	・心身を健康に保ち、規則正しい生活をしよう ・仲間を大切にしよう	・健康に留意し、規則正しい生活をさせる	
3月	・1年間を振り返り、次年度の目標を立てよう ・感謝の気持ちを込めて、すみずみまできれいにしよう	・1年間を振り返り、身の回りの整理、整頓に心がけさせる	

（出典）埼玉県新座市立第三中学校「生徒指導年間指導計画（細案）」2015（平成27）年4月、により作成。

表 3-4-5　埼玉県越谷市立富士中学校「学校評価（生徒・教師・保護者）」（一部抜粋）

No.	評価項目（生徒指導に関連した項目のみ、掲載）	評価点（生徒・教師・保護者）
3	学校に楽しく、行きたいと思っていますか。	1,2学期ごとの学校評価（略）
10	人が見ていなくても正しく判断して行動していますか。	（略）
11	登校時間やチャイム着席、下校時間など時間を守っていますか。	（略）
12	「あいさつ、返事、クツそろえ、服装」などはきちんとできていますか。	（略）
13	先生方はあなたのことを理解してくれていると思いますか。	（略）
14	言葉遣いなどに気をつけていますか。	（略）
15	相手のことを考えて行動していますか。	（略）
16	部活動には積極的に参加し活動していますか。	（略）
18	学校からのお知らせは必ず保護者に届けていますか。	（略）
19	清掃活動には積極的に取り組んでいますか。	（略）
20	富士中は規範意識や人を思いやるなど豊かな心が身に付く落ち着いた雰囲気ですか。	（略）
21	委員会活動や係活動には積極的に取り組んでいますか。	（略）
22	合唱祭（練習も含む）には積極的に参加しましたか。	（略）
23	規則正しい生活習慣が身についていますか。	（略）
24	学校の活動の中で達成感や充実感は味わえていますか。	（略）
25	先生方はいじめのない学校にしようとしていますか。	（略）

（出典）埼玉県越谷市立富士中学校「平成26年度学校評価」2014（平成26）年12月、により作成。

に学びあうことを実感させ、言語力を育て、家庭での学習習慣を確立させなければならない。

2）学校評価と生徒指導の側面

　教師は、「従えばよい子」という画一的で管理的な生徒指導に陥りがちである。埼玉県立草加東高校の開かれた参加と共同の「学校評価連絡協議会」の

表3-4-6 宝仙学園理数インター「ステージマップ」の具現化（一部抜粋）

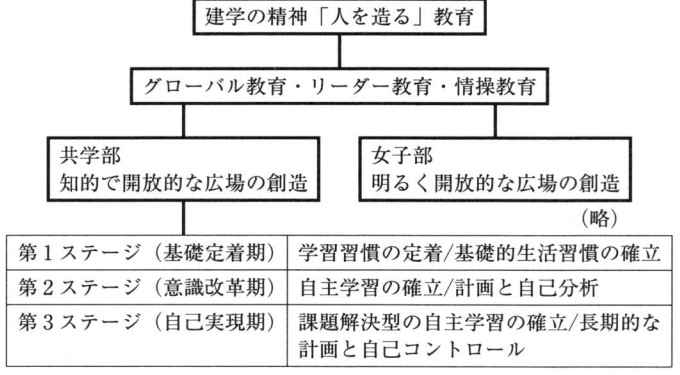

```
            建学の精神「人を造る」教育
                      │
     グローバル教育・リーダー教育・情操教育
              │              │
         共学部            女子部
   知的で開放的な広場の創造   明るく開放的な広場の創造
                                    （略）
```

第1ステージ（基礎定着期）	学習習慣の定着/基礎的生活習慣の確立
第2ステージ（意識改革期）	自主学習の確立/計画と自己分析
第3ステージ（自己実現期）	課題解決型の自主学習の確立/長期的な計画と自己コントロール

⇩

ステージ	学年	共学部学年目標
第1ステージ（土台をつくる）	1年	凛 ～清く正しく健やかな生活と授業を中心とした学習習慣の確立～
	2年	中堅学年としての自覚と誇りを持ち、積極的に行動しよう 1、目標を持ち、その実現のために積極的・計画的に行動しよう 2、集団生活の基本的なルールを守り正しい判断や行動をしよう 3、自発的に仕事を行い、最後までやり抜こう
第2ステージ（自分の殻をやぶる）	3年	自ら考え行動できるようになろう ―高校への準備段階ということを意識して―
	4年	・この1年の全てが3年後の受験結果に直結するという認識を強く持とう ・悔いのない文理選択ができるよう十二分に時間をかけよう ・やるべきことに優先順位をつけ、効率的な時間配分を心がけよう
第3ステージ（高くとぶ）	5年	Be mature!
	6年	All for dreams

（出典）宝仙学園理数インター「ステージマップ」2015（平成27）年4月、により作成。

4．生徒指導の全体計画と年間指導計画

表3-4-7　宝仙学園理数インター「生徒支援部会」議事録から（一部抜粋）

第1回生徒支援部会議事録　　　　　　平成27年4月2日（木）
1．生徒指導部から生徒支援部への用語変更における理念について 　・生徒が主役となって活動していく学校文化の構築 2．生徒支援部の方針 　・生徒が主体的に学校生活にかかわれるような仕組みや環境を整備する。 　・生徒の安全管理を組織的に運営する。 　・生徒が学校に誇りを持ち、安心して通学できるよう支援する。 　・問題行動やさまざまな生活上のトラブルを解決へ導けるよう支援する。 3．今年度の生徒支援部の目標 　・生徒会を中心とした生徒中心の組織運営を強化する。 　・企画段階から生徒を参加させて総括させることで当事者意識を高める。 　・問題行動が起こる原因となるような負のストレッサーを見つけ出し対処する。 　・生徒会組織や校則、不文律を含むさまざまなルールを見直しつつ改善していく。 4．生徒支援部の基本的なコンセプトの確認 　・自分の足で立って歩き出すための支援　　　　　　　　　　　　　　（他は略）

（出典）宝仙学園理数インター「第1回生徒支援部議事録」2015（平成27）年4月2日、より作成。

第3回生徒支援部会議事録　　　　　　平成27年4月25日（土）
1、各委員会の報告 ○生活委員 　・4年（高1）の委員長を選出する。毎週月曜日、幹事会を行っている。 ○学級委員 　・学校や学年課題、登下校の改善、マナーアップキャンペーンなど生徒主体の活動について考えるよう投げかけている。学校説明会の手伝いを志願してくれた生徒は10名ほどいる。学級委員は学年の代表という側面も持つ。学年の先生が学級委員を動かしていくことも必要である。 ○中央委員会 　・立ち上げにあたり、どこまでを中央委員会とするのか考えている段階である。生徒会と学級委員だけなのか、委員長・部活部長などある程度の柔軟さはあってもいいのではないか。　　　　　　　　　　　　　　　　　　　　　　　（他は略）

（出典）宝仙学園理数インター「第3回生徒支援部議事録」2015（平成27）年4月25日、より作成。

実践事例を紹介する。勝野正章は、「この校長が、ドイツやフランスでみた学校運営に参加し積極的に発言している生徒の姿に感心し、草加東高校の学校づくりに生徒を参加させ、あのような生徒に育てたいと願ったことが原動力になった。（略）この取り組みを受けた埼玉県教育委員会は、2005（平成17）年度から『学校自己評価システム』を全県立学校で導入し、その中で生徒参

加による学校づくりの取り組みを学校評価において可能にした」(勝野正章「小池報告が問いかけるもの」浦野東洋一・神山正弘・三上昭彦編『開かれた学校づくりの実践と理論』同時代社、2010(平成22)年、pp. 94〜96)と述べている。教師は、生徒指導は学校評価項目(**表3-4-5参照**)の中核にあることを理解すべきである。また、東京都教育委員会は、『小学校教職課程学生ハンドブック―東京都の公立小学校教師を志す学生のみなさんへ―』では、学校の生活の中で生徒指導の重要性を述べている。教師志望の学生は、ぜひ、参考にしてほしい。

参考文献
- 文部省『生徒指導上の問題についての対策』(生徒指導資料集第15集)大蔵省印刷局、1980(昭和55)年
- 文部省『生徒指導の手引(改訂版)』大蔵省印刷局、1981(昭和56)年
- 岩城孝次・森嶋昭伸編著『生徒指導の新展開』ミネルヴァ書房、2008(平成20)年
- 八並光俊他編集『新生徒指導ガイド』図書文化社、2008(平成20)年
- 文部科学省『生徒指導提要』教育図書、2010(平成22)年
- 浦野東洋一・神山正弘・三上昭彦編『開かれた学校づくりの実践と理論』同時代社、2010(平成22)年

第4章　生徒指導と教育相談

1．教育相談の意義
2．教育相談の組織と計画
3．教育相談の進め方
4．学校外の専門機関等との連携

1．教育相談の意義

　文部科学省「中学校学習指導要領解説（特別活動編）」（2008〈平成20〉年9月）では教育相談とは、

> 　教育相談は、一人一人の生徒の教育上の問題について、本人又はその親などに、その望ましい在り方を助言することである。その方法としては、1対1の相談活動に限定することなく、すべての教師が生徒に接するあらゆる機会をとらえ、あらゆる教育活動の実践の中に生かし、教育相談的な配慮をすることが大切である。（p. 97）

とされている。相談を主な手段として教育に関連する問題や課題をもつ児童生徒を援助する過程である。教育相談を行う主体は主に、一般教員、教育相談・生徒指導担当、養護教諭、学年主任、管理職および外部のスクールカウンセラーなどになる。
　そこでまず日本における教育相談が現在に至るまでにどのような変遷をたどったかをみてみよう。

(1) 教育相談の歴史
　表4-1-1 に日本における教育相談に関わる出来事をまとめてみた。これ以

表 4-1-1　教育相談に関連する出来事

西暦（和暦）	出来事
1936（昭和11）年	田中寛一による、東京文理科大学における教育相談部の開設
1947（昭和22）年	『学習指導要領一般編（試案）』刊行
1963（昭和38）年	教育相談部が東京教育大学教育学部附属教育相談研究施設に発展
1965（昭和40）年	『生徒指導の手びき』
1967（昭和42）年	「全国学校教育相談研究会」（全学相研）発足 「日本相談学会」設立
1981（昭和56）年	『生徒指導の手引（改訂版）』
1988（昭和63）年	「日本相談学会」の名称が「日本カウンセリング学会」と改称
1990（平成2）年	「日本学校教育相談学会」設立
1995（平成7）年	「スクールカウンセラー」の試験的導入
2001（平成13）年	「スクールカウンセラー」の本格的導入

前より教育相談は実施されていたが、児童相談所による相談業であり、福祉における教育相談という面が強いものであった。教育の現場にて教育相談が行われるようになったのは、1947（昭和22）年の「学習指導要領一般編（試案）」の刊行により、生徒指導の一環として教育相談が導入されたタイミングであろう。そしてそれ以降も、1965（昭和40）年の『生徒指導の手びき』の刊行や、1981（昭和56）年の『生徒指導の手引』の改訂にみられるように、生徒指導を推進するうえでの重要な役割を担ってきた。生徒指導の充実や強化が進められ、教育相談もそこに大きく関連しながら少しずつ教育の現場に定着していった。教育相談の普及に伴い、心理療法を教育の現場に取り入れる動きもあった。もちろん教育の現場では反発もあったが、すこしずつの広まりを見せていった。全国で研究・実践活動が活発になり、研究会や学会（日本相談学会、のちの日本カウンセリング学会にみられるような）が発足した。カウンセリングと呼ばれる専門性の高い関わり方が求められるようになっていく中で、これまでは教師が相談業務を行っていた（教育相談担当教師のような）ものを、試験的にではあるが専門の「スクールカウンセラー」を学校に配置しようという試みもなされた（1995〈平成2〉年）。このときも現場での反発や、受け入れ体制のバラツキなど様々な問題が起きた。しかし、次第にではある

が専門的な視点からの支援が得られ、成果が上がってくると歓迎する声も増えてきた。

(2) 教育相談とカウンセリング

　教育相談の歴史的な流れをみたところで教育相談とカウンセリングという単語が違った意味合いで登場したことについて触れておきたい。教育相談とカウンセリングはどちらも面接相談という同じ要素をもっている。そのため同じ意味合いで使われることも多いが、異なる意味でも使われるため、違いについて考えていきたい。

　教育相談は、生徒指導の一環として始まったことからも、児童生徒の教育や発達といった教育上の問題に対しての相談といえる。そのため教育センターや児童相談所といった専門機関での相談から、学校での担任教師といった一般教員が行う相談までを含んでいる。

　カウンセリングは、教育相談と同じ部分を含んでいるが、専門家であるカウンセラーによる心理相談や援助というより専門性の高い面接相談をさすことがある。

(3) 教育相談の意義・役割

　学校における教育相談やカウンセリングは、一般教員・教育相談担当だけではなく上述の歴史をみてみたところで、外部の専門家であるスクールカウンセラーが学校現場に入ってくることが必要になってきたわけだが、そのため役割分担と連携が必要になってくる。教育相談の役割は大きく分けて三つの領域に分けられる。①問題解決的教育相談、②予防的教育相談、③開発的教育相談である。

　① 問題解決的教育相談（消極的生徒指導）

　対処療法的な問題解決を目指したものであり、問題のある児童生徒に対する治療的な援助がこれにあたる。不登校やいじめというような様々な学校場面における適応上の問題をもつ児童生徒の支援・援助である。いわゆるマイナスの状態をゼロまで回復させるものである。従来の生徒指導や教育相談はこの要素が強かったが、現在ではこれから述べる予防的教育相談や開発的教育

相談にも力を入れる必要があると捉えられている。
　②　予防的教育相談（積極的生徒指導）
　予防なので問題が起きる前に支援・援助することで問題を防ぐことを目指したもの。不適応状態になりそうな児童生徒を早期発見し、早期支援・援助を行うものである。担任教師などが、児童生徒の普段の状態を観察することで早期に発見することが可能になる。いわゆるゼロの状態からプラスの状態にしようとする関わり方である。問題が起きそうな状態で、問題になる前に手段を講じることである。
　③　開発的教育相談（積極的生徒指導）
　予防と似ている部分もあるが、より良い状態へと発展するように教育することを目指したもの。すべての児童生徒の個人の成長・発達を促すことを目指したものである。いわゆるプラスの状態をさらにプラスへと上昇させる関わり方である。問題を起こすような児童生徒にならないよう教育していく、または問題が起きないような人間教育を行うということである。第2章で述べたような構成的グループエンカウンターや、ソーシャルスキルトレーニング、ピアカウンセリングなどさまざまなテクニックが用いられる。学校が楽しい場所である、学級における自分の適所を確認できるなど、不適応を起こす児童生徒を生み出さないようにする学校における教育相談でもっとも重要と考えられている役割である。
　この三つの役割を、一般教員・教育相談担当・スクールカウンセラーで分担して推進することになる。おおまかな分担についてだが、一般教員である担任教師は、自分の担任学級の児童生徒と接する機会がもっとも多いので、早期支援・援助がしやすい位置づけであるため②予防的教育相談が可能と言える。そして学級の運営や授業の中でカウンセリング手法を取り入れることで不適応児童生徒を出さないようにするために③開発的教育相談を行うことが予防という意味ではもっとも有効といえる。③開発的教育相談を行うためには、担任教師だけではなく、担任教師を支援するために教育相談担当やスクールカウンセラーが必要となる。担任教師が開発的教育相談を行いやすいように、教育相談担当やスクールカウンセラーがさまざまな資料の提供・心理検査・研修会・調査などの企画を行っていく。担任教師の支援という立場

であって、できる限る担任教師を立てて行っていくことが望ましい。①問題解決の教育相談に関しては、心の専門家であるスクールカウンセラーとの連携が必須になってくる。適応上に問題のある児童生徒へのカウンセリングや保護者へのカウンセリング、コンサルテーション、心理療法や心理検査、研修会などの実施などがある。

　このように担任教師一人で問題に携わるのではなく、教育相談担当やスクールカウンセラーとともにチーム支援という形で教育相談が実施されていけば、児童生徒の心理的問題解決や不適応状態の改善・予防、児童生徒の自己理解・成長の促進など様々な成果が期待できる。児童生徒への成果だけでなく、担任教師だけで抱え込むことがなくなるので、担任教師の負担も軽減するということも重要な成果であろう。

2．教育相談の組織と計画

(1) 教育相談の組織

　教育相談は、教育現場では実際にはどのように取り組まれているのだろうか。そこで、2節から4節は、実際に教育現場で用いられている文部科学省『生徒指導提要』(2012〈平成22〉年3月) に沿いながら、解説する。

1) 組織的な相談体制

　教育相談は学校における基盤的な機能である。教職員一人一人が「我が校の教育相談」を理解し、それぞれの立場で教育相談を有機的に機能させる必要がある。校内の体制や条件を整備し、「我が校の教育相談」を構築するとともに、その周知徹底を行い、あらゆる機会をとらえ、あらゆる教育活動の実践に生かし、教育活動的配慮を行う事が重要である。社会が急激に変化する中において、家庭と地域は教育力だけではなく、子どもを養育する「養育力」も低下してきている。身体や性格、友人、学業といった成長・発達に関係する問題だけではなく、家庭や生活に関係する問題も増えている。衣・食・住・家庭内での虐待など、生理的な欲求や安全な生活を送ることが困難な子どもも増えてきている。加えて、ソーシャルネットサービスなどを悪用した犯罪、携帯電話（スマートフォン）を利用したいじめなど、児童生徒は様々な問題に

囲まれながら、日々の生活を送っている。こうした問題が深刻化する前に、早期に発見し、対応する体制を構築する必要がある。そのためには、家庭・地域の協力や、専門家・専門機関との連携が不可欠である。

2）教育相談の組織

　教育相談を推進するためには、教育相談を担当する組織である部署・担当者を置き、役割と責任を明確にしておく必要がある。校務分掌における連携や調整を行うためだけではなく、学外他機関と連携を行う際、窓口を一本化して明確にしておくためである。教育相談の担当部署・担当者を設ける際には、学校種、規模、職員構成、児童生徒の実態、地域の状況、校務分掌の状態や従来の体制における問題点などを考慮する必要がある。ほとんどの学校においては、すでに何らかの相談体制が存在していると思われる。このため、自校あるいは隣接校などで生じた問題や、急増する小1プロブレムや不登校、あるいは幼保小連携など、新たに生じた問題に対応するために組織の改編を行うことが多いだろうと推測される。

　組織の編成としては以下の四つのパターンがある。一つ目は、教育相談部として独立して設けられるものである。二つ目は、生徒指導部や進路指導部などの中に「教育相談係」として設けられるものである。三つ目は、教育相談に関係する各部門の責任者を構成員として「委員会」方式で設けられるものである。四つ目は、特別支援教育を担当する組織の中に組み入れられるものである。いずれのパターンにせよ、上述した規模や職員体制、これまでの問題点などを踏まえて設置しなければならない。

　教育相談を有機的に機能させるためには、教師が児童生徒一人一人と向き合う時間を十分に確保する必要がある、そのために勤務態勢や校務分掌の改善による業務量の削減と多忙感の軽減、精神的なゆとりが不可欠である。教育相談はあらゆる機会をとらえ、あらゆる教育活動の実践に生かし、教育活動的配慮を行う事が重要であり、分掌担当者だけが実践するものではない。教育相談は教師のみならず、職員も含めた学校全体が「組織」として対応するものである。そのような意味で、教職員一人一人が「我が校の教育相談」を理解し、それぞれの立場で児童生徒と関わり、有機的な教育相談を実施する必要がある。こうした意識は、教職員一人一人が勤務校とそこに通う児童

生徒に愛着と愛情をもつことで生まれる。愛着や愛情は「もちましょう」といっても、もつことはできない。勤務校が安心、安全であることはもちろんだが、管理職や同僚教職員から所属を認められ、自分が価値ある存在と認められ、尊重されていることを実感し、自己を肯定できる環境になることで生まれてくる感情である。こうした教職員一人一人がもつ愛着や愛情が、児童・生徒に対する深い関わりにつながる。教職員の深い関わりによって、児童・生徒が学校を安心、安全な場所であると感じ、教職員から所属を認められ、自分が価値ある存在と認められ、尊重されていることを実感するのである。この実感が、教職員やほかの児童生徒、学校への愛着と愛情へとつながり、有機的な教育相談そして、人格の成長への援助となるのである。

3）教育相談の計画と研修

教育相談はあらゆる機会をとらえ、あらゆる教育活動の実践に生かし、教育活動的配慮を行う事が重要である。そのためにも、教育相談が教育計画全体の中に組み入れられ「我が校の教育相談」として、教育相談の目標や重点事項がわかりやすく明示されていなければならない。教育相談に関する計画には、全体計画、年間計画、実施計画がある。

「全体計画」は、教育相談の理念、現状から明らかにされた自校の課題を踏まえ「我が校の教育相談」の柱となる自校における教育相談の目標、重点事項、組織とその運営、計画の骨子が示されるものである。

「年間計画」は、学期・月ごとに、全体計画を受けた実施計画、教育相談室の整備とその運営、児童生徒理解の方法、研修、保護者・関係機関との連携、教職員・スクールカウンセラーなどとの連携が示されるものである。

「実施計画」は、年間計画の各事項について、だれが、いつ、どのように実施するのかを具体的に示すものである。

各計画の立案にあたっては、教職員一人一人が理解できるよう、基本方針や計画の意味をよく説明し、共通理解に基づいた協力が得られるようにする必要がある。また、校務分掌以外にも、全教職員が対象となる活動、学級担任・ホームルーム担任が対象となる活動、管理職が対象となる活動など、それぞれの立場によって取り組むべき活動が異なる。こうした立場による活動の違いを具体的に明記し、すべての活動を学級担任・ホームルーム担任や教

育相談担当職員が抱え込むことがないよう、組織的な活動にする必要がある。また、常に教職員間で報告・連絡・相談を実施するとともに、教育相談の効果を高めるために、評価と改善を行うことが必要である。評価に基づいた改善によって、新たな方法や活動を取り入れる際には、従来の計画や活動の良い点も生かしながら、無理のない計画を作成する事が重要である。新たな方法や活動を大幅に導入する事で混乱が生じたり、想定外の問題が生じたり、事後対応に苦慮することがある。そのためにも、新たな方法や活動を導入した際には、事前に研修などを行い、導入準備期間を設けた方がよい。

　研修はすべての教職員の資質を向上させるために行われるものである。資質とは、人格的な資質と、実践に裏付けされた知識と技能をバランスよく向上させる必要がある。

　事例研究会は、実際にあった事例をもとに、参加者が意見交換をしながら、より良い対応方法を研究するものである。演習を取り入れた研修会は、視聴覚教材を取り入れた集団討議、ロールプレイなど、相談時に用いる方法や技法を学ぶ演習を行う。また、ストレスマネジメント教育など、児童生徒を対象に実施する前に試行・演習し、実施やその方法の検討を行うなどの研修も行われている。

4）教育相談の評価

　評価は、児童生徒がより良い教育相談を受けることで、より質の高い「人格の成長」への援助を受けることができるよう、教育相談活動の成果を検証し、改善と発展を目指す営みである。「計画に基づいて適切に行われたか」「行われなかったのはなぜか」など、教育相談活動をふりかえり、見直し、次期の課題をみつけ、その課題を次期の目標設定及び計画の立案に反映させ、教育相談活動の効果を高めるためのものである。学校評価も行われているが、教育相談における評価は、目先の評価にとらわれてはいけない。

　教育相談は、児童生徒一人一人の成長・発達を見据え、好ましい人間関係をつくり、生活へ適応させ、自己理解を深化させる。このことで、長い人生の中で同様の問題が生じたときにどのように対処し、より良い人生を送ることができるのか、一人一人の主体的な行動変容を待ちながら、日々関わる営みである。この行動変容は上述したように愛情や愛着ある関係性から、児童

生徒が自己肯定感をもつことで生まれるものである。時間をかけて取り組む必要がある。しかしながら、教育相談は生徒指導の中核をなすものであり、生徒指導全体としての評価としてとらえる場合もあることを考慮しなければならない。

評価の基本的な観点について、『生徒指導提要』には以下のものが示されている。
- 学校の教育目標や年間の重点目標を踏まえて、生徒指導の全体計画の一環として具体化された相談計画が立案されているか。特に、学級担任・ホームルーム担任の行う教育相談の計画と学校全体についての教育相談部（係・委員会等）の計画とに整合性があるか。
- 事例研究会等の校内教員研修会の企画や運営が適切に行われ、学校の生徒指導上の課題解決に役立ったか。事例やテーマの設定についての希望調査及び実施後のアンケート等が行われたか。
- 相談にかかわる情報や資料を、児童生徒や保護者に適切に提供し、また、十分な広報活動が行われたか。諸情報の呈示や印刷物による配布等、情報の提供及び伝達の仕方が適切だったか。
- 相談室の施設・備品等の整備が図られ、児童生徒や保護者を対象とした個別の相談活動が適切に行われたか。相談の記録、保存等は適切か、また、相談の秘密は守られたか。
- 校内のほかの分掌組織との連携による児童生徒への成長を促すような指導・援助が適切に行われたか。例えば、学習面での教務部や学習指導部との連携、また、進路面での進路指導部との連携が十分に図られたか。
- 校内連携だけでは対応が難しい教育相談ケースに対して、校外の専門家や専門機関との連携体制の構築が十分に図られたか。特に、学校・保護者・専門機関の連携に基づいて、児童生徒の指導と援助が適切に行われたか。
- その他、突発的で緊急を要する相談や危機対応に応じられる体制を整備できたか。特に、PTSD（心的外傷後ストレス障害）に対する「心のケア」体制が十分に整備できたか。

(2) 立場による役割分担
1) 管理職の教育相談的役割

校長や副校長、教頭などの管理職は、教育相談を学校運営の中に位置づけ、教職員一人一人が児童生徒をしっかりと受け止め、学習指導と生徒指導の両面から適切な指導と援助を行う事ができるよう、教職員への指導・助言を行う立場にある。教育相談の根底となる、教職員の自校に対する愛着と愛情を育み、ゆとりをもった教育相談活動ができるよう、環境を整備するのも管理職の役割である。

一方、児童生徒への指導や援助は日常的な関わりではないが、広い視野やゆとりをもった関わりが功を奏することもある。また、学級担任・ホームルーム担任が保護者との関係に悩んだ際、両者の間に入って関係を回復させ、新たな協力関係を形成する役割がある。地域との関係では、児童生徒が地域の中で安心・安全で、心豊かに育つため、地域住民へ向けて学校の教育活動やその姿勢を発信することで、理解と協力を求める役割がある。

こうした広く全体的な視点から、教職員の教育相談的活動を支えることが管理職に求められている。

2) 養護教諭が行う教育相談
① 養護教諭、保健室の特性を生かす

養護教諭の活動は、全校の児童生徒を対象としており、入学から継続して児童生徒の成長・発達をみることができる。職務は学級担任・ホームルーム担任をはじめとする教職員、保護者等と連携しながら行われる。

活動の場である保健室は、だれでも、いつでも利用でき、安心して話を聞いてもらえる人がいる場である。保健室には、心身の不調を訴えて何度も来室したり、いじめや虐待が疑われたり、不登校傾向や非行や性的な問題行動を繰り返したり、様々な問題を抱えている児童生徒が来室する。こうした養護教諭の活動の特性や、保健室のもつ特性を生かし、顕在化した問題はもちろんのこと、問題の早期発見、早期対応を行うことができる重要な役割を担っている。

② 早期発見、早期対応に向けて

児童生徒は、自身の抱える問題や気持ちを言語化できないことがある。成

長・発達の状態、問題や気持ちの大小などにより、受け止めきれない場合もある。表情や行動、身体症状（頭痛や腹痛など）に現われることも多い。身体の健康の背景に、心の健康が潜むことが多い。「用事がないのに来室する」「入室のタイミングを見計らっている」「つめ、かみや身体のかきむしり、抜毛、リストカットのあとがある」「不自然なけががある」「けがが頻発する」「何かと身体の不調を訴える」などは、何らかのサインと考えた方がよい。様々な訴えを丹念に聴きながら、心身両面の健康観察、生活や問題の情報収集を図り、身体症状の背景にある問題を的確に分析する。

　問題に気づいた場合は、速やかに学級担任・ホームルーム担任等に報告・連絡・相談を行う。学校や家庭生活の様子、学業成績、友達関係、部活動などの情報を相互に照らし合わせて対応を検討する。状況に応じて管理職に報告を行うほか、校内の連携を図る。専門機関と連携を行う際は、学校側の窓口となり、学校と関係機関等とをつなぐ役割を果たすことも必要である。

③　保健室からの発信

　教師向けに、保健室利用状況、健康相談の結果、健康調査の結果などの資料提供を行い、教育相談活動を側面から支える発信を行う。家庭へ向けては、睡眠や食事、保健衛生、健康問題などへの対応について「保健だより」などで情報を発信し、啓発活動を行う。保護者からの相談に対応するなど、学校と家庭との連携を行うことも重要である。予防的な視点から、「友達関係のスキル」「喫煙や飲酒、薬物の害」などの指導を行う場合もある。

④　連携の留意点

　養護教諭は保健室での「一人職場」として活動することが多い。次の点に留意して養護教諭とほかの教職員との連携を構築する必要がある。

・学級担任・ホームルーム担任、教職員、管理職などとの連携、コミュニケーション
・定期的な活動報告や、事例発表
・養護教諭の教育相談の役割、校内組織参加についての共通理解を図る
・保健室利用について、養護教諭と学級担任・ホームルーム担任間の連絡方法の構築
・行事への養護教諭参加と、その役割の位置づけを明確にする

3）スクールカウンセラー、スクールソーシャルワーカー

　スクールカウンセラーは「心理の専門家」として、問題行動の予防、早期発見・早期対応などのために、児童生徒・保護者の相談を行う。加えて、教職員に対するコンサルテーションや、研修などへの助言や講師を行う場合もある。臨床心理学的な視点に立つことで、児童生徒理解の幅を広げ、保護者に対する説明や、関係機関との連携によって早期の対応を行うことが可能となる。心理検査などについても、スクールカウンセラーからの助言を得て、より効果的に活用することが可能となる。

　スクールソーシャルワーカーは「福祉の専門家」として、児童生徒を取り巻く家庭、学校、地域の環境に働きかけることで、悩みや問題解決に向けた支援を行う。児童生徒は家庭、学校、地域それぞれの環境で生活している。それらが複雑に絡み合うことで、学校だけでは解決できない問題が生じることがある。家庭や地域、そして子どものもつ資源を活用しながら、心理面だけではなく生活面からもアプローチを行う。

　「教育の専門家」である教師が、専門性や役割が異なる「心理」「福祉」の専門家と協働し、相互作用を起こすことで組織としての教育相談力を向上させるのである。

　福祉現場での経験をもつスクールカウンセラーや、臨床心理学の豊かな知識を有するスクールソーシャルワーカーも存在する。スクールカウンセラーを導入する際に、ソーシャルワーカー的な活動を期待する場合もある。スクールソーシャルワーカーに対して、児童生徒と面談しないと誤解している教員もいる。より良い「協働」のために導入時や年度当初には、校内組織におけるスクールカウンセラー、スクールソーシャルワーカーの位置づけを明確にし、望むべき仕事の姿を伝えるとともに、校内における窓口の教員を置き、積極的な情報提供を行うことが重要である。また、授業の参観や行事参加へ積極的に誘い、勤務日以外の児童生徒の姿を伝えるために学級便りを渡す、職員室に専用の机を置くなどして、情報交換を行いやすい雰囲気をつくるとともに、「我が校の一員」として迎え入れる意識が必要である。

　スクールカウンセラーやスクールソーシャルワーカーは万能ではない。特効薬も、魔法のような言葉ももっていない。しかし、学業成績と無関係であ

ることは大きい。評価されず、話を聴いてもらう中で徐々に気持ちが整理される効果は、教員ではできないことである。

3．教育相談の進め方

　ここでは、学級担任・ホームルーム担任、教育相談担当教員が行う教育相談について、生徒指導提要を踏まえながら解説を行う。前項で解説した管理職、養護教諭が行う教育相談については、学級担任・ホームルーム担任との連携が必須であるため、ここでも良く確認して欲しい。

(1) 学級担任・ホームルーム担任が行う教育相談─相談の基本─
　児童生徒の問題には三つのパターンがある。一つ目のパターンは、発見しにくい問題である。SNSの利用による仲間はずれに気がつかない場合などが、このパターンである。二つ目のパターンは、なぜ生じるのか理解しにくい問題である。不登校は、「問題行動としての不登校」は気づきやすいが、原因や背景は理解しにくい。三つ目のパターンは、原因や背景もある程度の推測ができるが、解決が困難な問題である。背景に親の精神的疾患やリストラがあり、その結果として困窮している場合がこの三つ目のパターンになる。いずれのパターンの問題も起こりうる可能性は十分にある。こうした問題に対応するために、次のような知識・技能をもつことが不可欠である。

1) 児童生徒の心理的特質と問題行動の基本的知識
　児童期から青年期の各発達段階について理解を深めることが重要である。発達は連続性を持ちながらも、ある程度の段階がある。それぞれの段階で発達課題があり、心身の成長が著しい学童期から青年期にバランスの取れた成長を行うことが、より良い人生を送るためには不可欠である。

2) 観察と理解と気づき
　児童生徒の問題が明らかになる場合は、三つのパターンがある。一つ目のパターンは、不登校やいじめなどの具体的問題として表面化した場合である。二つ目のパターンは、行動観察や答案などの表現物が手がかりとなって発見する場合である。三つ目のパターンは、他の教職員や保護者からの指摘、相

談によって発覚する場合である。問題の早期発見には、苦痛や不安から逃れさせることに加え、複雑化し解決困難になる前に指導・対応が可能になるメリットがある。そのためには教師の「観察力」が不可欠である。

観察は「普段と違う姿」への注目が重要である。「何となく、いつもと違う」という小さな気づきの裏に、いつもと違う出来事が起こっていることがある。「いつもと違う」という気づきが可能になるためには、「何も起こっていないとき」に関わり、よく観察し、一人一人への理解が必要である。その際、場面場面で表出される言動が違うことに留意しておきたい。授業中と休憩時間、仲の良い友人がいる場面といない場面など、表出される言動は違う。日頃から様々な場面で多く関わることで、多くの姿を理解することができる。

また、成績や表現物、表情や健康状態にも変化は現れる。明るい絵を好んで描いていた生徒が暗い色遣いをする、丁寧な文字を書いていた児童が殴り書きに変わる、これまでなら校庭で元気に遊んでいた生徒が保健室の様子をうかがうように行き来するなどの変化もある。こうした原因がはっきりしない変化は「何かの前駆症状」「児童虐待の可能性」などの仮説を立て、事実確認、行動や症状の意味の把握、早期対応の検討が必要である。

3）自主的に来談した場合の対応

児童生徒が自主的に相談に来る場合がある。相談が終わると「結局、何の相談だったのだろうか」と思うことがある。終了時間の間際や、席を立ってから急に核心を話すことがある。「どのように話そうか」と葛藤や迷いが生じている場合や、深刻な問題ほど何気ない話題から始まることが多い。核心に至らなかった場合、「話せて良かった。また話そうね」と声を掛けるなど、次に繋がるように配慮する。

忙しい時、急に相談を申し込まれる場合がある。短時間で要点を聴き、深刻度を判断する。深刻度が低い場合、時間にゆとりがあるときを伝え、相談の時間を作ることを約束するが、普段の関わりがない児童生徒の場合は「せっかく来たのに」「拒否された」と感じてしまうことがある。断っても大丈夫な信頼関係を普段から構築しておくことが重要である。

4）児童生徒を呼び出して面談する場合

呼び出して面接を行う場合、様々な難しさを抱えている。呼出されること

で「罰せられる」あるいは、呼び出し自体を罰ととらえ、反発的・防衛的な態度を示すことがある。また、問題解決・改善への意欲が乏しく、他人事のように受け取ることも多い。問題発生直後の呼び出しでは、教員側に「とりあえず指導を行う」意識が強まることから、説教的・説諭的になり、「相談」とは大きくかけ離れることがある。

　呼び出す場合は、面接以前の児童生徒との人間関係が大きく反映する。良好な関係であっても「信頼していたのに」「こんなことで呼び出すなんて」などと反発的な態度になることもある。「これからの学校生活を良いものにするための話し合い」という姿勢で行う。呼び出すタイミングに注意し、他の児童生徒の目にさらされない場所を指定し、開始と終了の時間を告げておく。呼び出しに応じて来談したら、まずは要請に応じて来談してくれたことに感謝を伝えることが重要である。

5）あらゆる場面での教育相談

　休憩、清掃、昼食、教室、廊下、校庭、部活動、学校行事、登下校など、あらゆる機会を教育相談に活かし、短いやり取りの積み重ねを大切にすることが重要である。この際、以下の点に留意する必要がある。

・普段から何気ないことでも声をかけ、信頼関係づくりに努める。
・タイミングに心を配る。他の児童生徒と一緒のときや、不審に思われるような声がけを控える。
・詰問や説教、結論、納得、約束の場にしない。
・投げかけた後、フォローを行う。

6）定期的な教育相談の進め方

　年間計画に位置づけることで、全員に対して教育相談を実施することができる。その際には、以下の点に留意する必要がある。

・一人一人に対し、何に焦点を当てて相談を行うのか準備しておく。
・成長した点、がんばっている点など、一人一人を認める内容を用意する。
・自発的に話している場合には傾聴する。
・自発的な相談や話がない場合、これまでに起こった具体的な出来事から、話しやすい話題を提供する。
・その児童生徒なりの問題解決力を引き出すように配慮する。

7）守秘義務の運用

　学校では一人の児童生徒に複数の教職員が関わる。情報が共有されない場合、関わりや対応に矛盾や混乱が生じ、結果的に児童生徒や保護者を混乱させる。そのため、学校における守秘義務は「集団守秘義務」とし、「情報を校外に洩らさない」という意味にとらえるべきである。

　児童生徒から「だれにも言わないで」との希望があった場合には、「他の先生方と協力して解決していく必要がある」と伝えて了解を得る。児童生徒の了解、集団守秘義務の適用があったとしても、直接的に相談を受けていない教員は当該児童生徒に対して「相談内容を知っている」ことを伝えてはならない。どのような伝わり方をしているのか、不安や不信感をもつ可能性がある。窓口を一本化する意味でも、最初に相談を受けた教職員が対応すべきである。

　学校における相談活動上の守秘義務は、他の機関における守秘義務とは運用方法が若干異なる。そのため、スクールカウンセラーやスクールソーシャルワーカーと、相談の取り扱いについて、事前に打ち合わせしておくことが必要である。

(2) 教育相談と保護者
1）保護者の意識

　保護者との関係が良好であれば、児童生徒との心とズレを保護者がフォローし、教育成果が上がることがある。社会が変化する中で保護者も変化し、教員との信頼関係や協力関係が作りにくくなっている。中には、教員や学校に対して不信感や敵対感情をもっている保護者も存在する。こうした保護者との関わりの難しさについては、次の様な背景が考えられる。

　① ゆとりがない

　保護者自身にゆとりがない場合がある。経済的なゆとりがない場合、教育より衣食住が優先される。同様に、家族内の疾病や介護、夫婦関係などの家族関係、親戚関係、地域との関係なども子どもの問題より優先される傾向がある。保護者からの攻撃的な言葉には、困惑、悩み、悲しみ、寂しさなども含まれる。スクールカウンセラーやスクールソーシャルワーカーを活用し、

保護者が少しでもゆとりを取り戻すように働き掛ける。
　②　親としての行動がわからない
　保護者は多くの場合が親であるが、生物学的な親になったからといって、親としての行動が急にできるようになるわけではない。育児や家庭教育について未熟な面があるのは当然である。また、保護者自身が受けてきた家庭教育が親行動のモデルとしてあり、場合によっては良い親モデルに出会うこともないまま親になった保護者も少なくない。放任とみなされる保護者の背景に、適切な親モデル、援助者がない状況で、手探りの育児をしている保護者の姿がある。
　③　問題に対する思い
　障害など、問題が親だけの力では改善できない場合にも、関係が難しくなりやすい。重く受け止めている場合、いらだち、無力感、将来の不安などから、ゆとりのない保護者同様に、「難しい」言動を取ることがある。こうした「難しい言動を取るほどの思いや、何らかの出来事があったのかもしれない」という想像をしながら、相談を行う必要がある。
　④　多様化した価値観
　保護者がもつ教育的な価値観が、教師や学校が重要視するものと大きく異なることがある。たとえば「学校は休むべきではない」が、必ずしもそう思っていない保護者も存在する。長い間当然と考えられ、疑問にすら感じなかったことが、改めてその是非を問われる状況になっている。互いの主張に耳を傾け、それぞれの長所短所を検討し合い、実践してみて結果を再度話し合う、という冷静な実証的態度も必要である。

2）保護者と面接する場合の注意点
　以下の点に注意しながら、面接を行うと良い。
　①　何も起きていない時に、保護者と良い関係を構築しておく。
　②　可能な限り直接会う。電話連絡する際、時間と心に余裕を持って、日時を約束する。複数の教師で会う際は、電話の時点で伝えておく。
　③　率直に問題を伝える。児童生徒の問題解決が目的であることを伝える。
　④　貴重な時間を割いて下さったことに対する感謝と、来校の労をねぎらう言葉を伝える。

⑤　時間は1時間から2時間の範囲にとどめる。
⑥　あらかじめ教職員から、児童生徒本人のプラス情報を得ておく。
⑦　保護者の話に耳を傾ける。より正確に問題を把握するため、保護者に許可を得てメモをとる。メモをもとに、要点の確認・整理、質問をしながら理解を深める。
⑧　問題や今後の取り組みは、学校の役割、家庭の役割を分担し、建設的に示す。
⑨　保護者が言語化できないとき、下記（4）で示すカウンセリングの技法を用いる。
⑩　保護者に精神的な疾病が感じられる場合、少しでも信頼関係を形成する。加えて、その保護者以外に問題解決につながるキーパーソンを探し、連携する。

(3) 問題を未然に防ぐための教育相談
　起こった問題への対処も重要であるが、さらに重要なことは未然に防ぐことである。一度問題が起これば、児童生徒は傷つき、対応する時間と労力は計り知れないからである。そのためには、何も起きていないときの働きかけに力を注ぐ取り組みが必要である。
　児童生徒とは日ごろから一人一人に積極的な関心を持ち、良い関係の構築と、相互理解を図るよう心がける。「長所を見つける」姿勢で関わる。また、児童生徒は問題行動の前に、何らかの前兆的な行動を示すことが少なくない。こうした行動を察知するためには、普段と違う言動に気づく必要がある。何も起きていないときにも丁寧に関わり、一人一人の様子を理解しておくことが重要である。
　保護者とは、保護者会や学校行事での来校時を有効に活用する。保護者とも相互理解を図り、よい関係を築く手がかりを得る。そのためには、児童生徒のプラスの情報を伝え、「教師はわが子をいつもよく見守り、良い面を積極的に見ている」と知ってもらうことが重要である。こうした働きかけは、保護者にとって大きな安心であるとともに、子育てに喜びをもたらし、自信と意欲につなげる側面もある。

(4) 教育相談で用いるカウンセリング技法
1）つながる言葉かけ
始めは相談に来た労をいたわり、相談に来たことを歓迎する言葉かけ、心をほぐすような言葉かけを行い、徐々に本題に入る。

2）傾　　聴
丁寧かつ積極的に相手の話に耳を傾ける。頷く、受け止めの言葉を発す、時にこちらから質問する。

3）受　　容
そうならざるを得ない気持ちを推し量りながら聴く。その際、われわれには反論や批判の気持ちが湧き起こるが、そうした気持ちを脇において聴く。

4）繰 り 返 し
かすかに言った言葉を同じように繰り返すと、児童生徒は「先生に言葉が届いた」という実感を得ることができる。

5）感情の伝え返し
感情の表現が出てきたときには、同じ言葉を児童生徒に返し、感情表現を励ます。

6）明　確　化
うまく表現できない出来事や感情を、言語化する、言い換えるなどすることで、心の整理を手伝う。

7）質　　問
話を明確化する時や、意味が定かではない時に質問を行う。

8）自己解決を促す
本人がこの問題をどのように捉え、どのように解決しようとしているのかを、質問する。

(5) 教育相談担当教員が行う教育相談
（1）から（4）で示した基本的な相談を踏まえ、教育相談担当教員が行う教育相談での配慮事項を示す。

1）学級担任・ホームルーム担任へのサポート
学級担任・ホームルーム担任に対して「一緒に考える」姿勢でサポートを

行う。必要に応じて資料提供、他の教職員からの情報収集、助言（コンサルテーション）を行う。児童生徒へ個別対応が必要な場合には、直接的に児童生徒と関わる。保護者面接が行われる際には、少し距離を置いた中立的立場で同席し、調整を行う。児童生徒との対応、保護者面談の実施前には、学級担任・ホームルーム担任との間で役割分担を明確にしておく。

2）校内への情報提供

教育相談の効果を上げるために、教育相談担当教員としての立場から積極的に情報提供を行う必要がある。

児童生徒の直接的な情報提供としては、問題の起こっている児童生徒の家庭環境、保護者の姿勢、兄弟姉妹についての情報など、学年を超えて収集した資料提供が可能である。

専門的な情報提供として、研修会や他機関から得られた最新情報、専門的情報を提供する。また「教育相談だより」を発行し、スクールカウンセラーや養護教諭など校内の様々な立場の声を掲載し、「我が校の教育相談」を広く家庭・地域に広報し、理解と協力を得るための情報提供も可能である。

3）校内及び校外の関係機関との連絡調整

学級や学年を超えた対応や深刻な問題など、管理職や生徒指導担当、特別支援教育コーディネーター、養護教諭、スクールカウンセラーなどとの連携が必要である。こうした連携に必要な連絡方法、施設設備の運営方法についてルール化し、共通理解を図る。複数のカウンセラーが配置されている場合には、カウンセラー間の連絡調整も行う。

さらに、問題が学校教育の範囲を超えた場合、校外の専門機関との連携が必要である。教育相談所や児童相談所、児童委員、医療機関、警察などと連絡を取り合う際の窓口となって連携を行う。

4）危機的場面への対応と予防的取り組み

危機場面には、個人レベル（家出、児童虐待、交通事故、家族の事件など）、学校レベル（校内暴力、自殺、校内事故など）、地域レベル（自然災害、火災、殺傷事件など）のレベルがある。教育相談担当教員はレベル・場面に応じた危機対応チームの一員として、専門機関との連絡調整、心的外傷を負った児童生徒の調査、保護者への対応などの役割を果たす。

こうした場面では、管理職や生徒指導担当教員と協議し、危機対応チームの組織化を図り、各教員の役割分担の決定、専門機関との連絡網を作成するなどが必要である。突発的な出来事への予防的対応として、あらかじめ役割分担や連絡網を作成し、「危機対応マニュアル」に掲載しておくことが重要である。加えて、「危機対応マニュアル」に基づいた校内研修も実施しておくと良い。

5）教育相談に関する校内研修

校内研修はニーズを受けて、教育方針に基づいたテーマを取り上げる。事例検討、実践に役立つ研修、体験的な研修、教育状況を学ぶ研修、専門家を講師に迎えた研修などが考えられる。

6）アンケート調査の実施

問題が発生した際に、関連した質問事項を掲載したアンケートを作成し、児童生徒、教員に実施する。アンケートは、調査研究の側面に加え、「問題を見逃さない。一人一人の児童生徒を問題から守る」という、強い姿勢を伝える意思表示でもある。

4．学校外の専門機関等との連携

(1) 連携とは

連携とは、学校だけでは対応しきれない問題行動に対し、関係者や関係機関と協力し合い、問題解決のために相互支援をすることである。連携を行う際には、学校で「できること」「できないこと」を見極めることが重要である。学校が「できないこと」を整理し、適切な関係機関に援助してもらうのである。このような連携は、専門性や役割が異なる専門家が協働し、相互作用を行うことで相乗効果を生み出す「コラボレーション」の視点で行う。専門家との日常的な連絡を行い、お互いに相乗効果を生むことを念頭に置いた関わりが重要である。

(2) 児童福祉施設との連携

児童福祉施設とは、保育所、乳児院、児童養護施設、母子生活支援施設、

児童自立支援施設などである。加えて、市・区役所の子ども家庭担当部署や福祉、教育、保健の部署、民生・児童委員と関わることもある。連携に伴ってサービスの利用を開始するだけではなく、すでに子育て支援などのサービスを通所で利用している場合や、入所サービスの利用者として関わっている場合もある。

こうした機関と連携するためには、その施設がどのような対象者にどのようなサービスを提供しているのか、正しく理解しておかなくてはならない。

(3) 医療機関との連携

様々な事情により、心身の病気や、けががあっても医療機関に行こうとしない児童生徒がいる。経済的理由や虐待、あるいは病気の認識がない場合である。異変に気づいた学級担任・ホームルーム担任から養護教諭、そして学校医とつながり、さらに学校医の診断から専門医につながる例もみられる。

長期入院や長期欠席した児童生徒への学習保障などへの対応として、特別支援学校（病弱）、病院内の学級等への転校が必要な場合がある。保護者と相談し、可能な限り学習が継続できるようにすることも重要である。

精神科のクリニックや病院、心療内科、保健所、精神保健福祉センターなどとの連携が必要な場合もある。養護教諭に加え、スクールカウンセラーに意見や支援を求めることも重要であろう。

(4) 児童相談所との連携

児童相談所は、18歳未満の児童の問題について相談を受け、適切な処遇方針を立て、福祉の向上を図る行政機関である。児童虐待の相談件数は年々増加している。学校の教職員は、児童虐待を発見しやすい立場にある。そのため、発見時には児童相談所への「通告義務」がある。

児童相談所は、児童虐待に加え、両親不在、障害相談、養育困難などの相談が多い。また、14歳未満の触法少年とぐ犯少年については、児童相談所から家庭裁判所に送致されなければ審判に付することはできない。こうした触法少年とぐ犯少年に関連した「非行相談」も児童相談所の役割となっている。子どもに関する幅広い相談を受け付けている機関である。定期的に連絡を行

うなど、積極的な連携が必要である。

(5) 刑事司法関係の機関との連携

　刑事司法関係では、青少年の非行防止活動を都道府県警察本部や警察署等が担っている。都道府県警察本部には少年サポートセンターが置かれ、非行少年・不良行為少年の発見や補導、要保護少年の発見や保護などを行っている。非行防止、犯罪等の被害からの保護、少年の健全育成に関する相談についても、少年補導職員や少年担当警察官が対応している。こうしたことから、警察署や都道府県警察本部の担当部署と定期的な情報交換を行っている地域もある。

　この他、家庭裁判所、少年鑑別所、保護観察所、少年院、法務局や法務省の人権擁護局なども刑事司法関係の機関として、連絡・相談を行うことがある。

(6) 民間・NPO法人が設置する施設との連携

　民間やNPO法人が設立する施設などにおいても、不登校など、問題を抱えた児童生徒に対する支援が行われている。学校などの公的機関では対応しきれない部分があり、民間施設の取り組みや活動内容を踏まえつつ、適切に連携することで効果を上げられる場合がある。

　校長は、不登校児童生徒が学校外の公的機関や民間施設において相談・指導を受けている場合、指導要録上の出席扱いにすることができる。こうした民間やNPO法人の施設は、それぞれに方針や取り組みが大きく異なる。実態や期待される役割について情報収集を行い、十分に理解を深めておくことが必要である。

参考文献
・文部科学省『生徒指導提要』教育図書株式会社、2010（平成22）年
・松田文子・高橋超『生きる力が育つ生徒指導と進路指導』北大路書、2013（平成25）年
・仙崎武・野々村新・渡辺三枝子・菊池武剋『改訂生徒指導・教育相談・進路指導』田研出版株式会社、2012（平成24）年

・藤田主一・斎藤雅英・宇部弘子『新発達と教育の心理学』福村出版、2013（平成25）年

第 5 章　児童生徒指導と法制度

　　　　　　　　　　　　1．校　　則
　　　　　　　　　　　　2．懲　　戒
　　　　　　　　　　　　3．体　　罰
　　　　　　　　　　　　4．出 席 停 止
　　　　　　　　　　　　5．ゼロ・トレランス方式
　　　　　　　　　　　　6．コンプライアンス

1．校　　則

(1) 校則とは

　文部科学省によると、校則とは、「児童生徒が健全な学校生活を営み、より良く成長・発達していくため、各学校の責任と判断の下にそれぞれ定められる一定の決まりで、校則自体は教育的に意義のあるもので、その内容・運用は、児童生徒の実態、保護者の考え方、地域の実情、時代の進展などに応じたものとなるよう、積極的に見直しを行うことが大切である。」という。

　校則とは、児童規則、生徒規則、学生規則などともいい、その内容は、一般的に、学校内における日常生活（制服や私服、体操着の着用方法、靴、運動靴、靴下の規定、髪型、茶髪、パーマ、化粧、携帯電話の持込）などに関わる定めである。校則を定めるかどうかは、各学校の事情によって異なっている。

　こうした校則は、教職員対児童生徒学生、つまり、管理する者対管理される者、という関係性を規定する制度として、教師による児童生徒の学習の強制、命令、児童生徒の日常生活に対する注意、何か規則を違反した者に対する管理、監視、懲戒のためのものともいえる。

　文部科学省では、1997（平成 9 ）年度に実施した「日常の生徒指導の在り方

に関する調査研究」の調査結果を受けて、遅刻や早退、授業中の学習態度、基本的な学習習慣、服装・頭髪や携行品、人間関係の乱れなど、規範意識の欠如等の課題を指摘しながら、1998（平成 10）年 9 月に、各学校における校則と校則指導が適切なものとなるよう都道府県などに対し通知を出し、指導の徹底に努めている。

(2) 日本における校則の歴史

日本における校則の歴史は、戦前は、学校の権限として、在学生の教育的指導に関する厳しい規定が定められていた。しかし、敗戦後は、日本国憲法 26 条（教育を受ける権利）、教育基本法、学校教育法が制定され、教育を受ける権利、つまり学習権という認識が高まり、保護者も教育へ積極的に参加するようになった。それゆえに、学校が校則を定める際には、保護者の意見などを尊重したうえで、地域の実情に応じて、学校外での日常生活までに細かく踏み込んで校則を制定した。

1980 年代には、校内暴力（暴力行為）などの問題が学校内で多発したため、生徒指導を拡充する目的で、その後は在学生の家庭や地域社会、つまり学校外の日常生活も含めて、さらに、校則の規定が詳細になった。これには学校側が管理者として児童生徒を管理することで、学校の秩序を維持するためであったと思われる。しかし、1985（昭和 60）年、日本弁護士連合会による「学校生活と子どもの人権」が取り上げられ、翌年の 1986（昭和 61）年には、「臨時教育審議会」において「……一部の学校に見られる外面的な服装を細かく規制するなどの過度に形式主義的・瑣末主義的な事例……情操豊かな人格を妨げ、創造的・考える力・表現力の低下をもたらすものであり、徳育とはいえない。こうした極端な管理教育や体罰等を是正し、学校に自由と規律を毅然とした気風を回復するように努力しなければならない」とある。これを受けて、1990 年代には厳格性だけではなく、校則の内容や運用面で論議されるようになった。

1994（平成 6）年になると、1989（平成元）年の第 44 回国連総会において採択された「児童の権利条約」を日本が批准したことで、児童の権利に関する条約が日本国内でも強く求められるようになり、校則の内容について児童生

徒の意見も取り入れようとする試みも強まってきた。その後、2000年代には、学校と保護者や地域住民らが学校運営に意見を話し合うことで、つまり、地域とともにある学校づくりの方針のもとで、つくられた「コミュニティ・スクール」（学校運営協議会制度）などをはじめ、保護者や地域社会も学校の運営に参画するという学校の在り方も提案され、校則は学校外部の意見も考慮して定められるべきであるという考えが強まった。

(3) 校 則 裁 判

　校則（生徒心得含む）の法的な効力は明瞭ではない。しかし、児童生徒が実際に違反した際には、自主退学勧告や退学処分の根拠、また校則違反の事実が内申書（調査書）に記載されると、入学者選抜などにも重大な影響を及ぼす。

　そこで、最近、校則の無効確認・取消を求めた訴訟が、要するに、児童生徒の生活指導と校則をめぐる適法性が裁判で争われていた。その主な裁判には、次のようなものがある。

■身だしなみの自由
① 熊本男子中学生丸刈り事件
② 京都女子中学生標準服着用義務事件
③ 千葉女子中学生制服代金請求事件
④ 修徳高校パーマ事件
⑤ 小野中学丸刈り校則事件（Ａ）
　　小野中学丸刈り校則事件（Ｂ）

■バイク規制
① 東京学館高校バイク事件
② 大方商業高校バイク謹慎事件
③ 修徳高校バイク事件

　これらの事件で、まず、身だしなみの自由に対する規制の違憲性を主張している判決の中で実質的な判断がなされた事例は、熊本男子中学生丸刈り事件と修徳高校パーマ事件が挙げられるのみであり、いずれも髪型の自由が問題になったケースである。熊本男子中学生丸刈り事件とは、男子生徒に対し

て丸刈りを強制していた事件で、生徒および保護者から、本件校則が居住地および性別による差別にあたるとして憲法14条（思想・良心・宗教の自由）に、頭髪という身体の一部について法定の手続によることなく切除を強制するものであるから憲法31条（正当な手続きの保障）に、個人の感性、美的感覚あるいは思想の表現である髪型の自由を侵害するものであるから憲法21条（表現の自由）に違反すると異議を申し立てられた事件で、一審の熊本地裁判決は、「……服装規定等校則は各中学校において独自に判断して定められるべきものであるから、それにより差別的取扱いを受けたとしても合理的な差別であつて、憲法14条に違反しない」とし、居住地による差別的取扱いの主張を退けた。また、性差別の主張に対しては、「男性と女性とでは髪型について異なる慣習があり、いわゆる坊主刈については、男子にのみその習慣があることは公知の事実であるから、髪型につき男子生徒と女子生徒で異なる規定をおいたとしても、合理的な差別であつて、憲法14条には違反しない」と原告の請求を棄却した（熊本地判昭和60・11・13「行政事件裁判例集」36巻11・12号 p.1875）。しかし、現在は、個人の服装や髪型の自由について憲法13条（表現・情報の自由）により、保障されている。

そして、修徳高校（東京都私立）パーマ事件の場合、パーマ禁止、バイク免許取得禁止、アルバイト禁止等を定める校則違反で、退学勧告を受け、退学させられた原告が、髪は身体の一部であって、その髪型は、美的価値意識と切り離せないものとして人格の象徴としての意味を有するのであるから、髪型の自由は人格権と直結した自己決定権の一内容として、憲法21条により保障された表現の自由であり、その制約についての合憲性の判断は、規制目的の合理性・必要性及び規制手段が合理的で必要最小限であるかを、規制する側が立証責任を負うものであると主張していた。

これに対し、一審の東京地裁判決は、「個人が頭髪について髪型を自由に決定しうる権利は、個人が一定の重要な私的事柄について、公権力から干渉されることなく自ら決定することができる権利の一内容として憲法13条により保障されていると解される」と明言したうえで、「当該校則が特定の髪型を強制するものでない点で制約の度合いが低いこと、原告が入学の際にパーマ禁止校則の存在を知っていたことから、髪型決定の自由の重要性を考慮して

も、それを不当に制限するものでなく、また、在学関係設定の目的実現のために当該校則を制定する必要性を否定できないことから、当該校則を無効ということはできない」と判示した（東京地判平成3・6・21「判例時報」1388号 p. 3）。しかし、二審の東京高裁において、髪型を自由に決定しうる権利が憲法13条によって保障される基本的人権であるという説示部分は訂正削除された（東京高判平成4・10・30「判例時報」1443号 p.30）。最高裁も、「憲法上のいわゆる自由権的基本権の保障規定は、国又は公共団体と個人との関係を規律するものであって、私人相互間の関係について当然に適用ないし類推適用されるものではない」として、修徳高校の本件校則について、それが直接憲法の基本権保障規定に違反するかどうかを論ずる余地はないとした（最（一小）判平成8・7・18「最高裁判所裁判集（民事）」179号 p. 629、判例時報1599号 p. 53）。

このほか、バイク等の運転の自由に関する大方商業高校バイク謹慎事件の控訴審においても、憲法13条に違反するものではないと解すべきであるとした（高松高判平成2・2・19「判例時報」1362号 p.44）。

この裁判では、私学教育の自由（私立学校における独自の校風と教育方針）との調整をはかり、本件校則が髪型決定の自由を不当に制限するものではないと結論づけている。

(4) 校則をめぐる考え

確かに、服装や髪型は憲法でも定められているように、個人の幸福追求権や表現の自由に該当する。しかし、人格形成にも関わることでもある。

校則を定めることは、公立と私立との間にはずれがあると思う。私立の場合は入学前に告示している。児童生徒のために、ということで指導ではなく強制力を持った行過ぎた管理・監視のための校則は許されない。しかし、学校という場は、単に知識の伝達の場ではなく、社会性をはぐくむ集団生活の場である以上、児童生徒の学内における日常生活についての規範意識である校則を設けるべきである。それによって、社会に出てからの規範意識を事前に身につけるべきである。

2. 懲　戒

(1) 懲戒とは

　学校内外においていじめや暴力行為など、児童生徒が問題行動を起こした場合、児童生徒の自己教育力や規範意識の育成を期待する意味で、指導の対象、つまり、懲戒の対象となる。ここでいう懲戒とは、「学校教育法施行規則第26条」に定める退学（公立義務教育諸学校に在籍する学齢児童生徒を除く。）、停学（義務教育諸学校に在籍する学齢児童生徒を除く。）、訓告の法的な措置のほか、児童生徒に肉体的苦痛を与えるものでない限り、通常、懲戒権の範囲内と判断されると考えられる行為として、注意、叱責、居残り、別室指導、起立、宿題、清掃、学校当番の割当て、文書指導などがある。

　こうした法的な措置を行う権限は、「学校教育法施行規則第26条2項」によると校長にある。

(2) なぜ懲戒なのか

　体罰ではなく、懲戒を通じて児童生徒の自己教育力や規範意識の育成を期待することができる。ただし、懲戒を行うためには、日頃から教員などは児童生徒および保護者間での信頼関係を築いておくことが大切である。

　しかし、懲戒に関する手続きの規定は、法律上存在してない。だから、懲戒を行う際には、その基準を児童生徒や保護者に周知し、保護者の理解と協力に基づき行うことが必要である。

　教員等は児童生徒一人一人の指導にあたり、よく理解し、信頼関係を築くことが重要であり、このために日頃から自らの指導の在り方を見直し、児童生徒らとのコミュニケーションを通して指導力の向上に取り組む必要が肝要である。その際に大切なことは、すべての子どもが、More is better, Less is worse ではなく、More is worse, Less is better の子どももいることを認識することである。

　懲戒が必要と認める状況においても、決して体罰ではなく、児童生徒の規範意識や社会の形成者としての資質を育成という観点で、適切に行い、適切

に指導することが必要である。
　ただし、懲戒は、学校教育法第11条「校長及び教員は、教育上必要があると認めるときは、文部科学大臣の定めるところにより、児童生徒及び学生に懲戒を加えることができる。ただし、体罰を加えることはできない。」に基づくものでなければならない。

3．体　　罰

　体罰は、前述の「学校教育法」第11条において禁止されており、校長および教員（以下「教員等」という。）は、児童生徒への指導にあたり、いかなる場合も体罰を行ってはならない。文部科学省では、体罰は、違法行為であるのみならず、児童生徒の心身に深刻な悪影響を与え、教員等および学校への信頼を失墜させる行為であるとしている。
　体罰により正常な倫理観を養うことはできず、むしろ児童生徒に力による解決への志向を助長させ、いじめや暴力行為などの連鎖を生むおそれがある。
　体罰がどのような行為なのか、機械的に判定することが困難である。
　2013（平成25）年、文部科学省では体罰について次のように定めている。

■学校教育法第11条に規定する児童生徒の懲戒・体罰等に関する参考事例
(1) 体罰（通常、体罰と判断されると考えられる行為）[1]
　○　身体に対する侵害を内容とするもの
・体育の授業中、危険な行為をした児童の背中を足で踏みつける。
・帰りの会で足をぶらぶらさせて座り、前の席の児童に足を当てた児童を、突き飛ばして転倒させる。
・授業態度について指導したが反抗的な言動をした複数の生徒らの頬を平手打ちする。
・立ち歩きの多い生徒を叱ったが聞かず、席につかないため、頬をつねって席につかせる。
・生徒指導に応じず、下校しようとしている生徒の腕を引いたところ、生徒が腕を振り払ったため、当該生徒の頭を平手で叩（たた）く。

・給食の時間、ふざけていた生徒に対し、口頭で注意したが聞かなかったため、持っていたボールペンを投げつけ、生徒に当てる。
・部活動顧問の指示に従わず、ユニフォームの片づけが不十分であったため、当該生徒の頬を殴打する。

○　被罰者に肉体的苦痛を与えるようなもの
・放課後に児童を教室に残留させ、児童がトイレに行きたいと訴えたが、一切、室外に出ることを許さない。
・別室指導のため、給食の時間を含めて生徒を長く別室に留め置き、一切室外に出ることを許さない。
・宿題を忘れた児童に対して、教室の後方で正座で授業を受けるよういい、児童が苦痛を訴えたが、そのままの姿勢を保持させた。

(2) 認められる懲戒[2]

有形力の行使以外の方法により行われた懲戒については、「学校教育法施行規則」に定める退学・停学・訓告以外で、以下のような行為は、児童生徒に肉体的苦痛を与えるものでない限り、通常体罰にはあたらない。

○放課後などに教室に残留させる（用便のためにも室外に出ることを許さない、または食事時間を過ぎても長く留め置くなど肉体的苦痛を与えるものは体罰にあたる）。
○授業中、教室内に起立させる。
○学習課題や清掃活動を課す。
○学校当番を多く割りあてる。
○立ち歩きの多い児童生徒を叱って席につかせる。
○練習に遅刻した生徒を試合に出さず、見学させる。

(3) 正当な行為（通常、正当防衛、正当行為と判断されると考えられる行為）[3]

○児童生徒から教員等に対する暴力行為に対して、教員等が防衛のためにやむを得ずした有形力の行使
・児童が教員の指導に反抗して教員の足を蹴ったため、児童の背後に回り、体をきつく押さえる。

○他の児童生徒に被害を及ぼすような暴力行為に対して、これを制止したり、目前の危険を回避するためにやむを得ずした有形力の行使
・休み時間に廊下で、他の児童を押さえつけて殴るという行為に及んだ児童がいたため、この児童の両肩をつかんで引き離す。
・全校集会中に、大声を出して集会を妨げる行為があった生徒を冷静にさせ、別の場所で指導するため、別の場所に移るよう指導したが、なおも大声を出し続けて抵抗したため、生徒の腕を手で引っ張って移動させる。
・他の生徒をからかっていた生徒を指導しようとしたところ、当該生徒が教師に暴言を吐きつばを吐いて逃げ出そうとしたため、生徒が落ち着くまでの数分間、肩を両手でつかんで壁へ押しつけ、制止させる。
・試合中に相手チームの選手とトラブルになり、殴りかかろうとする生徒を、押さえつけて制止させる。

(4) 児童生徒を教室外に退去させる等の措置について[4]

1）単に授業に遅刻したこと、授業中学習を怠けたこと等を理由として、児童生徒を教室に入れずまたは教室から退去させ、指導を行わないままに放置することは、義務教育における懲戒の手段としては許されない。

2）他方、授業中、児童生徒を教室内に入れずまたは教室から退去させる場合であっても、当該授業の間、その児童生徒のために当該授業に代わる指導が別途行われるのであれば、懲戒の手段としてこれを行うことは差し支えない。

3）また、児童生徒が学習を怠り、喧騒その他の行為により他の児童生徒の学習を妨げるような場合には、他の児童生徒の学習上の妨害を排除し教室内の秩序を維持するため、必要な間、やむを得ず教室外に退去させることは懲戒に当たらず、教育上必要な措置として差し支えない。

4）さらに、近年児童生徒の間に急速に普及している携帯電話を児童生徒が学校に持ち込み、授業中にメール等を行い、学校の教育活動全体に悪影響を及ぼすような場合、保護者等と連携を図り、一時的にこれを預かりおくことは、教育上必要な措置として差し支えない。

(5) 懲戒と体罰の区別について[5]

2013（平成25）年、文部科学省では懲戒と体罰の区分について次のような指導方針を示している。

1）教員などが児童生徒に対して行った懲戒行為が体罰にあたるかどうかは、当該児童生徒の年齢、健康、心身の発達状況、当該行為が行われた場所的および時間的環境、懲戒の態様などの諸条件を総合的に考え、個々の事案ごとに判断する必要がある。この際、単に、懲戒行為をした教員などや、懲戒行為を受けた児童生徒・保護者の主観のみにより判断するのではなく、諸条件を客観的に考慮して判断すべきである。

2）（1）により、その懲戒の内容が身体的性質のもの、すなわち、身体に対する侵害を内容とするもの（殴る、蹴るなど）、児童生徒に肉体的苦痛を与えるようなもの（正座・直立等特定の姿勢を長時間にわたって保持させる等）にあたると判断された場合は、体罰に該当する。

(6) 正当防衛及び正当行為について[6]

1）児童生徒の暴力行為などに対しては、毅然とした姿勢で教職員一体となって対応し、児童生徒が安心して学べる環境を確保することが必要である。

2）児童生徒から教師などに対する暴力行為に対して、教師などが防衛のためにやむを得ずした有形力の行使は、もとより教育上の措置たる懲戒行為として行われたものではなく、これにより身体への侵害または肉体的苦痛を与えた場合は体罰には該当しない。また、他の児童生徒に被害を及ぼすような暴力行為に対して、これを制止したり、目前の危険を回避したりするためにやむを得ずした有形力の行使についても、同様に体罰に当たらない。これらの行為については、正当防衛または正当行為などとして刑事上または民事上の責めを免れうる。

(7) 体罰の防止と組織的な指導体制について[7]

1）体罰の防止

① 教育委員会は、体罰の防止に向け、研修の実施や教員等向けの指導資料の作成など、教師などが体罰に関する正しい認識をもつよう取り組む

ことが必要である。
② 学校は、指導が困難な児童生徒の対応を一部の教員に任せきりにしたり、特定の教師が抱え込んだりすることのないよう、組織的な指導を徹底し、校長、教頭等の管理職や生徒指導担当教員を中心に、指導体制を常に見直すことが必要である。
③ 校長は、教師が体罰を行うことのないよう、校内研修の実施などにより体罰に関する正しい認識を徹底させ、「場合によっては体罰もやむを得ない」などといった誤った考え方を容認する雰囲気がないか常に確認するなど、校内における体罰の未然防止に恒常的に取り組むことが必要である。また、教師が児童生徒への指導で困難を抱えた場合や、周囲に体罰と受け取られかねない指導をみかけた場合には、教員個人で抱え込まず、積極的に管理職や他の教師などへ報告・相談できるようにするなど、日常的に体罰を防止できる体制を整備することが必要である。
④ 教員は、決して体罰を行わないよう、平素から、いかなる行為が体罰にあたるかについての考え方を正しく理解しておく必要がある。また、機会あるごとに自身の体罰に関する認識を再確認し、児童生徒への指導の在り方を見直すとともに、自身が児童生徒への指導で困難を抱えた場合や、周囲に体罰と受け取られかねない指導を見かけた場合には、教師個人で抱え込まず、積極的に管理職や他の教師などへ報告・相談することが必要である。

2）体罰の実態把握と事案発生時の報告の徹底
① 教育委員会は、校長に対し、体罰を把握した場合には教育委員会に直ちに報告するよう求めるとともに、日頃から、主体的な体罰の実態把握に努め、体罰と疑われる事案があった場合には、関係した教師などからの聞き取りのみならず、児童生徒や保護者からの聞き取りや、必要に応じて第三者の協力を得るなど、事実関係の正確な把握に努めることが必要である。あわせて、体罰を行ったと判断された教師などについては、体罰が学校教育法に違反するものであることから、厳正な対応を行うことが必要である。
② 校長は、教師に対し、万が一体罰を行った場合や、他の教師の体罰を

目撃した場合には、直ちに管理職へ報告するよう求めるなど、校内における体罰の実態把握のために必要な体制を整備することが必要である。

また、教師や児童生徒、保護者などから体罰や体罰が疑われる事案の報告・相談があった場合は、関係した教師などからの聞き取りや、児童生徒や保護者からの聞き取りなどにより、事実関係の正確な把握に努めることが必要である。

加えて、体罰を把握した場合、校長は直ちに体罰を行った教師などを指導し、再発防止策を講じるとともに、教育委員会へ報告することが必要である。

③　教育委員会および学校は、児童生徒や保護者が、体罰の訴えや教師などとの関係の悩みを相談することができる体制を整備し、相談窓口の周知を図ることが必要である。

(8) 部活動指導について[8]

1) 部活動は学校教育の一環であり、体罰が禁止されていることは当然である。成績や結果を残すことのみに固執せず、教育活動として逸脱することなく適切に実施されなければならない。

2) 他方、運動部活動においては、生徒の技術力・身体的能力、または精神力の向上を図ることを目的として、肉体的、精神的負荷を伴う指導が行われるが、これらは心身の健全な発達を促すとともに、活動を通じて達成感や、仲間との連帯感を育むものである。ただし、その指導は学校、部活動顧問、生徒、保護者の相互理解のもと、年齢、技能の習熟度や健康状態、場所的・時間的環境などを総合的に考えて、適切に実施しなければならない。

指導と称し、部活動顧問の独善的な目的をもって、特定の生徒たちに対して、執拗かつ過度に肉体的・精神的負荷を与える指導は教育的指導とはいえない。

3) 部活動は学校教育の一環であるため、校長、教頭などの管理職は、部活動顧問にすべて委ねることなく、その指導を適宜監督し、教育活動としての使命を守ることが求められる。

文部科学省が2013（平成25）年8月9日に公表した「体罰に係る実態把握

の結果」(第2次報告)によると、2013 (平成25) 年度における体罰は、**表5-3-1** に示すように、国公私立あわせて4,152校で6,721件が発生、被害を受けた児童生徒は14,208人に上ることが明らかになった。

被害を受けた児童生徒の内訳は、小学校で2,717人、中学校5,853人、高校5,508人、中等教育学校11人、特別支援学校85人、高等専門学校34人であった。

体罰のあった6,721件のうち、80％以上の5,415件が公立校で発生している。このうち、懲戒処分となったケースが162件、訓告などが2,590件、懲戒処分などを検討しているケースが2,663件だった。

体罰時の場面は、小学校では「授業中」が59.1％で最多となり、中学校・高校では「部活動中」が38.3％、41.7％ともっとも多かった。また、体罰の態様でもっとも多いのが「素手で殴る」61.0％。その他は、「蹴る」9.2％、「殴るおよび蹴る」6.1％、「棒などで殴る」5.3％、「投げる・転倒させる」2.7％の順に多かった。被害の状況について、「傷害なし」が83.4％でもっとも多く、次いで「打撲」7.1％、「外傷」3.1％、「鼻血」1.4％となった。

公立校における体罰の発生件数を都道府県・政令指定都市別にみると、長崎県が452件でもっとも多く、次いで大分県382件、大阪市325件、福岡県

表5-3-1　2013 (平成25) 年における体罰の状況 (国公私立合計)

区　分	発生学校数	発生件数
小学校	1,181	1,559
中学校	1,729	2,805
高等学校	1,190	2,272
中等教育学校	4	11
特別支援学校	38	47
高等専門学校	10	27
合計	4,152	6,721

注1) 通信制を除く
出典) 体罰の実態把握について (第2次報告) 2013 (平成25) 年8月9日, 文部科学省HP

235件、三重県207件と続いた。

　文部科学省では、部活動中の体罰を背景に高校生が自殺した事件を受けて、「体罰は、学校教育法で禁止されている決して許されない行為である。」として、2013（平成25）年1月に改めて「体罰禁止の徹底及び体罰に係る実態把握について」各都道府県・各政令指定都市教育委員会教育長など宛に依頼している。

　一方、2013年度に全国の公立学校で、児童生徒に体罰を加えたとして教職員3,953人が懲戒免職や訓告などの処分を受けている。2012（平成24）年度より、1,700人が増え、体に触るなど子どもにわいせつ行為をして処分された教職員も200人を超えている。

4．出 席 停 止

(1) 出席停止とは

　出席停止は、以下のような「学校教育法」第35条（児童の出席停止）と第49条（準用規定）、または「学校保健安全法」第19条（出席停止）の規定に従って行われる措置である。いずれの場合も出席停止となった日数は「出席しなければならない日数」から減じるので、学校に「登校しない」状態であっても、欠席にはあたらない。

1）出席停止の法的根拠

★「学校教育法」（第35条、第49条）

　第35条　市町村の教育委員会は、次に掲げる行為の一又は二以上を繰り返し行う等性行不良であって他の児童の教育に妨げがあると認める児童があるときは、その保護者に対して、児童の出席停止を命ずることができる。

1．他の児童に傷害、心身の苦痛又は財産上の損失を与える行為
2．職員に傷害又は心身の苦痛を与える行為
3．施設又は設備を損壊する行為
4．授業その他の教育活動の実施を妨げる行為

②　市町村の教育委員会は、前項の規定により出席停止を命ずる場合には、あらかじめ保護者の意見を聴取するとともに、理由及び期間を記載した

文書を交付しなければならない。
③　前項に規定するもののほか、出席停止の命令の手続に関し必要な事項は、教育委員会規則で定めるものとする。
④　市町村の教育委員会は、出席停止の命令に係る児童の出席停止の期間における学習に対する支援その他の教育上必要な措置を講ずるものとする。

★「学校保健安全法」
第19条（出席停止）　校長は、感染症にかかつており、かかつている疑いがあり、又はかかるおそれのある児童生徒等があるときは、政令で定めるところにより、出席を停止させることができる。

　上記のいずれの場合も出席停止となった日数は「出席しなければならない日数」から減じるので、学校に「登校しない」状態であっても、欠席にはあたらない。

2）「憲法」および「学校教育法」に基づく子どもの「学習権」を守るための出席停止

　出席停止は、懲戒行為ではなく、学校の秩序を維持し、他の児童生徒の教育を受ける権利を保障するためにとられる措置である。

　文部科学省によると、学校は、児童生徒が安心して学ぶことができる場でなければならず、その生命および心身の安全を確保することが学校および教育委員会に課せられた基本的な責務である。要するに、学校の秩序の維持や他の児童生徒の義務教育を受ける権利を保障する観点からの早急な取り組みが必要であり、児童生徒を指導から切り離すことは根本的な解決にはならないという基本認識にたって、一人一人の児童生徒の状況に応じたきめ細かい指導の徹底を図ることが必要である。

　この出席停止制度は、本人の懲戒という観点からではなく、学校の秩序を維持し、他の児童生徒の義務教育を受ける権利を保障するという観点から設けられている制度である。

3）出席停止の命令の手続

　出席停止は「学校教育法」によって、市町村立の小・中学校において、「性

行不良であって他の児童生徒の教育に妨げがあると認める児童生徒」に、市町村教育委員会が、その保護者との意見を聴取し、その保護者に対して命ずる。

一方、出席停止制度については、法律上、具体的な要件や続きが明確ではないため、出席停止期間中の指導について充実を図ることが課題である。

このため、2000（平成12）年12月に、「出席停止制度」の一層適切な運用を期するために、「教育改革国民会議報告」に基づき、2001（平成13）年の「学校教育法」改正により、さらに強化された。

こうした出席停止措置は、その後、2007（平成19）年「問題行動を起こす児童生徒に対する指導について（通知）」（18文科初第1019号平成19年2月5日）の中で、教育委員会に、学校が「……指導を継続してもなお改善が見られず、いじめや暴力行為など問題行動を繰り返す児童生徒に対し、正常な教育環境を回復するため必要と認める場合には市町村教育委員会は出席停止制度の措置を採ることをためらわずに検討する。」と出席停止を強調している。さらに、「いじめ防止対策推進法」（2013〈平成25〉年法律第71号）第26条は、「市町村の教育委員会は、いじめを行った児童などの保護者に対して学校教育法第三十五条第一項（同法第四十九条において準用する場合を含む。）の規定に基づき当該児童等の出席停止を命ずるなど、いじめを受けた児童等その他の児童などが安心して教育を受けられるようにするために必要な措置を速やかに講ずるものとする。」と規定し、いじめを行った児童生徒に対して、出席停止を命ずることができることとなった。

表 5-3-2　出席停止の件数

区分	9年度	10年度	11年度	12年度	13年度	14年度	15年度	16年度	17年度	18年度	19年度	20年度	21年度	22年度	23年度	24年度	25年度
小学校	1	1	0	0	0	0	0	0	1	2	0	1	0	0	0	0	0
中学校	50	56	84	55	51	37	25	25	42	58	40	45	43	51	18	27	47
計	51	57	84	55	51	37	25	25	43	60	40	46	43	51	18	27	47

出典）文部科学省「平成25年度児童生徒の問題行動等生徒思想上の諸問題に関する調査について」

表 5-3-3　出席停止の理由別件数

区分		9年度	10年度	11年度	12年度	13年度	14年度	15年度	16年度	17年度	18年度	19年度	20年度	21年度	22年度	23年度	24年度	25年度
小学校	対教師暴力	0	0	0	0	0	0	0	0	0	0	0	1	0	0	0	0	0
	生徒間暴力	0	0	0	0	0	0	0	0	0	0	2	0	0	0	0	0	0
	対人暴力	0	0	0	0	0	0	0	0	0	0	0	0	0	0	0	0	0
	器物損壊	0	0	0	0	0	0	0	0	1	0	0	1	0	0	0	0	0
	授業妨害	0	0	0	0	0	0	0	0	0	0	0	1	0	0	0	0	0
	いじめ	0	0	0	0	0	0	0	0	0	0	0	0	0	0	0	0	0
	その他	1	1	0	0	0	0	0	0	0	0	0	0	0	0	0	0	0
	計	1	1	0	0	0	0	0	0	1	2	0	3	0	0	0	0	0
中学校	対教師暴力	24	22	35	19	16	15	9	9	16	11	19	12	20	21	10	20	18
	生徒間暴力	17	27	16	22	17	11	10	8	11	36	10	15	27	19	6	5	24
	対人暴力	1	1	0	0	0	0	0	0	2	4	0	1	0	2	0	1	2
	器物損壊	2	2	3	1	9	0	3	4	4	3	2	11	8	3	4	8	4
	授業妨害	3	3	12	7	9	3	0	4	1	4	9	22	20	18	8	8	5
	いじめ	0	0	6	6	0	5	0	0	7	0	2	1	2	6	0	2	5
	その他	3	1	12	0	0	3	3	0	1	0	9	3	2	5	3	6	3
	計	50	56	84	55	51	37	25	25	42	58	51	65	79	74	31	50	61
計	対教師暴力	24	22	35	19	16	15	9	9	16	11	19	13	20	21	10	20	18
	生徒間暴力	17	27	16	22	17	11	10	8	11	38	10	15	27	19	6	5	24
	対人暴力	1	1	0	0	0	0	0	0	2	4	0	1	0	2	0	1	2
	器物損壊	2	2	3	1	9	0	3	4	5	3	2	12	8	3	4	8	4
	授業妨害	3	3	12	7	9	3	0	4	1	4	9	23	20	18	8	8	5
	いじめ	0	0	6	6	0	5	0	0	7	0	2	1	2	6	0	2	5
	その他	4	2	12	0	0	3	3	0	1	0	9	3	2	5	3	6	3
	計	51	57	84	55	51	37	25	25	43	60	51	68	79	74	31	50	61

（注）平成 19 年度より複数回答可。
出典）文部科学省「平成 25 年度児童生徒の問題行動等生徒思想上の諸問題に関する調査について」

4）出席停止制度をめぐる考え

　文部科学省によると、この制度は「学校の秩序を維持し、他の児童生徒の教育を受ける権利を保障するために採られる措置」であるという。要するに、

児童生徒の教育を受ける権利、つまり子どもの「学習権」を守るという趣旨に基づくものである。それでは、いわゆる加害者の児童生徒の学習権はどうなっているのか。前述の文部科学省による「出席停止制度の運用の在り方について（通知）」の趣旨によると、「国民の就学義務とも関わる重要な措置であることにかんがみ、市町村教育委員会の権限と責任において行われるもの」とされている。

5．ゼロ・トレランス方式

(1) ゼロ・トレランス方式とは

アメリカでは1970年代から学級崩壊が深刻化し、学校構内での銃の持込みや発砲事件、薬物汚染、飲酒、暴力、いじめ、性行為、学力低下や教師への反抗などの諸問題を生じた。それらの問題の改善策として取られた手法の一つが、ゼロ・トレランス方式（zero-tolerance policing）である。1980年代以降に共和党、民主党の区別無く歴代大統領が標語として打ち出し、1990年代に本格的に導入が始まる。1994（平成6）年にアメリカ連邦議会が各州に同方式の法案化を義務づけ1997（平成9）年にビル・クリントンが全米に導入を呼びかけ一気に広まった。

ゼロ・トレランス方式とは、文字通り、不寛容を是とし厳密に処分を行う方式。日本語では「不寛容」「無寛容」「非寛容」などと訳される。

この方式では、生徒自身の持つ責任を自覚させるために校内での行動に関する詳細な罰則を定めておき、それに違反した場合は速やかに例外なく罰を与えることで、軽い罰は detention（放課後居残り）、Saturday school（土曜日に登校）などがあり、アメリカでは悪行のエスカレートを防ぐために遅刻、無断欠席、宿題未提出などの比較的軽い罰でも罰せられる。その上学校の評判などが問われる為に問題生徒に罰を与えて自覚させることが重要である。改善されない場合は他校や社会施設などへの転校や退学処分をする。

(2) 日本での導入

日本でこの方式の導入の必要性が求められるようになったのは、2004（平

成16)年6月、長崎県佐世保市において、小学校6年生の女子児童による同級生殺害事件や同年7月に新潟県三条市において、小学校6年生の男子児童が同学年の男子児童から包丁で切りつけられるという事件をきっかけに、文部科学省では、「児童生徒の問題行動対策重点プログラム」(最終まとめ)をとりまとめ、同年10月に公表したことにある。それによると、①命を大切にする教育、②学校で安心して学習できる環境作り、③情報社会の中でのモラルやマナーについての指導の在り方を重点課題として位置づけている。

その翌年の2005(平成17)年には、6月の山口県光高等学校での爆発物傷害事件、東京都板橋区での管理人夫婦殺害事件、福岡県福岡市での実兄刺殺事件など、児童生徒による重大な問題行動が相次ぎ、同年9月には「新・児童生徒の問題行動対策重点プログラム(中間まとめ)」を公表している。

それによると、重点課題として、①生徒指導の組織体制の整備、②有害情報対策・情報モラル教育の充実、③社会性を育成する教育等の充実、④家庭教育への支援の一層の充実を当面の重点課題としている。このまとめの中で、生徒指導体制の強化のために、「児童生徒の規範意識の向上及び子ども達の安全な学習環境の確保の観点から、学校内規律の維持を指向する「ゼロ・トレランス(毅然とした対応)方式」のような生徒指導の取組みを調査・研究するなど、生徒指導体制の在り方について見直しを図る。」ことを示している。

要するに、非行など問題行動等に対して、消極的な指導ではなく、積極面な指導を行い、「生徒指導主事のコーディネーター機能の強化等を通じ、学校全体で一体となって生徒指導にあたる体制の構築、学校間連携の促進、外部人材の活用等家庭・地域との連携の強化等、小学校からの生徒指導体制の強化を図るための諸方策を推進する」こと提唱している。

これについては、「生徒指導メールマガジン」第16号(2006〈平成18〉年1月31日)2006(平成18)年にまとめた「ゼロ・トレランス方式の調査研究」を盛り込み、文部科学省でも教育現場への本格的な導入の是非を検討している。

(3) 日本での実践例

現在日本の一部の学校、たとえば、岡山市の私立岡山学芸館高等学校が

2002（平成14）年度から生徒たちに「義務」と「責任」を理解させるためとして、ゼロ・トレランス方式を公式に導入している。

同校は、問題行動をレベル1〜5に分類。服装や言葉の乱れなどはレベル1〜2で担任や主任が指導する。喫煙はレベル3に相当、生徒指導部長が乗り出す。悪質な暴力行為などのレベル4〜5では教頭や校長が対応して必要なら親を呼び出すようにしている。

他に鹿児島県牧園町の鹿児島県立牧園高等学校も生徒の多くが荒れているのを理由に2002（平成14）年1月に導入。広島県議会でも2004（平成16）年9月に導入が論議された。

(4)「ゼロトレランス方式」についての文部科学省の考え

2004（平成16）年6月の長崎県佐世保市の「小6児童殺害事件」、2005（平成17）年の山口県光市の山口県立光高等学校での男子生徒による「爆発物教室投げ込み事件」を受けて「児童生徒問題行動プロジェクトチーム」を始動した。2006（平成18）年春にまとめた新たな防止策に「ゼロ・トレランス方式の調査研究」を盛り込み、教育現場への導入を検討している。それが、2006（平成18）年1月31日、文部科学省によって出された『生徒指導メールマガジン』第16号である。

それによると、「これまで銃が蔓延し契約観念の発達した米国社会独自の理念」とか「教育的意義より政治的意図が強いポリシー」とする観点で、規律を違反した場合、厳罰主義・管理徹底主義にもとづき、放校・退学と評価をされることが多かったが、その後、アメリカにおける成果等を踏まえると、その根底にある処罰基準の明確化とその公正な運用の理念は、学校規律と国家および社会の形成者として必要な資質を育てる過程で、日本の生徒指導の在り方を考える上でも参考とすべき点が少なくないと言及している。

こうした考えから、生徒指導における問題行動（非行）等に対する具体的対応は、これまでの消極的ではなく積極的に児童生徒の健全育成活動やカウンセリング機能を活用した生徒指導をする必要性を強調している。これには、生徒個々人の個性の伸長を図りながら、社会的な資質や能力・態度を形成していくための指導・援助が必要である。このことから、生徒の人格の育成を

目指すという教育の基本理念・基本的目標からして、文科省では、「問題行動への個別的対応としての生徒指導については、学校における生徒指導の現場において、教職員それぞれの判断と対応に頼って運用されてきたのが実情であり、その具体的対応方針や基準の在り方について、必ずしも十分な検討が行われてこなかった経緯も否定しがたい」という。このことについて、「経験豊富な団塊世代の教師の大量退職を迎え世代交代が進む中で、生徒生活指導などを通じて子どもの規範意識の育成に資するという側面での生徒指導については、今後の在り方等を様々な観点から検討していくことは大変意義深いものと考え」と言及しながら、「ゼロトレランス方式」の導入の必要性について、各都道府県・指定市教育委員会の生徒指導関係者に述べている。

(5) ゼロ・トレランスのアメリカでの実践例

アメリカでは、ゼロ・トレランス方式に対しては「結果的に社会からドロップアウトする青少年を増やす」などの根強い批判の声がある。また、この方式が過剰に適用されているのではないかとの批判も少なくない。その代表的なものが2001（平成13）年にカリフォルニア州で発生した「ダーク・ポエトリー事件」である。当事件は15歳の少年が「学校に銃を持っていく」という内容の文書が問題視され、少年は100日間の自宅謹慎処分を命じられ、少年側はこの処分を過剰で違法であるとして提訴し、2004（平成16）年にカリフォルニア州最高裁判所で少年側の勝訴が確定した。

また2007（平成19）年12月には、品行方正といわれていた10歳の小学生が、昼食時に食べ物を切り分けるために、家から持参したステーキナイフが「学校への武器の持ち込み」ということで逮捕され、児童観察施設に送られた事件で、当時周囲の友人らによる、問題のステーキナイフで誰を傷つけたわけでもないとう証言があっため、その後、この少女への処分は過剰であったと判断され、釈放された。

(6) ゼロ・トランス方式の学校での実践をめぐる考え

戦後日本の教育改革を阻む最大の原因は「子どもの立場に立った」「子どもの人権を認める」「子どもの学習権を考える」教育改革より、むしろ政治家好

みの人間の育成に基づくマインドコントロールのような教育改革であったといえる。本当に子どものことを善くしたいなら、こうした改革や制度より EI（emotional intelligence：心の豊かさ）を育むべきではないか。日本では、ゼロ・トレランス方式の基本的根拠として、いわゆる「問題児」「非行少年」を罰する視点で導入を試みている。たしかに、未成年による凶悪犯罪が続発するところから、児童生徒らを厳罰をする必要もある。

しかし、この制度を導入する際に、「いじめ」による死とか、万引きだとか、暴力行為という少年犯罪という狭い範囲で捕らえて児童生徒を罰することよりも、むしろモラルを喪失した保護者・家庭という存在をどうすべきなのかが急務であるといえる。多くの保護者らは学校に対して不条理な要求を押しつけ、自ら顧みて反省する姿勢もなく、学校には責任を押しつける。

そして、「ゼロ・トレランス方式」は、個々の学校や教育委員会だけではなく、警察や地方自治体まで一丸となって取り組む姿勢がなければならない。そして、受け入れる側の能力や意欲の欠如といった課題の是非もぜひ考えてほしい。

6．コンプライアンス

(1) コンプライアンスとは

コンプライアンスという用語が、今日、企業社会、医療、官公庁など様々な場でよく用いられるようになった。コンプライアンス（compliance）は法令遵守を意味した用語であるが、法令のみならず、業界のルールや職業倫理を含めた遵守をあらわすものとして使われている。利益や目的遂行のためなら何をしてもよいのではなく、法令を遵守するとともに、倫理に基づくことなどによって、はじめて社会的信用を得て活動することができるとの考えにたったものである。コンプライアンスに背いた違法行為、反社会的な行為があると企業等は信頼を失うことになり、利益や目的遂行が困難となることから順法を心がけた経営が行われるようになっている。

人と人との信用、信頼の関係によって成り立つことの多い学校など教育機関にも例外なくコンプライアンスは求められている。実際、学校の設置基準

を満たさなかったり、学習指導要領を逸脱した教育課程編成などの違反があったりした場合、また体罰行為、セクシャルハラスメント行為などの教師の不祥事が起こった際には、世間は厳しい目を向けることになる。こうしたことから教育現場におけるコンプライアンスは重視され、各教育委員会ではそのための教職員に対する研修、啓発活動を積極的に実施している。

　学校において教師は、コンプライアンスを心がけて生徒指導をしなくてはならない。コンプライアンスの観点から、生徒指導にあたって留意しなければならない事項について確認しておくこととする。

(2) 人権の尊重

　生徒指導にあたっても日本国憲法の定める人権を尊重することが求められる。人権とは、誰もが生まれながらにもっている権利で、人間が人間らしく生きていくための、誰からも侵されることのない基本的権利である。実生活の中で、性別、国籍、出身などにとらわれず、お互いが平等の立場にたって、お互いの立場（人権）を認め合うことが必要である。

　こうしたことを踏まえ、教師は一人一人が、常に自分の言葉や行動、考え方が人を傷つけたり、排除していないか省みることが求められる。また、生徒指導にあたり教師は、人権が尊重される社会の実現に向けて、人権尊重の視点にたって業務を遂行できるよう、自らの人権意識を磨くとともに、人権や人権問題についての理解と認識を深めていかなくてはならない。

(3) 個人情報の保護

　生徒指導上、教師は児童生徒を取り巻くあらゆる情報を知ることになる。また、それらを記録することにもなる。教師には、法令や服務規程によって秘密を守る義務（いわゆる守秘義務）が課されているように、それらを決して第三者に口外してはならない。また、それらの情報を記録した資料、データの取り扱いには十分注意しなくてはならない。

　近年では、情報をパーソナルコンピュータのハードディスクやUSBメモリに記録して保存するが通常のこととなった。それらを紛失することになると莫大な情報を漏洩させることになる。したがって、学校外に持ち出さない

などのルールを設けて、それらの管理を徹底することによって、情報漏洩を防ぐことが求められている。

　個人に関する情報（氏名、生年月日その他の記述等により特定の個人を識別することができるもの）を適切に取り扱い、個人情報の紛失や漏洩などの事故を絶対起こさないためには、教師一人一人が個人情報についての基本的な知識や個人情報を保護するための措置を身につけて日々の業務にあたることが重要である。生徒指導に関わって、家庭環境などの情報に数多く触れることになるが、その取り扱いには十分に注意することが肝要である。

(4) セクシュアルハラスメント

　生徒指導上、児童生徒と関わる中でセクシュアルハラスメント（セクハラ）の問題についても念頭においておかなければならない。つまり、児童生徒と関わるうえで、お互いの人格を尊重し、性に関する言動の受け止め方には個人間や男女間で差があることを理解し、セクハラに当たるか否かは相手がどう思うかによって判断されることなどについて認識しておく必要がある。

　特に生徒指導にあたって、児童生徒と関わる場合に、①教師と児童生徒とは、指導する側とされる側という関係にあり、対等な立場ではない。②教師によるセクハラは、児童生徒の心に深い傷を与え、その後の人格形成に大きな影響を与えるおそれがある。③セクハラは、教師と児童生徒、保護者間の信頼関係を損ない、教育の効果を大きく阻害する、などを念頭においておきたい。

　生徒指導にあたって、同性の教師の協力を求めることが必要な場合もある。相手の立場にたった言動を心がけ、セクハラとならないよう留意する必要がある。

註

1　http://www.mext.go.jp/a_menu/shotou/seitoshidou/1331907.htm
　　http://www.mext.go.jp/a_menu/shotou/seitoshidou/1331908.htm を参照。以下註2〜8も同様。

参考文献・資料

- 黒木雅子・山田知代編著『生徒指導・進路指導』学事出版社、2014（平成26）年
- 鈴木勲『遂条　学校教育法＜第7次改訂版＞』学陽書房、2009（平成21）年
- 大島佳代子「わが国における校則訴訟と子どもの人権」
  http://www.tezukayama-u.ac.jp/tlr/oshima/oshima4_j.htm#tom05
- 長尾英彦「校則による「生徒の自由」の制約」
  http://www.chukyo-u.ac.jp/educate/law/academic/hougaku/data/27/2/nagao.pdf
- 文部科学省『生徒指導提要』教育図書、2010（平成22）年3月
- 国立教育政策研究所生徒指導研究センター『生徒指導体制の在り方についての調査報告書―規範意識の醸成をめざして―』、2006（平成18）年5月
  文部科学省のHP、内部資料など。
- 徳島県教育委員会編『コンプライアンスハンドブック』、2009（平成21）年
- 菱村幸彦『管理職のためのスクールコンプライアンス』ぎょうせい、2010（平成22）年

第6章　児童生徒指導の今日的課題

1．い　じ　め
2．不　登　校
3．中　途　退　学
4．暴　力　行　為
5．非　行　少　年
6．心身の健康問題と児童生徒の自殺予防教育

1．い　じ　め

　いじめによる自殺や関連事件があとを絶たない。そのたびにいじめは大きく社会問題化し、国や学校が対応を迫られてきた。今般のいじめの状況は、2011（平成23）年の大津市の中学2年生いじめ自殺事件に始まる。負の連鎖は全国に広がり、これを重くみた国も、ようやくいじめ防止に向けた法制化に踏み切り、2013（平成25）年「いじめ防止対策推進法」が制定された。
　毎年文部科学省が行っている「児童生徒の問題行動等生徒指導上の諸問題に関する調査」（以下「問行調査」という。）によると、いじめの認知件数（全国の小・中・高・特別支援学校）は、大津市の事件が起きるまでは実は減少傾向にあり、2011（平成23）年度は70,231件であった。ところが、事件後の2012（平成24）年度の緊急調査では198,109件と急増した。この点は単にいじめが増加したというより、小さないじめも見逃さないという学校の対応の表れとして評価する向きもある。そして法制化された2013（平成25）年度は185,860件とやや減ったものの、依然として高い認知件数であることに変わりはない。
　現在のいじめへの対応は、「いじめ防止対策推進法」と、それに基づいて2013（平成25）年10月に文部科学大臣から出された「いじめ防止等のための

基本的な方針」をもとに、各自治体や学校が具体的な取り組みを行っているところである。

(1) いじめ問題に対する基本的な取り組み
1）いじめの定義
　いじめの定義に関しては、これまでも諸説あったが、「いじめ防止対策推進法」により、以下のように定義されることになった。

> 「児童等に対して、当該児童等が在籍する学校に在籍している等当該児童等と一定の人的関係にある他の児童等が行う心理的又は物理的な影響を与える行為（インターネットを通じて行われるものを含む。）であって、当該行為の対象となった児童等が心身の苦痛を感じているものをいう。」（第2条第1項）

　これは、いじめにあたるか否かの判断で、これまで解釈に曖昧さを残していた次の2点について、決着をつけた点で意義がある。
　第一に、いじめの範囲を被害者の主観的な判断によらしめている。すなわち、「当該行為の対象となった児童等が心身の苦痛を感じているものをいう」とし、被害者の立場に立った判断を基準に、いじめの範囲を画することにした。つまり、被害者がいじめを受けたと感じていれば、加害者や第三者からみたらいじめとはいえない場合でも、いじめと判断することになる。これによると、好意から行った行為が、意図せず相手方に心身の苦痛を与えてしまった場合もいじめに該当する。逆に、例えばインターネットで悪口を書かれたが、当該児童等がそのことを知らずにいる場合は、いじめとはならない。但し、指導に当たっては、前者のケースは行為者には悪意がなかった点を十分加味する必要があるし、後者については加害者には相応の厳しい指導が求められることになる。
　第二に、「心理的又は物理的な影響を与える行為」には「作為」のみならず「不作為」も含まれる。「行為」というと、悪口や脅し文句を言ったり、叩いたり蹴ったりするような「作為」を指すことに異論はないが、仲間はずれにしたり、集団で無視するような「不作為」であっても、それによって相手方に心理的な圧迫を加えるような場合は、本法の「行為」にあたり、いじめに

128　第6章　児童生徒指導の今日的課題

該当するとした。これは従来の定義中の「心理的、物理的な攻撃」という要件のもとでも同様の解釈がとられていたが、「行為」としてより分かりやすくしたものである。

2）いじめの態様

具体的ないじめの態様には、以下のようなものがある。これらは「問行調査」の調査項目に挙げられているもので、次に掲げる順番は、2013（平成25）年度調査よる認知件数の多い順であり、その割合を円グラフで示した。

いじめ態様別認知件数の割合
① 45%　② 16%　③ 14%　④ 6%　⑤ 6%　⑥ 5%　⑦ 3%　⑧ 2%　⑨ 3%

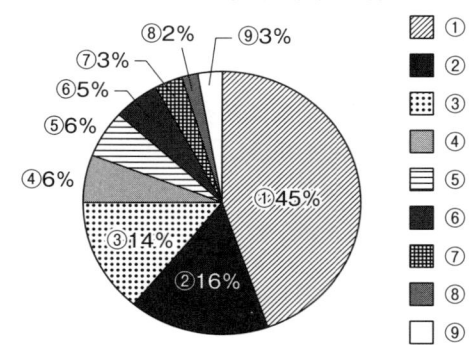

図6-1-1　2013（平成25）年度「問行調査」より

① 冷やかしやからかい、悪口や脅し文句、嫌なことを言われる
② 軽くぶつかられたり、遊ぶふりをして叩かれたり、蹴られたりする
③ 仲間はずれ、集団による無視をされる
④ 嫌なことや恥ずかしいこと、危険なことをされたり、させられたりする
⑤ 金品を隠されたり、盗まれたり、壊されたり、捨てられたりする
⑥ ひどくぶつかられたり、叩かれたり、蹴られたりする
⑦ パソコンや携帯電話等で、誹謗中傷や嫌なことをされる
⑧ 金品をたかられる
⑨ その他

これによると、冷やかしやからかい、悪口や脅し文句といった、言葉によるいじめが45％と圧倒的に多いことがわかる。ぶつかられたり、叩かれたり、蹴られたりする暴行・暴力がこれに次ぎ、仲間はずれや集団無視といった不作為によるいじめも14％にのぼっている。

これらのいじめの中には、暴行、脅迫、恐喝、傷害といった犯罪行為として取り扱われるべきものもあり、児童生徒の生命、身体または財産に重大な被害が生じるような場合は、早期に警察に相談・通報し、警察と連携した対

応を取ることが必要である。
 3）法が規定するいじめ防止に向けた組織的対策
 いじめ防止対策推進法によると「いじめの防止等のための対策は、いじめを受けた児童等の生命及び心身を保護することが特に重要であることを認識しつつ、国、地方公共団体、学校、地域住民、家庭その他の関係者の連携の下、いじめの問題を克服することを目指して行わなければならない。」（第3条第3項）とされ、社会総がかりでいじめ問題に対峙することの重要性が強調されている。
 そこで、法は、国、地方公共団体、学校の三者に対して、「基本方針」と「組織」に関して次のような対応を求めている。
 ア　基本方針の策定
 国、地方公共団体、学校は、それぞれ「国の基本方針」「地方いじめ防止基本方針」「学校いじめ防止基本方針」を策定することになっている（第11条～13条）。このうち、国、学校は策定の義務があり、地方公共団体は努力義務とされている。前述したように、国からは2013（平成25）年10月にこれが示され、地方公共団体でも2013（平成25）年の段階で都道府県で約4分の3、市町村で約4分の1の自治体がこれを策定している（「問行調査」より）。各学校ではこれらを受けて、その実情に応じた基本方針を定めているところである。
 イ　いじめ防止のための組織の設置
 いじめ防止のための組織として、地方公共団体に「いじめ問題対策連絡協議会」を、また教育委員会に「附属機関として必要な組織」を置くことができる（第14条第1項、第3項）。
 また、学校は複数の教職員、心理、福祉等に関する専門的な知識を有する者その他の関係者からなる「いじめの防止等の対策のための組織」を置くものとする（第22条）。これは常設の組織として必要的なものであり、的確にいじめに関する情報が共有でき、その情報を基に組織的に対応できる体制とすることが必要である。「複数の教職員」については、管理職や主幹教諭、生徒指導担当教員、学年主任、養護教諭、学級担任や部活動顧問など、実効性のあるメンバーで構成する。各学校においては、日頃からいじめ問題を含め生徒指導上の課題に関して組織的に対応するため「生徒指導部会」等の名称で

組織を置いている例があるが、こうした既存の組織を活用することも可能である。

なお、いじめにより、児童生徒の生命・心身・財産に重大な被害が生ずるなどの重大事態が発生した時には、当該学校の設置者（教育委員会）又は学校に調査組織を設け、事実関係を調査すべきこととされている（第28条第1項）。この組織は上記の「附属機関」や「いじめの防止等の対策のための組織」と兼ね、これに事態の性質に応じた関係者を加えるなどの方法がとられることになろう。

(2) 学校の取り組み

学校は、いじめ防止のため、「学校いじめ防止基本方針」に基づき、「いじめの防止等の対策のための組織」を中核として、校長の強力なリーダーシップの下、教職員の一致協力体制を確立し、学校の実情に応じた対策を進めることが必要である。

1）いじめの構造

いじめは、いじめを行う子どもといじめを受ける子どもの二極対立構造のようにみがちである。しかし、いじめにはこれらを取り巻く「観衆」や「傍観者」という子どもの集団が存在し、全体として四層構造からなっている。すなわち、図 6-1-2 のように、いじめられている被害者 A（主に一人）といじめている加害者 B（複数であることが多い）がおり、その周りに、実際には手出しはしないが見てはやし立てる観衆 C が、さらに「関わりたくない」「仕返しが怖い」などの理由から、見て見ぬふりをする傍観者 D がいる。C や D の個人や集団もいじめを助長しているわけで、この子どもたちに対しても、いじめに加担しているという自覚をもたせ、必要な指導を加えなければならない。

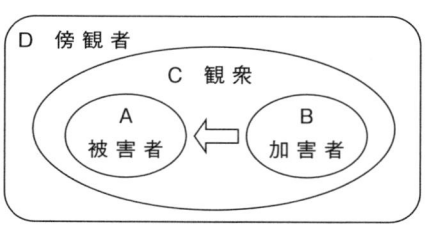

図 6-1-2　いじめの四層構造

2）学校における具体的な対応

学校は、いじめの「未然防止」「早期発見」「早期対応」という、それぞれ

の段階に応じた対応を、適切・迅速に行っていかなければならない。

　ア　未然防止

　「いじめは、どの子どもにも、どの学校でも、起こりうる」との認識をもち、常に未然防止に努めなければならない。まず、いじめは人間として絶対に許されない人権侵害である。このことを、道徳教育をはじめ学校教育全体の中で指導していく。また、児童生徒が心の通じ合うコミュニケーション能力を育み、規律正しい態度で授業や行事に主体的に参加・活躍できるような授業づくりや集団づくりを行う。このことで、自己肯定感を高め、お互いの価値を認め合えるような関係性を築く。さらに、教職員の言動が、児童生徒を傷つけたり、他の児童生徒によるいじめを助長したりすることのないよう、指導の在り方にも細心の注意を払う必要がある。

　イ　早期発見

　いじめは大人の目に付きにくい時間や場所で行われたり、遊びやふざけあいを装って行われたりすることが多い。それだけに、教職員は児童生徒が示す変化や危険信号を見逃さないようアンテナを高く保ち、いじめの早期発見に努めなければならない。

　いじめ発見のきっかけについて、2013（平成25）年度の「問行調査」によると、一番多いのが「アンケート調査などの学校の取組により発見」で52.3%だった。次が「本人からの訴え」16.8%、「学級担任が発見」12.8%、「本人の保護者からの訴え」10%と続く。学校の定期的なアンケートや教育相談の実施は有効な手段であることがわかる。児童生徒の変化を見逃さない教職員側の姿勢と、児童生徒や保護者がいじめを訴えやすい体制づくりや信頼関係の構築が求められる。

　ウ　早期対応

　実際にいじめが発覚しまた通報を受けた場合には、特定の教職員で抱え込まずに、速やかに組織的に対応する必要がある。そして、まず被害児童生徒を徹底して守り通すとともに、加害児童生徒に対しては、教育的配慮のもと、毅然とした態度で指導する。これらの対応について、教職員全員の共通理解、保護者の協力、関係機関との連携のもとで取り組んでいく。それが犯罪行為に当たる場合は、警察との連携にも躊躇してはならない。

(3) ネット上のいじめ
1) ネット上のいじめの意義と特徴

「ネット上のいじめ」とは、携帯電話やパソコンを通じて、インターネット上のウェブサイトの掲示板などに、特定の子どもの悪口や誹謗・中傷を書き込んだり、メールを送ったりするなどの方法によりいじめを行うものである。（文部科学省『「ネット上のいじめ」に関する対応マニュアル・事例集』2008〈平成20〉年、p.1)

「ネット上のいじめ」の特徴としては、次のような点が挙げられる。

- 不特定多数の者から、絶え間なく誹謗・中傷が行われ、被害が短期間で極めて深刻なものとなる。
- インターネットの持つ匿名性から、安易に誹謗・中傷の書き込みが行われるため、子どもが簡単に被害者にも加害者にもなる。
- インターネット上に掲載された個人情報や画像は、情報の加工が容易にできることから、誹謗・中傷の対象として悪用されやすい。また、インターネット上に一度流出した個人情報は、回収することが困難になるとともに、不特定多数の他者からアクセスされる危険性がある。
- 保護者や教師などの身近な大人が、子どもの携帯電話等の利用の状況を把握することが難しい。また、子どもの利用している掲示板などを詳細に確認することが困難なため、「ネット上のいじめ」の実態の把握が難しい。（文部科学省『「ネット上のいじめ」に関する対応マニュアル・事例集』2008〈平成20〉年、p.1)

このような「ネット上のいじめ」は、全体のいじめ認知件数からすれば、さほど大きな割合を占めるものではない。2013（平成25）年度の「問行調査」では、前述したように、いじめの態様としては第7位で全体の約3％を占めるに過ぎない。しかし、現実に認知件数は8,787件あり（これは氷山の一角であろう）、しかも上に見たような特徴からその被害は深刻である。

それゆえに、いじめ防止対策推進法も、いじめ概念に「インターネットを通じて行われるものを含む」と明示して、その防止に努めることにしたわけである。

2）ネット上のいじめが発生した場合の対応

掲示版等への誹謗・中傷の書き込みなどのネット上のいじめが発見された場合は、被害を受けた児童生徒へのケアを行うとともに、被害の拡大を防ぐために、書き込みの削除を迅速に行う必要がある。これが他のいじめとの対応の違いである。次のような手順で書き込みの削除を行う。

① 書き込み内容の確認
② 掲示版の管理者に削除依頼
③ 掲示版等のプロバイダに削除依頼
④ それでも削除されない場合は、警察や法務局・地方法務局に相談して対応する

これと併行する早期対応については、他のいじめと変わるところはない。すなわち、被害児童生徒には、スクールカウンセラーを配置するなど、教育相談体制の充実を図り、きめの細かなケアを行う。加害児童生徒には、ネット上のいじめはその悪質性から絶対に許されないものであることについて指導を加える。他方で、ネット上のいじめは児童生徒が軽い気持ちで書き込みを行ったり、自身が悩みや問題を抱えていたりする場合があるため、個別の実情に応じた配慮も必要である。また、全校児童生徒にも、事案に応じた指導を加えるとともに、日頃から情報モラル教育を学校全体として行い、子どもたちがネット上のいじめの加害者にも被害者にもならないようにすることが大切である。

2．不登校

(1) 現状と動向

1) 不登校の現状

文部科学省―2001（平成13）年の中央省庁再編までは文部省―は、「生徒指導上の諸問題の現状を把握することにより、今後の施策の推進に資する」ことを目的に、毎年、「児童生徒の問題行動等生徒指導上の諸問題に関する調査」を行っている。不登校に関しては、「何らかの心理的、情緒的、身体的、あるいは社会的要因・背景により、児童生徒が登校しないあるいはしたくともで

きない状況にあること（ただし、病気や経済的理由によるものを除く）」とされ、「国公私立の小学校・中学校（平成18年度から中学校には中等教育学校前期課程を含む）・高校」を調査対象に、「年度間に連続又は断続して30日以上欠席した児童生徒のうち不登校を理由とする者」について調査がなされている。

『子ども・若者白書』（旧『青少年白書』—「子ども・若者育成支援推進法」に基づく「年次報告書」として、2010（平成22）年からは『子ども・若者白書』『子供・若者白書』—）では「学校に係る諸問題」の一つとして位置づけられている不登校は、たとえば2013（平成25）年度に関する調査によると、「不登校児童生徒数」が、小学校24,175人（全体に占める割合0.36％）、中学校95,442人（同2.69％）、高校55,657人（同1.67％）とされている。また、「不登校児童生徒の在籍学校数」の「比率」は、小学校全体の46.3％、中学校全体の82.9％、高校全体の81.4％となっており、中学校・高校では、かなりの割合の学校に不登校の子どもが在籍している。「学年別不登校児童生徒数」をみると、小・中学校の場合、学年進行にともない増加がみられ、小学6年生8,010人、中学1年22,390人、中学3年生38,736人となっている。高校の場合、1年生14,928人、2年生12,287人、3年生8,331人と減少がみられるほか、いわゆる単位制における不登校生徒数は19,521人となっている。また、小・中学校における「不登校になったきっかけと考えられる状況」については、「本人に係る状況」「学校に係る状況」「家庭に係る状況」「その他」「不明」に分けられており、多いものは、「本人に係る状況」では「不安など情緒的混乱」が28.1％、「無気力」が25.6％、「学校に係る状況」では「いじめを除く友人関係をめぐる問題」が15.0％であり、いわゆる「いじめ」は1.6％となっている。「家庭に係る状況」では「親子関係をめぐる問題」が10.9％ともっとも多い。高校における「不登校になったきっかけと考えられる状況」についても、同様に分類されているが、多いものは、「本人に係る状況」では「無気力」が30.3％、「不安など情緒的混乱」が16.5％、「遊び・非行」が12.3％、「学校に係る状況」では「いじめを除く友人関係をめぐる問題」が8.7％であり、いわゆる「いじめ」は0.3％となっている。「家庭に係る状況」では「親子関係をめぐる問題」の4.7％が最多となっている。

2）不登校児童生徒数の推移と対策の経緯

不登校児童生徒数の推移は、1990年代には中学校を中心に増加し、近年は全体として減少傾向にあったが、2013（平成25）年度における小・中学生の合計不登校児童生徒数は119,617人（全体に占める割合1.17％）と、6年ぶりに増加となった（前年比6.1％増）。

これまでにおいて、とくに憂慮すべき状況にあるとされていたのが、国公私立の小中学校の不登校児童生徒数138,722人（全体に占める割合1.23％）と過去最高を更新した2001（平成13）年度であった。当時、文部科学省は、2002（平成14）年に「不登校問題に関する調査研究協力者会議」を設置し、同会議は、2003（平成15）年3月「今後の不登校への対応の在り方について」（報告）を取りまとめ、これをもとに同年5月、「不登校への対応の在り方について」（文部科学省初等中等局長通知）が示された[1]。この時期の基本的な考えは、上記「報告」にみられる次の二つであった。すなわち、「不登校に対応する上で持つべき基本的な姿勢」として、一つは、特定の子どもに特有の問題があることによって起こることではなく、どの子どもにも起こり得ることとしてとらえ、関係者は、当事者への理解を深める必要があり、また、不登校という状況が継続すること自体は、本人の進路や社会的自立のために望ましいことではなく、その対策を検討する重要性について認識を持つ必要がある、というものである。いま一つは、不登校については、その要因・背景が多様であることから、教育上の課題としてのみとらえて対応することが困難な場合があるが、一方で、児童生徒に対して教育が果たすことができる、あるいは果たすべき役割が大きいことに注目し、学校や教育委員会関係者等が一層充実した指導や家庭への働きかけ等を行うことにより、不登校に対する取り組みの改善を図る必要がある、というものであった。

(2) 現在の基本的な取り組み
1）不登校に対する基本認識

現在の不登校に対する基本的な取り組みを考えるうえで確認しておきたいのが、①不登校の基本認識、②施策の具体的な充実方策について言及した、2009（平成21）年の文部科学省初等中等教育分科会における「不登校の児童

生徒への支援」である。不登校の基本認識に関しては、2003（平成15）年の「不登校への対応の在り方について」に基づき、施策の充実を図っていくとしたうえで、次の３点を挙げている。一つ目は、不登校については、特定の子どもに特有の問題があることによって起こることではなく、どの子どもにも起こりうることとしてとらえ、当事者への理解を深める必要がある、ということである。二つ目は、不登校という状況が継続すること自体は、本人の進路や社会的自立のために望ましいことではない、とするものである。三つ目は、不登校は、その要因・背景が多様であることから、教育上の課題としてのみとらえて対応することが困難な場合があるが、一方で、児童生徒に対して教育が果たすべき役割が大きいことに着目し、学校や教育委員会関係者等が一層充実した指導や家庭への働きかけ等を行うこと必要があること、というものである。

２）不登校に対する施策

この「不登校の児童生徒への支援」では、不登校の施策に関しては、具体的な次の10の施策を取り上げ、それぞれ今後を意識した次のような充実方策が示されている。

　ア　教育支援センター（適応指導教室）における取組

教育委員会が設置・運営する不登校児童生徒の学校復帰に向けた適応指導を行う「教育支援センター（適応指導教室）」の設置推進を図るための、「常勤職員の配置やカウンセラー等の専門家の配置、指導員の研修の充実等」が挙げられる。

　イ　指導要録上の出席扱い

小・中・高等学校の不登校児童生徒が学校外の機関で指導等を受ける場合について、一定要件を満たすとき校長は指導要録上「出席扱い」にできることなどを意味する。

　ウ　不登校の児童生徒を対象とした学校の設置に係る教育課程の弾力化

文部科学大臣が認める場合、教育課程の基準によらずに「特別の教育課程を編成して教育を実施することができる」ことなどである。

　エ　IT等の活用による不登校児童生徒の学習機会の拡大

不登校児童生徒が自宅においてIT等を活用した学習活動を行うとき、保

護者と学校との間に十分な連携・協力関係が保たれていること等の要件を満たすとともに、その学習活動が学校への復帰に向けての取り組みであることを前提とし、かつ不登校児童生徒の自立を図るうえで有効・適切である判断する場合に、「指導要録上出席扱いとすること及びその成果を評価に反映することができること」などである。

　　オ　高等学校の不登校生徒に対する通信の方法を用いた教育による単位認定

　定時制の「チャレンジスクール」なども設置される中、高等学校の全日制・定時制課程において、不登校生徒を対象として、「通信の方法を用いた教育」により、「36単位を上限として単位認定」を行うことを可能とするというものである。

　　カ　中卒認定試験における受験資格の拡大及び高校入試における配慮

　不登校のため、結果として中学校を卒業できなかった場合においても、同年齢の生徒に遅れることなく高校受験ができるようにするため、「中学校在学中に中学校卒業程度認定試験を受験できること」、高等学校の入学者選抜にあたって、不登校生徒については、進学動機等を自ら記述した書類など「調査書以外の選抜資料の活用」を図るなど、より適切な評価に配慮するよう促していることなどである。

　　キ　スクールカウンセラー等活用事業

　児童生徒の臨床心理に関して高度に専門的な知識・経験を有する「スクールカウンセラー」や「子どもと親の相談員」の配置などである。

　　ク　スクールソーシャルワーカー活用事業

　社会福祉等の専門的な知識や技術を用いて、児童生徒の置かれたさまざまな環境に働き掛けて、支援を行う「スクールソーシャルワーカー」の配置などである。

　　ケ　問題を抱える子ども等の支援事業

　「先駆的な実践研究を行い、効果的な取組を全国に普及するため」の「問題を抱える子ども等の自立支援事業」の実施や「NPO法人や民間団体等を活用し、個々の児童生徒の実態に応じた問題行動等の解決を図るための教育プログラム等の開発を委託する、『問題行動等への対応におけるNPO等の活用に

関する実践研究事業』の実施」などである。
　コ　豊かな体験活動推進事業
　小・中・高等学校等における豊かな体験活動の円滑な展開を推進する、「豊かな体験活動推進事業」の実施などである。
　2006（平成18）年の「教育基本法」第17条（教育振興基本計画）により、政府や地方公共団体は、「教育振興基本計画」にかかわる策定が求められており、たとえば2013（平成25）～2017（同29）年度は、「第2期教育振興基本計画」に該当する。ここでは、四つの「基本的方向性」が決められ、その実現に向けて「成果目標」「成果指標」「その目標を達成するために必要な具体的施策」が示されているが、「基本的方向性」の一つに「学びのセーフティネットの構築〜誰もがアクセスできる多様な学習機会を〜」が位置づけられており、その「成果目標」の一つとして「意欲ある全ての者への学習機会の確保」、および「成果指標」の一つに「いじめ、不登校、高校中退者の状況改善」が挙げられ、「全児童生徒数に占める不登校児童生徒数の割合の減少」などが具体的に取り上げられている。

(3) 不登校問題を考えるにあたって

　こうした中、先の「不登校の児童生徒への支援」では、「今後の不登校の児童生徒への支援に必要な視点」について、次の3点が挙げられている。一つは、「学校における生徒指導の充実・強化について」に関するものであり、そこでは、「『生徒指導提要』を活用するなどし、学校における生徒指導の充実・強化に取り組んでいくことが必要である」とされている。いま一つは、「不登校の児童生徒のその後の支援について」に関するものであり、そこでは、「進路が未定のまま学校を卒業・中途退学した不登校児童生徒及び高校中退者への継続的な支援についても、関係機関等と連携し、学校、教育委員会は取り組んでいくことが必要である」とされている。また、いま一つは、「不登校の児童生徒への対応における小中連携について」に関するものであり、ここでは「不登校児童生徒への支援という観点からも、小中一貫教育の仕組みも含め、学校種間の連携・接続の在り方等について検討を進める必要がある」とされている。特に中学1年で急増する傾向のある不登校においては、いわゆ

る「中一ギャップ」への対応が重要な課題といえよう。

　また、国立教育政策研究所の生徒指導・進路指導研究センターでは、不登校にならないようにする事前の働きかけとしての「不登校の予防」という考えを重視しているが、そこでは「教育的予防の発想の働きかけ」としての「未然防止」および「治療的予防の発想の対応」としての「初期対応」の重要性が指摘されている[2]。

　昨今、不登校問題に関しては、子どもたちに関わる事件などという点からもあらためて人々の留意がなされている。正当な理由がなく連続して欠席している児童生徒の背後に虐待が存在しているケースなどもあり、その対応として独自の「ルール」を定めている自治体などもあるほか、文部科学省も虐待などで学校に行けない子どもを、状況に応じて出席扱いにすることができるとする通知を出した。より積極的で具体的な取り組みが検討されていることは、評価すべき動きといえよう。たとえば、2014（平成26）年には、不登校の子どもたちへの支援などについて話し合われた「全国不登校フォーラム」も開催されたほか、2011・12（平成23・24）年度に実施した「不登校生徒に関する追跡調査」について、2014（平成26）年にその「結果の取りまとめ」がなされている。また、「多様な教育機会確保」という理念のもとに、不登校の子どもたちが通うフリースクールや家庭などといった、小中学校・中等教育学校・特別支援学校以外での学びを義務教育の制度内に位置づける法整備の検討などもなされている。フリースクールについては、文部科学省が、「全国フリースクール等フォーラム」を開催するなどしているほか、オーストリアの思想家ルドルフ・シュタイナー（Rudolf Steiner）の教育思想を設立理念とするシュタイナー学校をはじめとして、日本国内において拡充の動きがある。いわゆる"学び直し"の機会への対応として期待されている、「夜間中学校」の拡充——文部科学省が2014（平成26）年に「各都道府県に最低1校」を目指す方針を示している——も、こうした動きの一つといえよう。また、「中一ギャップ」の軽減を図るべく、これまで市区町村教育委員会が独自に取り組んできた小中一貫教育校を、従来の6・3制でなく、9年間を共通したカリキュラムで学ぶ新たな学校の種類の一つ（「義務教育学校」）として、国の制度に位置づける改正学校教育法の成立も、一つといえよう。

高等教育の就学率を、15％までのエリート段階、50％までのマス段階、50％以上のユニヴァーサル・アクセス段階という水準でとらえた教育社会学者マーチン・トロウ（Martin Trow）は、「大学への不本意就学の問題」（involuntary attendance）を指摘したが、学校制度への過剰とも思える適応が危惧されるなか、すでにさまざまな形で、教育機関としての学校の機能不全や学校制度に関わる病理的状態が問題とされてきている。イヴァン・イリッチ（Ivan Illich）は、『脱学校の社会』において、「制度」としての「学校」を取り上げ、「学校化」の問題を指摘していたのは知られているところであるが、彼の方法論や代案などへの批判は看過できないものがあるものの、たんなる「学校廃止論」ではない「脱学校化」への主張には、耳を傾けるべきものがあるといえよう。「不登校」の問題を考えるには、次節の「中途退学」の問題などとともに、いわゆる「代替学校論」などにとどまらない、それぞれの「個」がもつ「学び」への意識を、あらゆる面で保障すべく社会全体が価値観を含めて変容すること、そのためには「人間としての生き方」を考える道徳教育への期待、といったことが、あらためて今後、重要となるといえよう。

註
1　この「通知」は、1990年代の状況下において出された1992（平成4）年にまとめられた有識者による「登校拒否（不登校）問題について」報告に関する同年9月の「文部省初等中等教育局長通知」も踏まえている。
2　2014（平成26）年に出された、国立教育政策研究所生徒指導・進路指導研究センター「不登校の予防」（生徒指導リーフ Leaf. 14）では、「未然防止」は、「特定の児童生徒を想定せず、全ての児童生徒を対象に学校を休みたいと思わせない『魅力的な学校づくり』を進めることを指」し、これは「授業や行事等の工夫や改善が基本」とされる。また、「初期対応」は、「学校を休みそうな児童生徒や休み始めた児童生徒に個別対応することを指」す、いわゆる「早期発見・早期対応」とされるが、欠席日数が30日を超えるまでは『不登校』とは呼ばないので、「休み初め」の意味で「初期」と表現する、としている。

3．中 途 退 学

(1) 現状と動向
1) 中途退学の現状
　前節でみた不登校は、高等学校の場合、いわゆるニート（NEET：Not in

Education Employment or Training、就学、就労、職業訓練のいずれにも携わっていない若者を指す) やひきこもりといった社会的問題との関連性のほか、中途退学に至る場合も多いことが指摘されている。ここでは、まず、中途退学の現状と経緯を確認しておきたい。

「児童生徒の問題行動等生徒指導上の諸問題に関する調査」によれば、たとえば 2013 (平成 25) 年度の「中途退学者数」は 59,742 人、「中途退学率 (中途退学者の全体に占める割合)」は 1.7% であり、「高等学校通信制課程における中途退学者数」を除くと 50,124 人 (前年度 51,781 人)、「中途退学率」は 1.5%(前年度 1.5%) である。「学年別」にみると、高校 1 年生が 21,847 人で、全体の約 4 割を占めている。また、中途退学の原因は、全体に占める割合が 36.4%の「学校生活・学業不適応」(内訳の最多は、全体に占める割合が 14.6% の「もともと高校生活に熱意がない」)、同 32.9% の「進路変更」(内訳は、全体に占める割合が 12.7% の「就職を希望」、同 11.3% の「別の高校への入学を希望」) という順となっている。「過去 5 年の推移」では「経済的理由」の割合はほぼ半減する一方で、「学業不振」「問題行動等」の割合は比較的増加しているとされている[1]。

2) 中途退学者数の推移と対策の経緯

中途退学に関する 2013 (平成 25) 年度の数字 59,742 人 (中途退学者の割合は 1.7%) は、同年度からは高等学校通信制課程も調査の対象に加えたことによるものであり、長期的な推移としては、1990 年代半ばに増加した後、2002 (平成 14) 年以降は、中途退学者の全体に占める割合 (中途退学率) とともに、全体的な減少傾向が指摘されている。

文部科学省は、1982 (昭和 57) 年度から、「児童生徒の問題行動等生徒指導上の諸問題に関する調査」などを通して、高校中途退学者の把握を行っている。こうした中で、この問題に対する対応として注意しておきたいのが、1990 年代前半の動きである。1989 (平成元) 年に発足した「学校不適応対策調査研究協力者会議」が「高等学校中途退学問題への対応について」(報告) を取りまとめたのが 1992 (平成 4) 年であり、当時の文部省は、同「報告」の内容をもとに、翌 1993 (平成 5) 年に「高等学校中途退学問題への対応について」(初等中等教育局長通知) を出したのであった。1991 (平成 3) 年の第 14 期

中央教育審議会答申「新しい時代に対応する教育の諸制度の改革について」において、新タイプの高等学校や単位制の活用、総合学科の設置、教育上の例外措置といった「高等学校教育の改革」が示されていたことを想起すると、当時は、学校教育の多様化・弾力化・個性化という方向で、高等学校中途退学者に再挑戦の機会を用意し、この問題の解決を図ることを考えていたことがうかがえよう。すなわち、1993（平成5）年の「高等学校中途退学問題への対応について」は、「高等学校中途退学問題の対応の基本的視点」として、「多様で個性的な生徒の実態を踏まえ、高等学校教育の多様化、柔軟化、個性化の推進を図ること」をはじめとする五つの「視点」を示したうえで、「高等学校中途退学問題への対応」としては、「高等学校教育の多様化、柔軟化、個性化を推進すること」・「個に応じた手厚い指導を行うこと」・「開かれた高等学校教育の仕組みを整えること」・「教育委員会における重点的取組」という四つの「取り組み」の必要性を示している。

　また、「中途退学者の未然防止」を図るべく、文部科学省は、「高等学校中途退学者」の中退理由やその後の進路状況等について、「高等学校中途退学者進路状況等調査」を行い、これまで、その内容をたびたび明らかにしている（たとえば、1993（平成5）年度中に公・私立高等学校（全日制課程及び定時制課程）を中途退学した者を対象に、1996（平成8）年1月から8月にかけて調査を行ったものを、1998（平成10）年2月等に示している）。こうした中央や各都道府県での取り組みの結果、中途退学者は、2001（平成13）年度を最後に減少しており、数値上では一見沈静化したように捉えられていたとされている。

(2) 現在の基本的な取り組み
1）中途退学に対する基本認識

　高等学校中途退学問題があらためて注目を集めるようになったのは、2010年代に入るあたりからといえよう。2009（平成21）年に「子ども・若者育成支援推進法」が成立するが、その成立過程期である2008（平成20）年に政府が策定した「青少年育成施策大綱」などにおいて、「高校中途退学者の問題」が重視されるようになってきたのであった。

　いわゆる『青少年白書』は、2008年の「平成20年版」から、「学校に係る

諸問題」として、「不登校」などとあわせて「高等学校中途退学者」を扱うようになる。そこでは、2006（平成18）年度の「国・公・私立高等学校中途退学者」の「事由」として、「学校生活・学業不適応」がもっとも多く、「事由別の割合の年次推移」をみると、1998（平成10）年度までは「進路変更」の割合がもっとも高かったが、1999（平成11）年度以降、「学校生活・学業不適応」の割合の方が高くなっていること、などが指摘されている。この『青少年白書』が「特集　高校中退者・中学校不登校生徒の『その後』と地域における支援」を組むのは、2009年の「平成21年版」であるが、そこでは「高校中退者」にかんして、「進路変更」という「いわば積極的な理由」よりも、「現状に対する不満・不適応」という「消極的な理由」による中途退学の割合が増えていることが指摘されている[2]。

　内閣府により2001（平成13）年に実施された「青少年の就労に関する研究調査」や、2003（平成15）年に策定された「若者自立挑戦プラン」は、教育・雇用・産業政策の連携を強化し、若者が自らの可能性を高め、挑戦し、活躍できる社会の実現、生涯にわたり自立的な能力向上・発揮ができ、やり直しがきく社会の実現を目指す方向性を考えたものであった。すなわち、近年において、高校中途退学問題は、あらたに「若年無業者」の対策として、「雇用・就労といった分野の行政課題」として注目されつつあるといえよう。

2）中途退学に対する施策

　2010（平成22）年には、「子ども・若者育成支援推進法」に基づく「子ども・若者育成支援推進大綱」として「子ども・若者ビジョン」が策定されるが、こうした時期における、「高校中途退学者への対応策」としては、二つのものをとりあげておきたい。一つは、2010（平成22）年の内閣府「子ども・若者支援地域協議会運営方策に関する検討会議報告」で示された「対応方針」である。すなわち、高校中途退学は、フリーターや若年無業者などいった「社会的弱者」に至るリスクが高く、とりわけ中途退学者の多い高等学校にあっては、「彼らを守る最後の砦としての役割」が期待されること、就労支援機関などの「地域社会資源」との緊密な「連携」や、高等学校在学中における早い段階からの計画的な「支援」を行っていくことが必要であること、といった基本的な考え方に関するものである。

いま一つは、2011（平成23）年に出された『子ども・若者白書（平成23年版）』において、「特集　高等学校中途退学者の意識と求められる支援」としてまとめられたものである。これは、2010（平成22）年に行われた「若者の意識に関する調査（高等学校中途退学者の意識に関する調査）」に基づくものであり、「地域で行われている高等学校中途退学者に対しての支援」の具体的な「取組例」として、次のようなものが示されている。

　ア　地域若者サポートステーションを活用した支援事業

厚生労働省が、地方自治体と協働し、地域のNPO等に事業を委託し、「地域若者サポートステーション」（愛称・サポステ）として設置しているものである。

　イ　情報の提供や相談の実施

退学を契機に学校を通じた進路選択に関する情報が得にくくなる中途退学者に、情報の提供や相談を行うものである。

　ウ　高等学校卒業程度認定試験（高卒認定試験、旧大学入学資格検定）

中途退学者のなかに大学などへの進学希望を持つ者がいる中で、高等学校卒業と同等以上の学力の有無を認定するために、文部科学省が実施しているものである。

　エ　民間支援団体による「学びの場・居場所」

中途退学を契機に、引きこもりなどに陥るケースもあるとされる中で、NPO等の民間支援団体が「学びの場・居場所」を提供するというものである。

なお、不登校の項と同じく、「第2期教育振興基本計画」における「成果目標」の一つである「意欲ある全ての者への学習機会の確保」の中で、「成果指標」として「いじめ、不登校」とともに、「高校中退者の状況改善」が挙げられ、「高校中退者数の割合の減少など」が具体的に取り上げられている。

(3) 中途退学問題を考えるにあたって

このような「高等学校中途退学問題」に関して、たとえば、「積極的な理由」よりも、現状に対する不満・不適応といった「消極的な理由」に注目した対応が重視されつつあることは、重要であろう。たとえば生活保護世帯の高校中退率は、2012（平成24）年度の場合、全国平均に対し、高い傾向があるとさ

れているが、ここには、子どもたちを巻き込んだ、いわゆる経済格差の問題を考える必要がある。

　こうした中で、先の『子ども・若者白書（平成23年版）』における「特集　高等学校中途退学者の意識と求められる支援」では、「高等学校中途退学者への支援の在り方」について、あらためて「高等学校中途退学者の中でも、就労意識が低い者や基礎学力を身に付けていない者は、正規雇用を得ることは難しい」としたうえで、次のような点が挙げられている。一つは、高等学校中途退学者に対して、「中途退学前」から、高等学校と外部支援機関が連携して、「職業選択や職業生活に関する知識」を提供することの重要性である。いま一つは、「高等学校卒業程度認定試験」や「高等学校への再入学」などに関して、必要な情報や支援が得られるようにすることである。また、いま一つは、「中途退学後」においてもさまざまな「社会サービス」が得られるよう、情報を継続的に提供するとともに、「社会的孤立」を防ぐためにも「社会との接点」を維持することの必要性である。

　今日、失業をはじめとする若者の非就業は、日本に限らない社会問題ととらえられており、中途退学や不登校は、早期に正規の学校教育のルートを外れ、基本的な知識技能を習得しえていない若者を送り出す問題として、危惧されている。欧州連合（EU：European Union）においては、いわゆる若者の「早期学校離れ」（Early school leaving）問題ということで、先進国に共通にみられる今日的課題とされている。ただ、そこでは「早期学校離れ」が、学力問題として注目されることが多い中で、その基底に、貧困、ジェンダー、母子家庭、マイノリティなどの要因が深く関わっていることが留意され、「早期学校離れ」問題を考えるうえで意識されるべきこととして、「学校の失敗」や「すべての子どもの成功」が指摘されている点は重要である。わが国においては、2014（平成26）年、中央教育審議会により「道徳に係る教育課程の改善等について」（答申）が出され、これを受けて2015（平成27）年、「特別の教科である道徳」として「学校教育法施行規則」のなかに位置づけられ、小学校・中学校「学習指導要領」の一部改正がなされている。この道徳教育に関しては、中央教育審議会「答申」では「人格の基盤となるのが道徳性であり、その道徳性を育てることが道徳教育の使命」とされており、「学校における道徳

教育は、児童生徒一人一人が将来に対する夢や希望、自らの人生や未来を切り拓いていく力を育む源となるものでなければならない」こと、「その意味で、道徳教育は、本来、学校教育の中核として位置付けられるべきものである」ことが指摘されている。「児童生徒指導の今日的課題」としての中途退学や不登校もまた、「人間としての生き方や社会の在り方」を考える道徳教育の視点から考えることも重要であるといえよう。

註
1 なお、2015（平成27）年6月の『子供・若者白書（平成27年版）』によれば、2013（平成25）年度の「中途退学者数」は59,923人（「中途退学率」は1.7％）、「中途退学」の「原因」である「学校生活・学業不適応」の全体に占める割合は36.3％となっている。
2 比較的早い時期に、「明るい中退論批判」として「高校中退問題」をとりあげた次の論考は重要である。清田夏代・黒崎勲「高校中退問題の動態と変容」、藤田英典・黒崎勲・片桐芳雄・佐藤学編『こども問題』（教育学年報8）所収、世織書房、2001（平成13）年。

4．暴力行為

(1) はじめに

　現在、グローバル化が進む中、日本でも、世界で活躍できる人間を求めている。そこで、小・中・高等学校では、世界で活躍できる児童生徒の育成が極めて重要になってきている。その人間とは自ら考え正しく判断し、行動できる子ども、いわゆる「生きる力」を身につけた児童生徒である。

　学校では、主体的な子どもを育てるために「確かな学力」、基礎・基本を充実させ、学力の向上をはかる手立てとして、小・中一貫教育、中・高一貫教育や少人数学級指導、個別指導などを実践している。しかし、学力の格差も大きくなっているのも事実である。今後の課題として検証する必要がある。

　一方、生徒指導では、家庭での規範意識や教育力低下、地域の教育力も機能していないのが現実である。そのため、学校では、いじめ、不登校、非行、暴力、万引きやゲーム遊び、携帯電話などデジタル化による問題も多様化し、子どもたちの「生きる力」の指導、育成にも多くの課題を生じているのが現状である。

そこで、先生方に現状の児童生徒の日々の生活を調査してもらった結果、次のような子ども達の姿がみえてきた。すなわち、最近の子どもは、1) 他人が傷つくようなことを平気でいう、2) 交友関係がうまくとれない。(コミュニケーション不足)、3) 何度も指導するが伝わらない、4) ちょっとしたことにすねたり、「キレ」たりする。5) 我慢が出来ない（忍耐力がない）、6) 規範意識にとぼしい、7) 平気で「うそ」をつく等が主な現状である。

(2) 暴力行為とは

暴力行為とは、「児童生徒が起こした暴力行為」で「対教師暴力」「生徒間暴力」「対人暴力」「器物損壊」の四つの形態に分類される（文部科学省「生徒指導上の諸問題の現状を文部科学省の施策について」2007〈平成19〉年3月　p.7）。

そして、校内・校外での暴力と家庭内暴力など近年は、校内での生徒同士、対教師暴力が増加している現状である。特に暴力行為の低年齢化が目立ち、その要因、原因は、衝動的な感情を抑制出来なく、突然「キレ」る状態になる児童・生徒が多くなってきたのも事実である。「キレ」ない子どもにするには、以下の点に留意する必要がある。

1) 3歳までの愛情が大事である。
2) 乳幼児期の家族の愛情や生活リズムの定着が大切である。
3) 脳内でコミニュケイーションや意欲をつかさどる「前頭連合野」の発達は8歳がピークで20歳まで続き、乳幼児から小学校までの教育が特に重要である（文部科学省「情動の科学的解明と教育等への応用に関する検討会提言」座長・有馬朗人）。
4) 前頭連合野とは、情動のコントロール「社会的知能、感情的知能」や論理的判断、将来の予想や判断、計画の立案を行う部分の働きをする脳の一部である。

(3) 学校の現状と指導方法（対応の仕方）

小学校6年で学級崩壊し、授業中もおしゃべりや教室を自由に歩き回り、注意指導しても、従わなかいため、授業が成立しない学級で卒業して、中学校に入学してくる。小学校での生活、そのままの姿で中学校でも過ごし続け、

思春期をともなうために、先生方の指導にも耳をかさないどころか、気にいらないと、教室やトイレのドア、壁などを蹴とばす、物を投げる、大声で叫んだりする行動をとるようになる。

また、自信のない同級生をいじめ、金銭を要求し、思うようにならないと、生徒同士暴力行為に走り負傷することもある。先生方に、注意、指導されると逆に対教師暴力まで発展し、自分自身をコントロールできなくなる例が増えているのが現状である。

そこで、学校では健全な子どもを育成するため、集中して出来る学習や様々な活動を奨励することが大切である。

具体的に、教科の学習に取り組む姿勢や行事への参加、生徒会活動、ボランティア活動、部活動など自分で興味、関心のあるものに挑戦できるように指導・助言をすることである。

そして、多様な活動をすることによって様々な失敗や反省を繰り返す場面もあるが、少しでも良い所、プラス面を評価、誉めてあげ、自信をもたせ、自ら考え正しく判断し、行動出来る子どもの育成を図ることである。

(4) 家庭での指導

まず子どもは、親の幼児期から小学校低学年頃までの子育てが大人への成長に重要な役割を果たす。そこで、幼児期の日々の活動で何をいいたいか、訴えたいのか、顔の表情、言葉、しぐさを理解し、幼児が納得する関わり方をすることが大切である。

小学校低学年では興味・関心を強くもつ年齢で、学校での出来事、友人関係、登下校時の様子などを親に笑顔で話したい行動を取ったり、心の中のものを表現する。親は子どもが話しかけてきたら、仕事の手を止めて（休めて）、よく聞いてあげ、うなずきながら答えを与えることが子育ての一歩になる。

二つ目は、小学校の中・高学年から、中学校時代、いわゆる思春期で、日々どのような過ごし方をし、健全な生活リズムを作りあげているかである。

そして、変化の激しい子どもたちに、家庭では、生活習慣の充実、規範意識を身につけ、家庭の教育力を発揮し、子どもの成長を支えてあげる必要がある。

また、子どもたちが健全な大人になる過程で、親は、児童生徒が、何を考え、欲求し、行動したいのか、しっかり受け止め、親子で安心、安全に過ごせる家庭を築くことが極めて重要である。
　また、人間生活において、家庭・家族でコミュニケーションをはかり、一日のでき事、将来の夢など心の中から話せる雰囲気をつくり、安定した生活こそ、暴力行為や非行行為などがなくなり、主体的に行動のできる子どもに成長して行くことである。

(5) 教師と保護者との連携・協力
　思春期の子ども達は精神的にも不安定な時期で、日々、成長とともに変化の激しい行動、言動がよくみられる。
　家庭でも、学校でも、一つ一つの行動、言葉遣いやしぐさをサインとして見逃すことなく、変化がみられたら、お互いに、保護者、教諭（担任）と連携連絡を密に、こと細かく取りながら見守り、成長するのを手助けする。

(6) 学校と地域との連携・協力
　変化の激しい社会の中で携帯電話、スマートフォンやゲーム機での遊びなどデジタル化が進む中で、成長して行く子どもたちの行動範囲も広域になって、学校や家庭で、予想できない多様な遊び、行動を起こすことが非常に多くなってきているのが現実である。
　今年、夏にA市とB市の中学校数十校の生徒、数十人が河川敷に集まり暴力行為が発生し、数人の生徒に負傷者がでてしまった。この状況をみていた地域の方から通報で暴力行為が拡大することを防止することができた。
　このように、初期発見、予防するために地域の方々の協力、連携、そして、地域の教育力を借りて指導、助言することの大切さを改めて認識できた。
　学校や地域の行事への参加を中心に子どもたちとコミュニケーションをはかり、地域の中の学校、児童生徒であることを確認させ誇りの持てる子どもの育成をはかることが大切である。
　なお、事例の対応の仕方は以下のとおりである。
　1）すぐ現場に駆け付ける。

2）名前と生徒の人数を確認する。
3）現場の様子を確認する。
4）子どもたちをどこで指導しますか。
5）連絡を受けたら最初に誰に報告をしたらよいですか。
6）担任、学年主任、生徒指導主任への連絡はいつしますか。
7）管理職にいつ、誰が、どのように連絡しますか。
8）保護者への連絡を誰が、いつ、どのように連絡しますか。
9）関係の学校にはどのような方法で連絡をしますか。
10）関係諸機関にはいつどのような方法で連絡しますか。
11）負傷している生徒の対応はどうしますか。
12）地域の方への対応は。
13）指導後の関係学校との連携・連絡の在り方については。

(7) ま と め

　現在の社会は新しい知識、情報、技術が政治、経済、文化をはじめ、社会の様々な場面に影響を与えている。いわゆる「知識基盤社会」が進行している。学校でも子どもたちに予期しない行動が起きているのも現実である。今後も家庭・地域が課題を共有化して三者一体となって育成していくことが重要である。なお、以下に某市教育委員会からの通知文を掲載する。参照されたい。

4．暴力行為　　151

平成00年00日00日
各学校長　殿　　　　　　　　　　　　　　　　　00区教育委員会　指導室長
（省略）
記
1　子どもたちの健全育成に向けて、各校で取り組んでいただいているところです。依然、学校間における中学生のつながりが広がりつつあります。複数校の生徒による深夜徘徊、他区の中学生との抗争だけでなく区内における抗争の情報が入っております。これ以上の広がりを防ぐためにも以下の指導の徹底をよろしくお願いします。
　(1) 用事もないのに深夜にでかけない。
　(2) 危険な誘いのメールに乗らない。
　　　また、先生方には、これからも警察との連携を深め情報交換に努めていただき、重大事態の未然防止をよろしくお願いします。
2　インターネットの動画サイトを模倣し、危険行為を行う事案が増えています。胸を強く圧迫して気を失わせる「失神ゲーム」をはじめ、ペットボトルの中に揮発性の気体を入れて破裂させる「ペットボトル爆弾」を行った事案が報告されています。これらの行為は生命の危険につながる可能性が高く、決して繰り返されることがあってはなりません。こうした事案の再発防止に向けて下記の適切な対応をお願いします。
　(1) 犯罪行為に関する指導の徹底。
　　　あらゆる教育活動を通して、児童・生徒の規範意識を高め、暴力を否定する意識を強くもたせるとともに、社会生活上のルールやきまり、法を守り、正しい善悪の判断に基づく適切な行動ができるような指導の徹底を図る。
　(2) インターネット等からの情報を適切に判断する力の育成。
　　　インターネット等からの情報の中には、有害な情報もあるため、「インターネット等の適正な利用に関する指導事例集・活用の手引き」などを活用して、児童・生徒が、インターネット等から得られる情報について正しく判断できるように指導するとともに、動画サイト等見て、犯行を真似しようとするなどの行為は、いかなる理由があっても許されるものではないことを繰り返し指導する。
　(3) いじめを許さない毅然とした姿勢。
　　　いじめ等の行為は学校だけでなく自宅などでも行われることから、児童・生徒の学校外での状況の把握に努めるため、日常的に保護者や地域の関係機関等と連携を図るとともに、いじめは絶対に許さないという毅然とした態度を示す。
◎最近の児童・生徒は経済の不安定・家庭環境の変化やデジタル化による日々の行動も多様化、そして広域になり、交友関係も広く、大きくなってきた。学校でも細心の注意を払いながら、保護者、地域、スクールカンセラー、関係緒機関などと連携、協力しながら指導と支援、援助をしているが充分に子ども達の心の中に浸透していかない。そのため、様々な非行、暴力、不良行為を引き起こし、対応に苦慮しているのが現状である。
今後は、一人一人の子どもをよく観察、対話し（コミュニケーションの充実）、個々の良さ、特色を伸長する指導を教師個人はもちろん、管理職をはじめ、チームを組み、学校全体で指導して行くことが極めて重要になってきた。なお、様々な事件・事故に対して、お互いに、各学校が連携・協力しながら指導していくことの大切さと必要性を教育委員会からの要請と通知を周知、徹底し、指導、健全な子どもの育成を図って行くことが必要である。

5. 非 行 少 年

(1) はじめに

今日、学校では、多様な課題や問題をかかえ、低年齢化した児童生徒の非行化が増加している。

始業のチャイムが鳴っても、教室の出入りや、教室を走り回ったり、おしゃべりをするなど注意、指導しても反応を示すことなく過ごしている状況を多くみかけるようになってきた。そのため学級崩壊や、いじめ、不登校、万引き、喫煙、飲酒、性非行、校内、校外での暴力事件など様々な問題行動や課題をもつ子どもたちが非行へと走って行く姿がみられ、学校でも指導に苦慮しているのが現状である。

一方、携帯電話やメール、LINE 等で広域にわたり友人関係がを築き、深夜、公園など徘徊しているのを地域や諸機関と連携、協力しながら指導、助言しているが充分な成果が上がらないのも先生方の悩みでもある。

原因、要因としては、家庭での規範意識の不足、教育力の低下などのほか、経済的な不安定、家族関係や家庭環境からの影響、そして、学校では学習意欲の不足からくる学力低下や格差もその一つである。

しかし、学校では、健全な子どもの育成、主体的に考え、正しく判断し、行動できる子ども、いわゆる「生きる力」を身につけたおとなの成長を目指し、指導することが極めて重要である。

(2) 少年法とは

少年法は、「少年の健全な育成」を目標とし、非行少年の「性格の矯正」をし「環境の調整」に関する「保護処分」を行う。その要点には、1）罪を犯した少年を処罰するものではない、2）保護主義、などを指摘できる。

(3) 非行少年とは
１）「非行少年」の種類

少年法第2条1項で「少年とは、20歳に満たない者」としており、また同

法第3条では、家庭裁判所で審理に付すべき少年を三つに分ける。すなわち、1）犯罪少年（14歳以上で刑罰法令に触れる行為をした者）、2）触法少年（14歳未満で刑罰法令に触れる行為をした者）、3）ぐ犯少年（問題行動があって、将来「罪を犯し、または刑罰法令に触れる行為をするおそれのある少年」）である。

なお、ぐ犯少年の前提となる事由について同条では、1）保護者の正当な監督に服しない性癖のあること、2）正当な理由なく家庭によりつかないこと、3）犯罪性のある人物または不道徳な人物と交際のあること、4）いかがわしい場所への出入りがあること、5）自己または他の徳性を害する行為を行う性癖のあることとし、以上のいずれかが認められる場合が該当する。

また、以上のほか、少年警察活動規則第2条では、「不良行為少年」を、「飲酒、喫煙、深夜徘徊、その他自己、または他人の徳性を害する行為（以下、不良行為という）をしている少年と定義している。

2）犯罪少年と触法少年の処遇

犯罪少年と触法少年の処遇について整理すれば、以下のとおりである。

① 触法少年——児童福祉の観点が優先され、警察などは保護者のもとに、少年を戻すことを第一に検討する。ただ、保護者がいない場合、いたとしても不適当だと判断された場合には、児童相談所などへ通告される。

② 犯罪少年——家庭裁判所へ送致する。
　　↓
・家庭裁判所が事件を調査する。
　　↓
・保護処分　　　1．保護観察
　　　　　　　　2．児童自立支援施設などへ入所。
　　　　　　　　3．少年院送致。
・検査官送致（逆送）　1．刑事処分が相当と判断された場合。
　　　　　　　　2．犯行は16歳以上で故意に被害者を死亡させた場合。
・不処分決定

③ 2007（平成19）年の少年法改正で、少年院送致可能な歳を12歳以上と

して、家庭裁判所が必要と認める限り14歳未満の少年院に送致できることになった。（少年院法第2条2項、同5項、少年法第24条1項）

(4) ま と め

4月、各学校に赴任、すぐ、始業式、入学式が行われる。児童生徒の指導が待っている。この時の指導如何が教師の一生を左右するといわれても過言ではない。大学1年から時間をみつけ、母校を訪ね先生方の活動を観察、体験し、そして少しでも、自分のものにして、教師になって、すぐ役立つ教育的実践力を身につけてほしい。

6．心身の健康問題と児童生徒の自殺予防教育

(1) 心身の健康問題
1）心の健康教育に関わる今日的問題

1995（平成7）年阪神・淡路大震災、1997（平成9）年神戸連続児童殺傷事件を教訓に、心の教育について取り組んでいる兵庫県立教育研修所　心の教育総合センターは、「『心の教育』とは、かけがえのない命の大切さを実感する教育、人と人のつながりや思いやりを深める教育、個性を大切に社会に活かす教育の三つに整理できる。命の意味を考え命の大切さを実感する教育を『命の教育』と呼んでいいだろう。（略）不登校・暴力・いじめを未然に防ぎ、また、災害や事故・事件に巻き込まれたとしても、人生を前向きに生きる力に変えていくことができるよう、『心の健康教育』のプログラム化が急がれる」（心の教育総合センター『心の健康教育プログラム』兵庫県立教育研修所、2012（平成24）年、p.1）と述べている。教師は、心の健康について、早期に発見し予防できる立場にあるという点で、教師の果たす役割は非常に大きいものと捉えるべきである。教師教育の観点からも、心の健康に関するプログラムについて、正しい指導方法を学び続け、個別に対応できる資質能力を育成することは重要な課題である。

2）インターネット・携帯電話に関わる今日的問題

教師は、近年の出会い系サイトの勧誘やLINEなどに起因する事件事故の

多発にともない、情報活用能力の育成が求められる中、児童生徒が被害者とならない、加害者とならない、加害行為に手を貸さないという視点をもつべきである。

文部科学省は、実際のトラブルの概略と問題把握時における対応の基本などについて、「教員として必要な知識を得る、違法・有害情報対策、メールに関するトラブル被害、被害発生時の対応、通報・相談窓口」（文部科学省『生徒指導提要』教育図書、2014（平成26）年、pp.175～177）と例示している。

3）学校健康教育に関わる今日的問題

学校健康教育は、WHO（世界保健機関）が1986（昭和61）年にオタワ憲章で提唱された「ヘルスプロモーション」の理念に基づく新しい健康観に基づく21世紀の健康戦略である。また、1998（平成10）年学習指導要領の保健体育科目標に「心と体を一体として」と提起され、心身の健康教育の重要性が指摘された。

この流れを受け、学校の健康課題に一体的に取り組むため、保健主事を中心として学校保健全体計画に基づき、心身の健康の保持増進のための保健教育と保健管理を内容とする学校保健、安全主任を中心に学校安全全体計画に基づき、自他の生命尊重を基盤とした安全教育と安全管理を内容とする学校安全防災、給食指導と衛生管理を内容とする食育・学校給食などを統合して提起された「学校健康教育」への共通理解・共通行動のできる教師教育が求められている。

4）思春期の「うつ」に関わる今日的問題

笠原麻里は、「思春期の『うつ』は、さまざまな形で現れます。問題行動をともなう場合、問題の解決には、行動の裏にある『うつ』の存在に気づき、それに対処することが欠かせません。（略）『うつ』の子どもは、決してめずらしい存在ではありません。学校の先生は、問題をかかえる子どもの背景に『うつ』があるかもしれないと考えることが必要です」（笠原麻理『思春期の「うつ」がよくわかる本』講談社、2009（平成21）年、pp.30～76）と述べている。教師は、リストカット、家庭内暴力、過食・嘔吐などの食行動異常、不登校、反社会的行為、ドラッグ・シンナーなど極端な行動が目立つ場合、背景に心の問題がひそんでいることを考えずに現象面のみを解決しようとし、失敗し

た事例が報告されている。教師は、現象面にとらわれることなく、「うつ」などの背景にひそむ、生徒指導上のむずかしさを理解すべきである。さらに、統合失調症や境界性パーソナリティ障害、LD、ADHD、広汎性発達障害（自閉症やアスペルガー症候群）などがひそむこともあり、適切なサポートでつまずきを解消することが必要である。

5）児童虐待と愛着障害に関わる今日的問題

2000（平成12）年、児童虐待の防止等に関する法律が施行し、身体的虐待・性的虐待・保護の怠慢・拒否（ネグレクト）・心理的虐待の種別が定義され、学校には、早期発見と通告義務が規定された。教師は、児童生徒の「SOSのサイン」を見逃さないことが重要であるとともに校長を中心とした組織的対応が必要である。そのためには、教師は、要保護児童対策地域協議会について、子どもの虐待、非行、障害などに対する支援を目的とした地域の子どもと家庭に対する援助のためのネットワーク会議であることを理解すべきである。杉山登志朗は、「子ども虐待の影響は、幼児期には反応性愛着障害として現れ、次いで小学生になると他動性の行動障害が目立つようになり、徐々に思春期に向けて解離や外傷後ストレス障害が明確になり、その一部は非行に推移していくのである。（略）被虐待児を第四の発達障害と呼び、第一は、精神遅滞、肢体不自由などの古典的発達障害、第二は、自閉症症候群、第三は、学習障害、注意欠陥他動性障害などのいわゆる軽度発達障害、そして第四の発達障害としての子ども虐待である」（杉山登志朗『子ども虐待という第四の発達障害』学研教育出版、2007（平成19）年、pp.18～36）と述べている。教師は、児童生徒の一面を見て判断することなく、裏側に潜む多くの不安や悩みに思いを寄せるべきである。

6）発達障害のある生徒の理解と支援に関わる今日的問題

埼玉県教育委員会は、「学級に在籍する特別な教育的支援を必要とする児童生徒は、文部科学省の調査によると6.3％、埼玉県の調査では10.5％である。その中に、LD（学習障害）、ADHD（注意欠陥多動性障害）、高機能自閉症（アスペルガー障害を含む）などの発達障害のある児童生徒も含まれている」（『埼玉県中学校初任者研修の手引き』埼玉県教委、2015（平成27）年）と述べている。教師は、特別な支援を必要とする児童生徒については受容的に理解し、

「心のバリアフリー」をはぐくみ、ノーマライゼーションの理念に基づく教育を推進しなければならない。

(2) 児童生徒の自殺予防教育
1) 自殺予防教育の意義と位置づけ

2006（平成 18）年に自殺対策基本法が施行され、2007（平成 19）年には自殺対策大綱が発表された。警察庁の資料を分析すると、14 年間続いた 3 万人台の自殺者数は、2014（平成 26）年は 25,427 人と 3 年間連続減少していることが明らかである。しかし、文部科学省は、2013（平成 25）年の児童生徒の自殺数は、240 人（前年比：+45 人）となり、内訳は、小学校 4 人（−2 人）、中学校 63 人（+14 人）、高等学校 173 人（+33 人）と発表している。2008（平成 20）年度から上昇傾向にあり、学年ごとに数が多くなり、高校 2 年生が一番多い。自殺する理由として、不明 123 人（51.3％）、家庭不和 28 人（11.7％）、厭世 23 人（9.6％）、いじめが原因は 9 人（3.8％）と分析している。この状況は、生命に係る基本的人権の問題であり、子どもの権利条約第 12 条「意見表明権」に係る教育活動を教育課程に位置づけるなど見直すべき急務の課題である。

命の教育を進める視点として、子どもたちの「いじめられるのは、いやだ。死にたくない」・「虐待はいやだ。私は生きたい」という悲痛な心の叫びに応える方策として、道徳教育の「生命の尊重」に関連づけるとともに総合的学習・特別活動など教育課程に位置づけるべきである。命の教育から自殺予防教育へと教育課程に位置づけるとともににプログラム化すべきであるが、教師自身が早期発見・早期対処のできる最も身近な立場にあることを認識し、先ず自殺予防についての正しい知識をもち、生徒の自殺の危険に気づいた時は専門家に相談できる体制づくりが必要である。文部科学省は、子どもの自殺予防のために、「教師が知っておきたい子どもの自殺予防（2009〈平成 21〉年 3 月）」、「子どもの自殺が起きたときの緊急対応の手引き（2010〈平成 22〉年 3 月）」、「子どもに伝えたい自殺予防（2014〈平成 26〉年 3 月）」をまとめている。東京都教育委員会は、「子供の命を守ろう～子供の自殺予防に向けて～」において、「いじめを苦にした自殺や子供の自殺を深刻に捉え、教職員が自殺防止について正しい知識を持ち、子供の発するサインに適切に対応できるよ

表6-6-1　学校における自殺予防の3段階

段階	内容	対象者	学校の対応	具体的な取組例
予防活動	自殺予防教育や子どもの心の安定	全ての児童生徒	日常的教育相談活動	・生と死の教育 ・心理教育 ・相談習慣 ・アンケートなど
危機対応	自殺の危機の早期発見とリスクの軽減	自殺の危険度が高いと考えられる児童生徒	校内危機対応チーム（必要に応じて）教育委員会への支援要請	・緊急ケース会議（アセスメントと対応） ・本人の安全確保とケア
危機対応	自殺未遂後の対応	自殺未遂者と影響を受ける児童生徒		・緊急ケース会議 ・本人及び周囲の児童生徒へのケア
事後対応	自殺発生後の周囲への心のケア	遺族と影響を受ける児童生徒	校内危機対応チーム、教育委員会、関係機関による連携	・ケア会議 ・周囲の児童生徒へのケア ・保護者会

（出典）文部科学省編「教師が知っておきたい子どもの自殺予防」2009（平成21）年、により作成。

うにすべきである」と述べている。

2）自殺予防教育の取り組み

　高橋祥友は、「自殺の背後には、しばしば精神疾患が存在しているものの、自殺そのものを疾病ととらえることができないため、自殺予防では、別の用語で3段階を表す。すなわち、プリベンション（prevention：事前対応）、インターベンション（intervention：危機介入）、ポストベンション（postvention：事後対応）の3段階に分類される」（高橋祥友編著『青少年のための自殺予防マニュアル』金剛出版、2008（平成20）年、p.26）と述べている。

　文部科学省は、生徒の「助けて」と救いを求める叫びを受け止める仕組みを校内体制として整えることの必要性を提起している（**表6-6-1**参照）。

　自殺予防のための教育相談体制は、専門機関の協力を得ながら、全教職員によって組織的に進めるとともに校内における「危機対応チーム」を組織し、方針や役割分担に基づき、緊密に「報告・連絡・相談」を行なうべきである。

3）一次予防（プリベンション：事前対応）としての取り組み事例

　今、児童生徒は苦悩の中にいる。性同一障害なども含めて心と身体の成長が最も著しい思春期において、「かけがえのない生命を大切にする教育」が最

も必要であると考える。埼玉県志木市立志木第二中学校の実践事例を示す。筆者が校長として着任した当時、人格障害やうつの様相を示し、死にたいといい始めるまでになった事例、インターネット・携帯依存症的な様相から昼夜逆転し、自傷行為・不登校に発展し、友人関係を拒否し、教室に入らず、死にたいともらす事例など、生徒のみせる姿は深刻な状況にあった。

　2008（平成20）年度より、一次予防という観点から、自殺予防教育として1年生を対象に、2時間「読み聞かせ＋道徳」を確保し、講師として絵本作家夢ら丘実果氏にお願いした。夢ら丘実果氏は、絵本『カーくんと森のなかまたち』（夢ら丘実果：絵　吉沢誠：文　ワイズアウル、2007（平成19）年）をもとにして、自らの体験を語りながら、子どもたちの心を揺さぶり、思いやりとやさしさがいかに大切か、読み聞かせを通して、かけがえのない生命を大切にすることの重要性を訴えた。その後、教室にもどり、学級担任による道徳の授業で、生命の尊重・心の健康について話し合いを深めることができた。

　この授業では、テーマを「かけがえのない生命を大切にする……ともに支え合い、生きていく」とし、本時の展開では、「中学生の時代は、心の病気（うつなど）が原因で、自ら命を絶とうとしたり、生きることについて苦悩する思春期特有の時期である。心の病気について、しっかりと理解をして、ともに支えあうことができるような生徒を育てる」ことをねらいとして取り組んだ。

　この「読み聞かせ＋道徳」の学習に加えて、思春期講座として、各学年ごとに、性教育・食育・救急救命（AED）に関する授業を実施した。生徒一人一人が、思春期・反抗期を自ら主体的に乗り越えられるようにというねらいをもった教育活動として位置づけ、3年間を見通して計画的に実践した。次第に、各学年では「暴力ゼロ宣言」を行ったり、林間学校参加を機会に不登校生徒が減少するなど、おだやかな学校生活を取り戻すことができるようになった。

参考文献
・文部科学省『「ネット上のいじめ」に関する対応マニュアル・事例集』2008（平成20）年
・文部科学大臣決定『いじめ防止等のための基本的な方針』2013（平成25）年
・坂田仰編『いじめ防止対策推進法全条文と解説』学事出版　2013（平成25）年

- 文部科学省『平成25年度「児童生徒の問題行動等生徒指導上の諸問題に関する調査」について』2014（平成26）年
- 国立教育政策研究所生徒指導研究センター編著『生徒指導上の諸問題の推移とこれからの生徒指導——データに見る生徒指導の課題と展望』（生徒指導資料第1集改訂版）ぎょうせい、2009（平成21）年
- 伊藤茂樹編著『いじめ・不登校』（リーディングス　日本の教育と社会　第8巻）日本図書センター、2007（平成19）年
- 国立教育政策研究所生徒指導研究センター編著『不登校への対応と学校の取組について——小学校・中学校編』（生徒指導資料第2集）ぎょうせい、2004（平成16）年
- イヴァン・イリッチ著（東洋・小澤周三訳）『脱学校の社会』東京創元社、1977（昭和52）年
- 東京都教育委員会『「都立高校中途退学者等追跡調査」報告書』平成25（2013）年
- 内閣府『青少年白書（平成21年版）』（「特集　高校中退者・中学校不登校生徒の『その後』と地域における支援」）2009（平成21）年
- 内閣府『子ども・若者白書（平成23年版）』（「特集　高等学校中途退学者の意識と求められる支援」）、2011（平成23）年
- 日仏教育学会『日仏教育学会年報（第20号）』（特集　EUと日本における若者の＜早期学校離れ＞問題）、2014（平成26）年
- 兵庫県立教育研修所、心の教育総合センター『心の健康教育プログラム』、2012（平成24）年
- 文部科学省『生徒指導提要』教育図書、2014（平成26）年
- 笠原麻里『思春期の「うつ」がよくわかる本』講談社、2009（平成21）年
- 杉山登志朗『子ども虐待という第四の発達障害』、2007（平成19）年
- 高橋祥友編著『青少年のための自殺予防マニュアル』金剛出版、2008（平成20）年
- 夢ら丘実果：絵　吉沢誠：文『カーくんと森のなかまたち』ワイズアウル、2007（平成19）年

第7章　進路指導・キャリア教育

1．進路指導・キャリア教育の意義
2．進路指導・キャリア教育の歴史と理論
3．進路指導・キャリア教育の内容
4．進路指導・キャリア教育の組織と計画

1．進路指導・キャリア教育の意義

(1) 進路指導の意義
1) 進路指導の定義

かつて進路指導は職業指導と呼ばれ、それは大正時代に「vocational guidance」の訳語として米国から導入された概念であった。また、職業指導という用語は戦後も継続して使用され、1947（昭和22）年発行の「学習指導要領—職業指導編（試案）」では、「個人が職業を選択し、その準備をし、就職し、進歩するのを援助する過程」(p.43) と説明されている。しかし、この定義は占領下における教育改革期に行われたもので、文部省自らが策定したものとはいい難い。これは、米国の職業ガイダンス協会が1937（昭和12）年に示した定義を「そのまま翻訳援用」したものであった（藤本喜八「進路指導の定義の歩み」『進路指導研究第6号』日本進路指導協会、1985〈昭和60〉年、p.7）。

文部省によって独自になされた職業指導の定義は、手引書として1951（昭和26）年に発行された『学校の行う就職指導』（日本職業指導協会、p.2）によって、はじめて示された。以下に該当箇所を摘記しよう。

> 職業指導とは、生徒の個人資料、進学・就職情報、啓発的経験、相談、あっせん、補導などの機能を通して、生徒が自ら将来の進路を計画し、進学・就職し

て、更にその後の生活によりよく適応し、進歩するように、教師が教育の一環として援助する過程である。

　以上の定義は、同省が翻訳を脱して職業指導概念を規定したものとして注目され、今日の進路指導に関する定義の原型とみなされるものである。

　他方、文部省が進路指導（career guidance）という用語をはじめて使用したのは、1957（昭和32）年11月に公表した中央教育審議会答申「科学技術教育の振興方策」であった。同答申には、「高等学校および中・小学校卒業者の質の向上」に対する改善方策の一つとして、「d、高等学校および中学校においては、進路指導をいっそう強化すること」（p.6）との文言がみられる。そして、翌1958（昭和33）年告示の「中学校学習指導要領（改訂版）」では、正式に職業指導は進路指導に改称され、その際、進路指導は特別教育活動の領域に位置づけられた。この背景には、従来の職業指導という用語が、一般に就職を希望する生徒のみへの指導と狭義に理解されがちであった点を指摘できる。すなわち、職業指導は、将来の職業に向けて進学などを含む多様な指導を表す進路指導という用語へと、このとき変更されたのであった。

　また、そうした用語の含意は、1961（昭和36）年に文部省がはじめて進路指導の定義を明示した『進路指導の手引―中学校学級担任編』（日本職業指導協会）にも明瞭に表わされている。以下に該当箇所を摘記しよう。

> 進路指導とは、生徒の個人資料、進路情報、啓発的経験および相談を通じて、生徒みずから、将来の進路の選択、計画をし、就職または進学して、さらにその後の生活によりよく適応し、進歩する能力を伸長するように、教師が組織的、継続的に援助する過程である。（p.1）

ここから進路指導は、その定義の策定当初から、生徒一人一人が自己の個性を理解し、自分の将来について自ら考え自ら選択し、卒業後の生活によりよく適応し自分なりの生き方ができるよう、教師が組織的、継続的に援助する教育活動として導入されている点が注目される。また、このとき示された定義は、策定後約半世紀をへた今日でもなお継続して用いられており、かつ、現在の進路指導実践の基盤をなすものとして重要である。

2）進路指導の目的と意義

ところで文部省は、1983（昭和58）年発行の『進路指導の手引―中学校学級担任編（改訂版）』（日本進路指導協会）において、先の定義に対し、以下の解説を付している。

> 前記の定義（1961〈昭和36〉年の定義―註・筆者）の中の「さらにその後の生活によりよく適応し、進歩する能力を伸長する」という意味を、「将来の生活における職業的自己実現に必要な能力や態度を育成する」という広い理念を意味するものと解釈することによって、改めて定義し直すことなく、前記の定義をそのまま継承することとしたい。（pp.6〜7）

同書では、従来の進路指導の概念に、「職業的自己実現に必要な能力や態度を育成する」ことを含意するという新たな解釈を加えつつ、その定義自体は継承するとの立場が明示されている。また、文部省はこの『手引』とともに、同年に『進路指導の手引―高等学校ホームルーム担任編』（日本進路指導協会）を発行し、以下の解説をさらに付しているので併せて摘記してみよう。

> 進路指導は、生徒の一人ひとりが、自分の将来の生き方への関心を深め、自分の能力・適性等の発見と開発に努め、進路の世界への知見を広くかつ深いものとし、やがて自分の将来への展望を持ち、進路の選択・計画をし、卒業後の生活によりよく適応し、社会的・職業的自己実現を達成していくことに必要な、生徒の自己指導能力の伸長を目指す、教師の計画的、組織的、継続的な指導・援助の過程である。（p.3）

ここでは、先の説明にみられた「職業的自己実現」とともに、くわえて進路指導の解釈には、「社会的自己実現」をも包含するものであるとの見方が示された。

以上の定義やその解釈に示された含意からすれば、進路指導の本質は、職業的・社会的自己実現を目指し、変動する社会の中で児童生徒が将来的に正しく自己を生かすことができるよう、進路との結びつきのうえでしっかりとした職業観・人生観などを育成することにあるといえる。そこからは同時に、進路指導が今日の学校現場の実際で多く力が注がれている「進学」や「就職」のためのガイダンス・個人面談等の指導・援助によってのみ、完成される教

表 7-1-1　進路指導の諸活動

①個人資料に基づいて生徒理解を深める活動と、正しい自己理解を生徒に得させる活動 　生徒個人に関する諸資料を豊富に収集し、一人一人の生徒の能力・適性等を把握して、進路指導に役立てるとともに、生徒にも将来の進路との関係において自分自身を正しく理解させる活動である。
②進路に関する情報を生徒に得させる活動 　職業や上級学校等に関する新しい情報を生徒に与えて理解させ、それを各自の進路選択に活用させる活動である。
③啓発的経験を生徒に得させる活動 　生徒に経験を通じて、自己の能力・適性等を吟味させたり、具体的に進路に関する情報を得させたりする活動である。
④進路に関する相談の機会を生徒に与える活動 　個別あるいはグループで、進路に関する悩みや問題を教師に相談して解決を図ったり、望ましい進路の選択や適応・進歩に必要な能力や態度を発達させたりする活動である。
⑤就職や進学等に関する指導・援助の活動 　就職、進学、家業、家事従事など生徒の進路選択の時点における援助や斡旋などの活動である。
⑥卒業者の追指導に関する活動 　生徒が卒業後それぞれの進路先においてよりよく適応し、進歩・向上していくように援助する活動である。

育活動ではないことは明らかである。

　では、本来的な進路指導には、どのような教育活動が求められているのであろうか。この点につき、文部省発行の『進路指導の手引―中学校学級担任編（三訂版）』（日本進路指導協会、1994〈平成6〉年）に示された進路指導の具体的な諸活動を整理したのが、**表7-1-1**である。ここから進路指導には、同表の①～⑥にみられる6領域を視野に入れた体系的な指導・援助が求められていることがわかる。

　他方、従来の進路指導の実践が、とかく「出口指導」と揶揄されてきたのは、同表の諸活動のうちにみられる「⑤」の活動にのみ、その焦点が絞られすぎたことに由来するように思われる。同表の整理によれば、進路指導は進路選択を間近に控えた時期（「出口」）となってからの指導・援助だけではなく、入学から卒業までにとどまらず、さらには卒業後の追指導までに及ぶ計画的・組織的な教育活動として理解することが重要といえる。確かに、卒業

直後の進学・就職が、将来の社会生活・職業生活に少なからぬ影響を与えることは事実である。しかし、自らの長期的な将来展望との十分な検討をしないままに進学や就職を行うことは、その後の無気力や不適応を引き起こす要因になりかねないことも事実であろう。ゆえに、本来的な進路指導の在り方は、「卒業時の進路をどう選択するか」を含めて、さらに「どのような人間」になり、「どう生きていくことが望ましいのか」といった長期的な展望に立って指導・援助することが肝要である。このような意味において進路指導は、「生き方の指導」であり、「人生設計の指導」といえる教育活動と呼べるのである。

(2) キャリア教育の意義
1) キャリア教育の導入と定義

1996（平成8）年7月の中央教育審議会答申「21世紀を展望とした我が国の教育の在り方について（第一次答申）」では、確かな学力、豊かな人間性、健康・体力などの「生きる力」が提唱され、以降、今日の学校教育における基盤が「生きる力」の育成にあることは周知である。また、進路指導という観点からみれば、それは同時に、将来的に「生きる力」を何に役立て、社会でどう生かして行くのか、が自覚的に問われなければならないことを意味する。すなわち、「生きる力」の育成の本来的な成果には、学校と社会との接続を重視し、「学ぶこと」と「働くこと」を関係づけ、自らの在り方、生き方をしっかりと身につけさせることが求められているといえる。こうした観点から、近年では進路指導を包含する指導として、キャリア教育という新たな概念が提唱されている。

キャリア教育という用語が文部科学省行政関連の文書にはじめて登場したのは、1999（平成11）年12月の中央教育審議会答申「初等中等教育と高等教育との接続の改善について」であった。同答申では、「学校教育と職業生活の接続の改善のための具体的方策」の一つとして、以下の指摘がなされた。

> 学校と社会及び学校間の円滑な接続を図るためのキャリア教育（望ましい職業観・勤労観及び職業に関する知識や技能を身に付けさせるとともに、自己の

個性を理解し、主体的に進路を選択する能力・態度を育てる教育）を小学校段階から発達段階に応じて実施する必要がある。(p.39)

　当時にあって、新規学卒者のフリーター志向の広がりや入社間もない時期での離職率の増加等がすでに社会問題化しており、こうした問題を生む一要因として、学校から社会への移行の在り方に関する問題が深刻なものとして認識されていた。こうした課題を克服する観点から、キャリア教育の推進が次第に求められるようになったのである。

　同答申の指摘を受け、2002（平成14）年11月には、国立教育政策研究所生徒指導研究センターから「児童生徒の職業観・勤労観を育む教育の推進について」が報告され、子どもたちの進路・発達を巡る環境の変化等に関する研究成果が公にされるとともに、同年、文部科学省内に「キャリア教育の推進に関する総合的調査研究協力者会議」が設置された。同会議は2006（平成18）年1月、「児童生徒一人一人の勤労観、職業観を育てるために」と題した報告書を発表し、キャリア教育について以下の説明を行っている。

　　本協力者会議においては、「キャリア教育」を「キャリア概念」に基づき「児童生徒一人一人のキャリア発達を支援し、それぞれにふさわしいキャリアを形成していくために必要な意欲・態度や能力を育てる教育」ととらえ、端的には、「児童生徒一人一人の勤労観、職業観を育てる教育」とした。(p.7)

　以上の経緯をへて、2011（平成23）年1月には中央教育審議会から「今後の学校におけるキャリア教育・職業教育の在り方について」が答申された。同答申では、キャリア教育をいかに定義し、またその意義をどのようにとらえているのであろうか。以下で概観してみよう。

　2011（平成23）年の答申では、まず、従来までの答申にみられる「キャリア教育のとらえ方が変化してきた経緯」を整理し、以下のように説明している。

　　中央教育審議会「初等中等教育と高等教育との接続の改善について（答申）」（平成11年）では、（中略）進路を選択することにより重点が置かれていると解釈された。また、キャリア教育の推進に関する総合的調査研究協力者会議報告書（平成16年）では、（中略）「端的には」という限定付きながら「勤労観・職業観を育てる教育」としたこともあり、勤労観・職業観の育成のみに焦点が

絞られてしまい、現時点においては、社会的・職業的自立のために必要な能力の育成がやや軽視されてしまっていることが課題として生じている。(p.18)

また、上記に関連して別箇所では以下の指摘もみられるので、併せて摘記しておこう。

> キャリア教育の必要性や意義の理解は、学校教育の中で高まってきており、実際の成果も徐々に上がっている。しかしながら、「新しい教育活動を指すものではない」としてきたことにより、従来の教育活動のままでよいと誤解されたり、「体験活動が重要」という側面のみをとらえて、職場体験活動の実施をもってキャリ教育を行ったものとみなしたりする傾向が指摘されるなど、一人一人の教員の受け止め方や実践の内容・水準には、ばらつきのあることも課題としてうかがえる。(p.7)

こうした整理から明らかとなった課題を踏まえ、同答申では、新たなキャリア教育の方向性を示す定義として、「(キャリア教育は―註・筆者) 一人一人の社会的・職業的自立に向け、必要な基盤となる能力や態度を育てることを通して、キャリア発達を促す教育」(p.16)と再定義した。さらに「キャリア」そのものについては、「人が、生涯の中で様々な役割を果たす過程で、自らの役割の価値や自分と役割との関係を見いだしていく連なりや積み重ね」(p.17)とし、また「キャリア発達」については、「社会の中で自分の役割を果たしながら、自分らしい生き方を実現していく過程」(p.17)と説明している。

2）キャリア教育の意義

さらに同答申では、キャリア教育の意義についても明瞭に提示しているので、該当箇所を摘記してみよう。すなわち、「キャリア教育は、キャリアが子ども・若者の発達の段階やその発達の課題の達成と深くかかわりながら段階を追って発達していくことを踏まえ、幼児期の教育から高等教育に至るまで体系的に進めることが必要である」としたうえで、取り組むその意義について、以下の3点を指摘している。

> ●第一に、キャリア教育は、一人一人のキャリアの発達や個人としての自立を促す視点から、学校教育を構成していくための理念と方向性を示すものである。各学校が、この視点に立って教育の在り方を幅広く見直すことにより、

教職員に教育の理念と進むべき方向が共有されると共に、教育課程の改善が促進される。
- ●第二に、キャリア教育は、将来、社会人・職業人として自立していくために発達されるべき能力や態度があるという前提に立って、各学校段階で取り組むべき発達課題を明らかにし、日々の教育活動を通して達成させることを目指すものである。このような視点に立って教育活動を展開することにより、学校教育が目指す全人的成長・発達を促すことができる。
- ●第三に、キャリア教育を実践し、学校生活と社会生活や職業生活を結び、関連付け、将来の夢と学業を結び付けることにより、生徒・学生等の学習意欲を喚起することの大切さが確認できる。このような取組を進めることを通じて、学校教育が抱える様々な課題への対処に活路を開くことにもつながるものと考えられる。(pp. 19～20)

　キャリアの形成にとって重要なことは、自らの力で生き方を選択していくことができるよう必要な能力や態度を身につけることにある。したがって、キャリア教育のねらいは、子ども・若者一人一人のキャリア発達を支援し、それぞれにふさわしいキャリアを形成していくために必要な能力や態度を育成することを目指すところにあろう。今後は、そうしたキャリア教育本来の理念に立ち返った理解を共有していくことが肝要である。

3）キャリア教育と進路指導の関係

　以上、本節ではキャリア教育の定義・概念やその意義について概観してきた。もっとも、これまでの整理からすれば、キャリア教育と進路指導との間に本質的な差異はあまりみられないようにも思われる。こうした点は文部科学省自身も指摘するところで、2011（平成23）年の答申においても、「進路指導は、（中略）どのような人間になり、どう生きていくことが望ましいのかといった長期的展望に立った人間形成を目指す教育活動である。このような進路指導のねらいは、キャリア教育の目指すところとほぼ同じである」(p.54)と説明している。では、この両者の根本的な差異はどこに求められるのであろうか。以下に整理しておこう。

　元来、「キャリア (career)」は、ラテン語の「carrus（車輪のついた乗り物）」を語源とし、転じて「車輪の通った跡（轍）」を意味する言葉となった。また、それは「過去、現在、未来という時間の連続性をも意味し、（中略）キャリア

を強調することは、現在を、過去との関連から、また同時に未来との関連から位置づけ、意味づけること」となる（浦上昌則「キャリア教育の意義と理論」『よくわかる生徒指導・キャリア教育』ミネルヴァ書房、2010〈平成22〉年、p.170）。すなわち、この両者の根本的な違いは、進路指導が学習指導要領上の中等教育段階に限定された教育活動であるのに対し、キャリア教育は就学前の段階から初等・中等・高等教育まで一貫した活動とされ、さらには学校から社会への移行までを視野に入れた教育活動ととらえられる点にある。ゆえに、進路指導の実際が進学や就職に力点がおかれがちな現状にある今日にあっては、学校教育全般、さらには卒業後の進路選択までをも含めた「生き方」の指導という観点から、より広い視点に立脚したキャリア教育という新たな枠組みが求められているのである。

2．進路指導・キャリア教育の歴史と理論

(1) 進路指導・キャリ教育の歴史
1) 戦前の職業指導

　近代学校における進路指導（職業指導）の始まりは、20世紀初頭の米国にその端緒を見い出すことができる。今日、「職業指導の創始者」と呼ばれるフランク・パーソンズ（Parsons, F.）は、1908（明治41）年、ボストン市に最初の職業指導相談機関である職業院を開設した。また同市では、職業院が立案した職業指導計画を1909（明治42）年に学校教育へ導入し、その後、こうした風潮は米国における職業指導運動へと発展した。

　他方、日本における職業指導の普及は、1915（大正4）年に当時東京帝国大学助教授であった入澤宗壽が『現今の教育』（弘道館）を著し、「vocational guidance」を「職業指導」と訳出して米国の職業指導運動を体系的に紹介したことが大きな契機となったとされる。その後、1917（大正6）年には心理学者の久保田良英による児童教養研究所、医師の三田谷啓による児童相談所などが開設され、1920（大正9）年には日本初の公立職業指導機関となる大阪市立少年職業相談所が設置された。さらに学校教育においても、1922（大正11）年には東京市赤坂高等小学校で職業指導の校内研究会が開催され、この試み

は先駆的な活動として注目される。以降、東京市小石川高等小学校や神戸市湊川小学校などの実践も散見されるようになった。

こうした動向は、職業指導を学校外での相談活動から学校教育の一環として導入するきっかけとなった。すなわち、1927（昭和2）年4月、文部省は少年職業指導協議会を主催して職業指導に関する意見を専門家等から広く聴取し、同年11月には「児童生徒ノ個性尊重及職業指導ニ関スル件」（文部省訓令第20号）を訓令して職業指導を学校教育へ導入することを正式に発表した。以下、その冒頭箇所を摘記しよう。

児童生徒ノ個性尊重及職業指導ニ関スル件

学校ニ於テ児童生徒ノ心身ノ傾向等ニ稽ヘテ適切ナル教育ヲ行ヒ更ニ学校卒業後ノ進路ニ関シ青少年ヲシテ其ノ性能ノ適スル所ニ向ハシムルハ時勢ノ進歩ト社会ノ推移トニ照シ洵ニ喫緊ノ要務ニ属ス随テ学校ニ在リテハ平素ヨリ児童生徒ノ個性ノ調査ヲ行ヒ其ノ環境ヲモ顧慮シテ実際ニ適切ナル教育ヲ施シ各人ノ長所ヲ発揮セシメ職業ノ選択等ニ関シ懇切周到ニ指導スルコトヲ要ス是ノ如クシテ国民精神ヲ啓培スルト共ニ職業ニ関スル理解ヲ得シメ勤労ヲ重ンスル習慣ヲ養ヒ始メテ教育ノ本旨ヲ達成スルニ至ルモノナルヲ以テ自今各学校ニ於テハ左ニ掲クル事項ニ就キ特ニ深ク意ヲ用フルヘシ

また訓令では、職業指導の具体的内容として、①児童生徒の個性等を把握するための調査の実施と活用、②卒業後の進路選択に関する適切な指導の実施、③家庭との連携を図ることの3点を示した。かくして同訓令では、職業指導が「児童生徒ノ個性尊重」への教育的配慮と一体となって営まれるべきものとしており、これは現代における進路指導にも通底する理念として注目されるところである。

しかし、戦前の日本における学校教育制度は、その後の戦時協力体制のもとで変容し、職業指導の基本理念とされた個性尊重や職業選択の自由といった視点も次第に後景に退くこととなった。とりわけ、1943（昭和18）年以降のいわゆる決戦体制下にあっては、学徒動員体制等が実施され、学校は本来の職業指導の機能を完全に失うこととなった。

2）戦後の職業指導・進路指導の発展とキャリア教育の導入
① 職業指導の時代（1947〈昭和22〉年〜1957〈昭和32〉年）

戦後日本の占領下における教育改革は、1946（昭和21）年3月に来日した米国教育使節団の勧告によって方向づけられた。同使節団はG.H.Qの要請により派遣された27名の教育専門家から構成された一団で、同月30日、ダグラス・マッカーサー（MacArthur, D.）に「第一次米国教育使節団報告書」（以下、「報告書」）を提出した。そこでは民主的な教育制度を確立するための具体的方策等が示めされており、その後の学制改革は、この勧告に沿って実施された。

1946（昭和21）年5月、文部省は「報告書」を受ける形で教師用手引書としての「新教育指針」を発表し、今後の教育の方向性を示した。ここでは、「勤労教育の革新」と題した章もみられ、「戦時の勤労は国家の強制によって行はれた。一般の人々は国民徴用令により、学徒は学徒勤労令により、自分の意思にかかはりなく、勤労につかせられたのである」と述べられるとともに、戦後の新たな勤労観として、①自由意志による勤労、②個性に適した勤労、③人を向上させる勤労という3点が明示された（文部省「新教育指針」1946〈昭和21〉年、p.105〜107）。さらに、「新しい勤労教育」を説明した箇所では、「（四）職業指導に力を注ぐこと」とし、以下の説明がみられる。

> 人がきまつた形ではたらくのは職業である。学徒が学校を卒業するとき、どんな態度で、どんな職業に就くかは、当人の一生涯の幸不幸に関係するだけでなく、社会の利害にも関係する。この意味において、就職の指導は、公民教育としても勤労教育としても大切な問題である。（p.109）

以上のように、戦後の職業指導はその出発点から「勤労教育」としての意義をもつに止まらず、他方で戦前の反省に立脚して導入された「公民教育」の一端を担う役割が期待されていた点は注目される。

翌1947（昭和22）年には、日本国憲法、教育基本法、学校教育法が相次いで制定・公布され、これによって教育制度や教育の理念、指導内容等も抜本的な転換期を迎えた。職業指導もまた、以降、本格的に民主主義の原理に基づいた新しい方向性で実施されることとなった。

学校教育法の規定を受け、同年3月、「学習指導要領（試案）」が刊行され、中学校の教育課程上に職業科が新設された。もっとも、その説明によれば、職業科の教育内容は、農業・工業・商業・水産・家庭および職業指導の各領域で構成する一方、「これらはその地域の事情に即し、生徒の実情に即し、学校の実情によってどういう関連で指導するかを校長の裁量によって決定」することとされており、この段階では、具体像等を明確に示すまでにはいたっていない。こうした事情からは、「戦後の教育課程構築期における混乱の一端」を垣間見ることができる（仙﨑武他編『生徒指導・教育相談・進路指導』田研出版、2007〈平成19〉年、p.182）。

1948（昭和23）年2月には、文部・労働次官両名による「新制中学校の職業指導に関する件」が通牒され、ここでは職業指導の具体的内容として、「職業知識の啓培、職業実習、個性に関する諸調査及び諸検査、進路指導（進学及び就職）、卒業後の補導等」との具体像が示された。その後、職業科は1951（昭和26）年の「学習指導要領」の改訂で、従来の五つの分立（農業・工業・商業・水産・家庭）を廃して職業・家庭科して一つの教科に改められ、また、1953（昭和28）年には、学校組織内での職業指導の任務を担当する職業指導主事が制度化された。なお、この職業指導主事は、1971（昭和46）年には進路指導主事へと名称変更された。

② 進路指導の時代とキャリア教育の導入（1958〈昭和33〉年〜現在）

1955（昭和30）年には中学校卒業者166万人のうち、高等学校への進学者は86万人（51.5％）、就職者は63万人（42.0％）程度となった（吉田辰雄編『前掲書』、p.34）。また、そうした進学率の増加を背景に、学校現場における職業指導の内実は、就職指導から進学指導へとその重点がおかれるようになっていた。そこで、1957（昭和32）年の中央教育審議会答申では、用語がもつイメージと実態とのズレが生じてきた点に留意し、「職業指導」に代えて「進路指導」という用語がはじめて使用されたことは前節でみたとおりである。

昭和30年代にはそうした社会情勢に呼応して、職業指導は用語の改称のみならず、教育課程上におえる位置づけ等にも大きな変化がみられた。1957（昭和32）年、中学校では従前の職業・家庭科が廃止され、新たに技術・家庭科が新設された。これにともない、翌1958（昭和33）年には中学校学習指導

要領が改訂され、これまで職業・家庭科で展開されていた職業指導は進路指導と改称するとともに、教育課程上の位置づけは、教科内での指導から特別教育活動の領域に位置づく学級活動で実施することとなった。すなわち、学級活動における目標の一つに、「心身の健康の助長を図るとともに、将来の進路を選択する能力を養う」ことが追加され、とりわけ「将来の進路の選択に関する活動」では、㈦自己の個性や家庭環境などについての理解、㈵職業・上級学校などについての理解、㈸就職（家事・家事従事を含む）や進学についての知識、㈹将来の生活における適応についての理解などについての指導を行うなど、4点の具体的活動が示された。さらに指導上の留意点では、「進路指導においては、一方的な知識の注入に陥らないように留意し、生徒の自主的な活動を促すとともに、できるだけ具体的な事例に即して指導を行う」などの工夫が求められた。

　他方、高等学校における教育課程についてみれば、1955（昭和30）年版高等学校学習指導要領では、特別教育活動の目標の一つに、「将来の進路を選択決定するのに必要な能力を養う」ことが掲げられ、その後の1960（昭和35）年版高等学校学習指導要領では、高等学校におけるホームルームの教育内容の一つに、新たに「進路の選択決定やその後の適応に関する問題」が追加された。ここに高等学校における進路指導は、明確にホームルーム活動で主として実践されるという位置づけを得たことになる。かくして進路指導は、1958（昭和33）年版中学校学習指導要領および1960（昭和35）年版高等学校学習指導要領において、中学校・高等学校に一貫する枠組みを形成した。

　もっとも、こうした枠組みは、1963（昭和38）年前後の「高校全入運動」や高校進学率の急増等をへて、1970年代にはさらなる変容を遂げることとなった。すなわち、1969（昭和44）年版「中学校学習指導要領」、1970（昭和45）年版「高等学校学習指導要領」では、進路指導は教育課程の全体において行うこと、全教育活動を通して指導することが強調されたのである。1969年版「中学校学習指導要領」の「総則」についてみれば、中学校における教育活動全体への留意点として、「個々の生徒の能力・適性等の的確な把握に努め、その伸長を図るように指導するとともに、適切な進路の指導を行うようにすること」との一文が加えられ、これは「進路指導が教育課程のいわば「片隅」

から「中央」へ格上げされ、その重みを大幅に増したこと」を意味する（仙﨑武他編『前揚書』p.186）。さらに、1976（昭和51）年に発表された教育課程審議会答申を受けて全面改訂された1977（昭和52）年版「中学校学習指導要領」および1978（昭和53）年版「高等学校学習指導要領」の「総則」では、教育活動全体を通した進路指導の位置づけがより明確に示された。以下に該当箇所を摘記しておこう。

> 1977（昭和52）年版「中学校学習指導要領」第一章総則
> 学校の教育活動全体を通じて、個々の生徒の能力・適性等の的確な把握に努め、その伸長を図るように指導するとともに、計画的、組織的に進路指導を行うようにすること。

　以上から戦後の教育課程上における進路指導の位置づけは、教科内での指導（職業科等）から特別教育活動（学級活動等）での指導という時期をへて、「教育活動全体を通した進路指導」へと変遷を遂げたと整理される。ただし、その指導の中核が継続して学級活動やホームルームにおかれる点に変更はない。そして、この進路指導の位置づけは、以降の学習指導要領の各改訂を通じて今日まで一貫して引き継がれているのである。
　もっとも他方、加速度的に社会状況が変化する1980（昭和55）年代以降にあって、刻々と進められる教育改革で求められる進路指導の内容（ねらい）は、各時代とともに異なる。以下にその変遷を概観しておきたい。
　1986（昭和61）年3月に出された臨時教育審議会第二次答申「第1部 21世紀に向けこの教育の基本的なあり方」などで、個性重視の原則、生涯学習体系への移行などが今後の教育改革の視点として打ち出された。これを受けて、1989（平成元）年版「中学校学習指導要領」および「高等学校学習指導要領」では、「生き方の指導」としての進路指導が強調された。すなわち、改訂された中学校学習指導要領の「総則」は、「進路指導で配慮すべき事項」として、「生徒が自らの生き方を考え主体的に進路を選択することができるよう、学校の教育活動全体を通し、計画的、組織的な進路指導を行うこと」とし、「将来の生き方と進路の適切な選択に関すること」では、「進路適正の吟味、進路情報の理解と活用、望ましい職業観の形成、将来の生活の設計、適切な進路

の選択など」が掲げられている。

　また、1996 (平成 8) 年の中央教育審議会答申は、家庭や地域の教育力の低下や国際化、情報化などの急速な社会変化を踏まえ、「ゆとり」のなかで子どもたちの「生きる力」を育む重要性を提言した。これを受けて 1999 (平成 10) 年に改訂された「中学校学習指導要領」および「高等学校学習指導要領」では、「生きる力を育む教育」としての進路指導が強調された。すなわち、改訂された「中学校学習指導要領」の「総則」では、教育活動の留意点として、「生徒が学校や学級での生活によりよく適応するとともに、現在及び将来の生き方を考え行動する態度や能力を育成することができるよう、学校の教育活動全体を通じ、ガイダンスの機能の充実を図ること」とし、さらに特別活動では「総則」を受けて、「学校生活への適応や人間関係の形成、選択教科や進路の選択などの指導に当たっては、ガイダンスの機能を充実するよう学級活動等の指導を工夫すること」の一文が追加され、ガイダンス機能の活用場面が提示された。くわえて同年の改訂では、中学校および高等学校の教育課程上、「自ら課題を見付け、自ら学び、自ら考え、主体的に判断し、よりよく問題を解決する資質や能力」を育み、「学び方やものの考え方を身に付け、問題の解決や探究活動に主体的、創造的に取り組む態度を育て、自己の生き方を考えることができるようにすること」をねらいとした「総合的な学習の時間」が導入された点も進路指導を考えるうえでは重要である。すなわち、今日の学校教育では、現在および将来の生き方を考えさせ、それを支援する充実したガイダンス機能が教育活動全体に期待されており、進路指導はその中核的役割も要請されているのである。しかし、その現況についてみれば、いまだ「出口指導」に重点がおかれ過ぎている感が強いことはすでに指摘したとおりである。こうした課題に対応して、1999 (平成 11) 年の中央教育審議会の答申を契機に、進路指導をより広い視点からとらえ直すキャリア教育の導入が提唱され、現在ではその取り組みが推進されている。なお、キャリア教育の変遷などについては、前節に詳しく述べたので参照されたい。

(2) 進路指導・キャリア教育の理論

　多数ある進路指導・キャリア教育の理論のなかから、ここでは、①個人の

能力や適性等に注目したパーソンズ（Parsons, F.）の職業選択理論、②個人の基本的欲求や人格型に注目したホランド（Holland, J.L）の職業的パーソナリティ理論、③自己概念と進路発達の結合に注目したスーパー（Super, D.E）の職業的発達理論について概観してみたい。

1）パーソンズの職業選択理論

　本節の冒頭でふれたパーソンズは、職業院を開設した翌年の1909（明治42）年に『職業の選択』を刊行し、同院での自身の活動を通して構築した理論を発表した。同書のなかでパーソンズは、賢明な職業選択の過程には、①自己の諸特性に関する明確な理解、②さまざまな系列の仕事に関する正確な知識、③この二つの事実に関する合理的な推論を挙げ、これらを達成するためのステップとして、①個人の諸資料の記述、②自己の分析、③自己の選択と意思決定、④カウンセラーによる分析、⑤職業領域についての概観と展望、⑥誘導とアドバイス、⑦選択した職業への適応の援助の七つが必要であるとした。こうしたパーソンズの理論は、「個人のもつ適性や興味といったものを一方で把握し、また一方でそれぞれの職業が求める能力や資質といったものを確認した上で、個人に適する職業を勧める」（高橋陽一他編『新しい生活指導と進路指導』武蔵野美術大学出版局、2013〈平成25〉年、p.77）というもので、個人と職業を合致（マッチ）させようとするところからマッチング理論あるいは特性・因子理論と呼ばれている。しかし、パーソンズの理論へは、①個人と職業の適合性を重視するあまり、両者の関係を固定的・静的にとらえ過ぎている点、②実際の職業選択は、理論が示すように「合理的な推論」によってのみで行われていない点等への批判がある。

2）ホランドの職業的パーソナリティ理論

　ホランドの職業選択理論は、個人の人格および職業を現実的、研究的、芸術的、社会的、企業的、慣習的の六つの類型に分類し、個人はそこに示された自身の人格類型と一致した職業類型を選択すれば、職業上の成果や満足、キャリアの安定等が達成されるとするものである。**表7-2-1**には、その詳細を示し、また六つの類型の関係性を示したものが、**図7-2-1**である。この図は一般にホランドの六角形モデルと呼ばれ、各類型は隣接した類型と類似した特徴をもち、対角線の反対側にある類型とは反対の特徴をもつとされる。

2．進路指導・キャリア教育の歴史と理論　　177

表7-2-1　ホランドの人格類型と職業類型

	パーソナリティの類型	職業環境の類型
現実的 (Realis-tic)	環境を物として客観的に具体的に操作する。男性的で非社交的であり、情緒は安定していて唯物的である。運動技能やマシンやツールを伴う活動、例えば運動競技やスカウト活動や手工芸や商店業などを好む。	ガソリンスタンド、機械組立工場、農園、建築現場、理髪店など。具体的課題があり、機械的な技能や持続性や肉体労働を要求する。
研究的 (Investi-gative)	知性を使い、環境をことばや記号で操作する。科学的職業や読書、収集、代数、外国語、創造的活動などを好むが、社交は苦手である。男性的であり、ねばり強く、学者的で内向的であり、学問上の業績は上げるがリーダーとしては弱い。	実験室、事例会議、図書館、科学者・数学者・技術者の作業集団など。想像力と、知性と、長期的集中を要求する。
芸術的 (Artistic)	環境を美的、創造的に扱う。主観的印象と想像を大事にする。音楽、美術、文学、劇等の創造的活動を好み、自動車修理や運動など男性的なものを嫌う。非社交的、女性的、服従的、内向的、感受性がある。衝動的、柔軟と自認する。	演劇リハーサル、コンサートホール、ダンス・スタジオ、書斎、図書館、美術や音楽のスタジオなど。美的想像力と解釈力、知識と直感と感性、個人的で主観的な判断、長い集中的没頭を要求する。
社会的 (Social)	対人技術を使って環境を処理する。教育や治療などの職業と、政府や地域サービスや音楽や読書や演劇等の活動を好む。社交的で人助け的であり、元気で保守的で責任感があり、達成的で自己肯定的であると自認する。	教室、カウンセリングルーム、精神病院、協会、教育事務所、レクリエーションセンターなど。人間の行動を解釈し修正する能力、他の人々への対応とケアへの興味関心、頻繁で長時間の人間関係を要求する。
企業的 (Enter-prising)	冒険的、支配的、情熱的、衝動的な選択によって環境に対処する。説得的で外向的であり、自己肯定的で自信をもち、攻撃的で見せたがりであり、セールスや監督などの職業や、支配、承認、権力等の欲求を満たす活動を好む。	駐車場、不動産事務所、政治的集会、広告代理店など。人々を動かし説得する言語能力、指示を与え統制し計画する活動、社交的で表層的な社会的関心を要求する。
慣習的 (Conven-tional)	社会が認める目標や活動を選択して、環境を処理する。問題に対する接近法は紋切型で、正しいが独創性に欠ける。男性的、賢明、支配的、保守的、身ぎれい、固い、安定している、社交的、事務的で計算好き。ビジネスに専念し、金銭を重んじる。	銀行、会計事務所、郵便局、情報整理室、ビジネスオフィスなど。言語や数の情報の組織的、具体的、日課的な処理、規定手順による短サイクルの反復的な操作を要求する。

＜出典＞森田愛子『生徒指導・進路指導論』（協同出版、2014〈平成26〉年、p. 256）

図 7-2-1　ホランドの六角形モデル
＜出典＞森田愛子『生徒指導・進路指導論』（協同出版、2014〈平成 26〉年、p. 257）

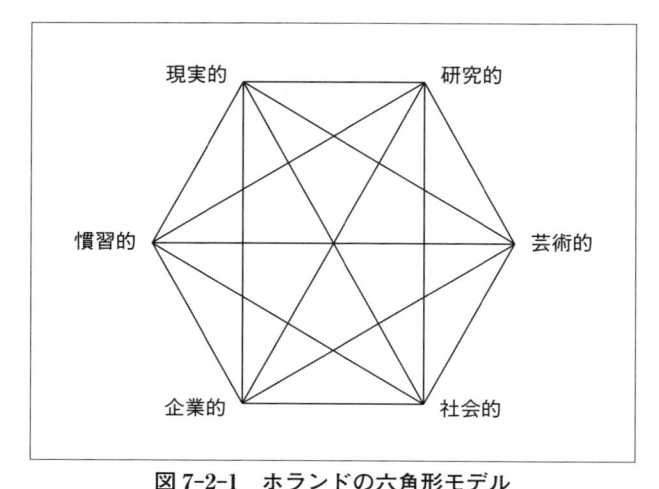

　ホランドの理論は、個人の人格とそれに適した職業とを結びつけようとした点にその特徴がみられる。なお、今日、職業選択にあたって個人の自己理解を深めるために活用される VPI 職業興味検査、職業レディネステスト、あるいは米国の SDS などの職業興味検査は、ホランドの理論を一つの基盤として開発されたものである。

3）スーパーの職業的発達理論

　スーパーによって理論化された職業的発達理論は、自己概念が形成される過程を重視する点に第一の特徴がある。すなわち、職業的発達理論は、自己概念を明確化し、それを職業という言葉に翻訳して実現していく過程をキャリア発達ととらえるもので、現代の進路指導・キャリア教育の中心的な理論を構成するものである。この発達過程は、成長段階（誕生～14 歳）、探索段階（15～24 歳）、確立段階（25 歳～44 歳）、維持段階（45～64 歳）、解放段階（65 歳～）の五つから構成されるとともに、各段階にはそれぞれの発達課題が設定され、明確な意味づけが与えられている。さらに、スーパーの理論の第二の特徴は、キャリアを職業に関する役割だけでなく、個人の生涯にわたって経験する多様な役割とその取り組み方をも包含する概念としてとらえている

3．進路指導・キャリア教育の内容　179

点にみられる。こうした生涯にわたるキャリア発達過程を表現したものが、図 7-2-2 に示した「ライフ・キャリアの虹」である。

3．進路指導・キャリア教育の内容

(1) 育成すべき能力・態度
1)「4 領域 8 能力」論

キャリア教育を通して育む能力の一例として、「4 領域 8 能力」がよく知られている。これは 2002（平成 14）年に発表された国立教育政策研究所生徒指導研究センターによる調査研究報告書（「児童生徒の職業観・勤労観を育む教育の推進について」）掲載の「職業観・勤労観を育む学習プログラムの枠組み（例）」によって提示された能力論である。同学習プログラムでは、キャリア教育に

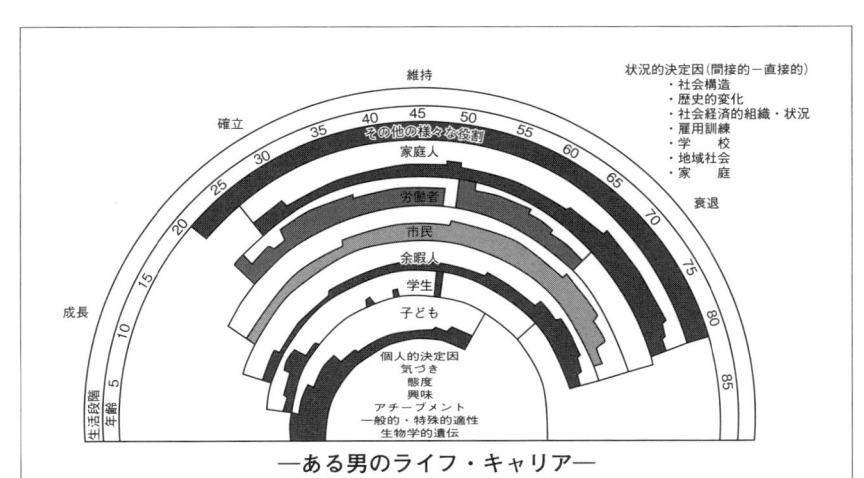

―ある男のライフ・キャリア―
「22 歳で大学を卒業し、すぐに就職。26 歳で結婚して、27 歳で 1 児の父親となる。47 歳の時に 1 年間社外研修。57 歳で両親を失い、67 歳で退職。78 歳の時妻を失い 81 歳で生涯を終えた。」D. E. スーパーはこのようなライフ・キャリアを概念図化した。

図 7-2-2　ライフ・キャリアの虹

よって育成する能力・態度を①人間関係形成能力、②情報活用能力、③将来設計能力、④意思決定能力の四つの能力領域で示し、さらにそれぞれの能力領域には、二つの具体的能力を想定している。**表 7-3-1** は、その詳細を示したものである。また、同学習プログラムでは、キャリア発達の段階に応じて、小学校から高等学校までに育む各能力の具体例を段階的・系統的に整理している点が注目される。一例として、「将来設計能力」の一つに挙げられる「役割把握・認識能力」についてみれば、**表 7-3-2** に示したとおりである。同表にみられるような具体的な例示は、児童生徒にどのような能力・態度が身についているのかをみる際の指標ともなりえるもので、学習プログラムの発表

表 7-3-1　職業的（進路的）発達にかかわる能力

①人間関係形成能力 他者の個性を尊重し、自己の個性を発揮しながら、様々な人々とコミュニケーションを図り、協力・共同してものごとに取り組む。		②情報活用能力 学ぶこと・働くことの意義や役割及びその多様性を理解し、幅広く情報を活用して、自己の進路や生き方の選択に生かす。	
【自他の理解能力】 自己理解を深め、他者の多様な個性を理解し、互いに認め合うことを大切にして行動していく能力	【コミュニケーション能力】 多様な集団・組織の中で、コミュニケーションや豊かな人間関係を築きながら、自己の成長を果たしていく能力	【情報収集・探索能力】 進路や職業等に関する様々な情報を収集・探索するとともに、必要な情報を選択・活用し、自己の進路や生き方を考えていく能力	【職業理解能力】 様々な体験等を通して、学校で学ぶことと社会・職業生活との関連や、今しなければならないことなどを理解していく能力
③将来設計能力 夢や希望を持って将来の生き方や生活を考え、社会の現実を踏まえながら、前向きに自己の将来を設計する。		④意思決定能力 自らの意志と責任でよりよい選択・決定を行うとともに、その過程での課題や葛藤に積極的に取り組み克服する。	
【役割把握・認識能力】 生活・仕事上の多様な役割や意義及びその関連等を理解し、自己の果たすべき役割等についての認識を深めていく能力	【計画実行能力】 目標とすべき将来の生き方や進路を考え、それを実現するための進路設計を立て、実際の選択行動等を実行していく能力	【選択能力】 様々な選択肢について比較検討したり、葛藤を克服したりして、主体的に判断し、自らにふさわしい選択・決定を行っていく能力	【課題解決能力】 意思決定に伴う責任を受け入れ、選択結果に適応するとともに、希望する進路の実現に向け、自ら課題を設定してその解決に取り組む能力

表 7-3-2　役割把握・認識能力の具体例

小学校	
低学年	家の手伝いや割り当てられた仕事・役割の必要性が分かる。
中学年	・互いの役割や役割分担の必要性が分かる。 ・日常の生活や学習と将来の生き方との関係に気付く。
高学年	・社会生活にはいろいろな役割があることやその大切さが分かる。 ・仕事における役割の関連性や変化に気付く。

中学校
・自分の役割やその進め方、よりよい集団活動のための役割分担やその方法等が分か ・様々な職業の社会的役割や意義を理解し、自己の生き方を考える。

高等学校
・学校・社会において自分の果たすべき役割を自覚し、積極的に役割を果たす。 ・ライフステージに応じた個人的・社会的役割や責任を理解する。 ・将来設計に基づいて、今取り組むべき学習や活動を理解する。

以降、この枠組みは広く教育現場に浸透した。

2）「基礎的・汎用的能力」論

しかし、近年ではこうした枠組みに対する課題も指摘されるようになってきている。2011（平成23）年に文部科学省が発行した『中学校キャリア教育の手引き』では、「この4領域8能力の例については、（中略）広く知られるようになり、単に「4領域8能力」というように「例」を省略して呼びならわされるようにもなった」とする一方、学習プログラムに対する課題を以下のように指摘している（p. 21）。

　　○高等学校までの想定にとどまっているため、生涯を通じて育成される能力
　　　という観点が薄く、社会人として実際に求められる能力との共通言語となっ
　　　ていない
　　○提示されている能力は例示にもかかわらず、学校現場では固定的にとらえ
　　　られている場合が多い
　　○領域や能力の説明について十分な理解がなされないまま、能力等の名称（○
　　　○能力）というラベル）の語感や印象に依拠した実践が散見される

こうした課題を踏まえ、2011（平成23）年の中央教育審議会答申が提言した新たなキャリア発達に関わる能力観が「基礎的・汎用的能力」である。

「基礎的・汎用的能力」は、「社会的・職業的自立、学校から社会・職業への円滑な移行に必要な力」の一要素として提示されたもので、「人間関係形成・社会形成能力」「自己理解・自己管理能力」「課題対応能力」「キャリアプランニング能力」の四つの能力で構成されている。これらの諸能力は、「仕事に就くこと」に焦点を当て、実際の行動として表れるという観点から整理したもので、表7-3-3には各能力の詳細を示した。

もっとも、「基礎的・汎用的能力」は、「4領域8能力」にみられた課題等を踏まえて再構成したもので、全く新しい能力論というわけではない。しかし、両者には、①「4領域8能力」には「計画実行能力」や「課題解決能力」が求められているが、「基礎的・汎用的能力」の重要な要素である「課題対応能力」の育成について必ずしも十分な具体性をともなって提示されていない点、②「4領域8能力」では、「基礎的・汎用的能力」が求める「自己管理」の側面について焦点化されていない点などの重要な相違点が認められる。すなわち、「基礎的・汎用的能力」は、「4領域8能力」を補強し、より現実に即した能力

表7-3-3　基礎的・汎用的能力

【人間関係・社会形成能力】
多様な他者の考えや立場を理解し、相手の意見を聴いて自分の考えを正確に伝えることができるとともに、自分の置かれている状況を受け止め、役割を果たしつつ他者と協力・協働して社会に参画し、今後の社会を積極的に形成することができる力
【自己理解・自己管理能力】
自分が「できること」「意義を感じること」「したいこと」について、社会との相互関係を保ちつつ、今後の自分自身の可能性を含めた肯定的な理解に基づき主体的に行動すると同時に、自らの思考や感情を律し、かつ、今後の成長のために進んで学ぼうとする力
【課題対応能力】
仕事をするうえでの、様々な課題を発見・分析し、適切な計画を立ててその課題を処理し、解決することができる力
【キャリアプランニング能力】
「働くこと」の意義を理解し、自らが果たすべき様々な立場や役割との関連を踏まえて「働くこと」を位置づけ、多様な生き方に関する様々な情報を適切に取捨選択・活用しながら、自ら主体的に判断してキャリアを形成していく力

表 7-3-4　職場体験・インターンシップの実施状況

公立中学校数	実施校数	実施率
9781 校	9582 校	98.00%
公立高等学校数	実施学校数	実施率
4186 校	3339 校	79.80%

を育成しようとするものととらえることができよう。各学校では、こうした能力観を一つの指標として、地域の特色や児童生徒の発達段階を踏まえた教育目標の設定が期待されているのである。

(2) 教育課程とキャリア教育

　他方、進路指導は学校の教育活動全体を通じて組織的・計画的に行う指導であり、これはキャリア教育も同様である。すなわち、「基礎的・汎用的能力」を育むためのキャリア教育もまた、各教科、道徳、総合的な学習の時間、特別活動等も含め、学校の教育活動全体を通した取り組みが必要といえる。そこで以下では、中学校および高等学校における各教科等とキャリア教育の関連について簡単に整理しておきたい。

　中学校の段階は、心身の成長とともに社会の一員としての自分の役割や責任の自覚が芽生えてくる時期である。また、様々な葛藤や経験のなかで自分の生き方を模索し、夢や理想を抱くとともに、他方で進路選択等の現実的な決断を自分の意思と責任とで行うことが求められる時期でもあろう。このような発達段階にある中学生という時期は、キャリア教育において重要な時期といえる。また、進んで高等学校の段階では、心身の成熟とともに中学校に比べてさらに独立や自立の要求が高まる時期であるとともに、より具体的に自分の将来を設計し、その実現に積極的に取り組むことが求められる。

　こうした発達段階や各時期での課題等を踏まえ、2011（平成 23）年の中央教育審議会では、「各学校においては、キャリア教育の視点で、各教科・道徳・総合的な学習の時間・特別活動や日常生活におけるそれぞれの活動を体系的に位置付けることにより、能力や態度の効果的な育成を図ることが必要である」(p. 39) と述べている。

キャリア教育は、単に特定の活動のみを実施すればよいということや、新たな活動を追加すればよいというものではない。そこでは、それぞれの学校段階で行っている教科等の教育活動全体を通じた取り組みが求められている。さらに各学校においては、日常の教科等の教育活動のなかで育成してきた能力・態度等をキャリア教育の視点から改めてその位置づけを見直し、教育課程における明確化・体系化を図りながら点検・改善していくことが重要である。

(3) 職場体験・インターンシップ

キャリア教育を推進するうえでは、学校内での教育活動のほか、学校外における体験的な学習活動も重要な取り組みとなる。具体的には、小学校での「職場見学」、中学校での「職場体験」、高等学校での「インターンシップ」などの活動が推進・注目されている。国立教育政策研究所生徒指導・進路指導研究センターの調査報告によれば、2012（平成24）年度における中学校および高等学校における職場体験・インターンシップの実施状況は**表7-3-4**のとおりである。同表から、現在ではほとんどの公立中学校および高等学校で職場体験やインターンシップが実施されているといえる。また、同研究センターが行った2004（平成16）年の調査報告によれば、学校は職場体験およびインターンシップをともに、「勤労観・職業観の芽生えによる「職業」や「働くこと」への関心の高まり」「自己の将来設計」などで効果があると評価している（p.156）。今後もこうした体験の場が広く提供され、キャリア教育における重要な柱として活用されることが望まれる。

4．進路指導・キャリア教育の組織と計画

(1) 校内組織と指導・運営体制
1) 実践を支える運営体制

第一節で述べたように、進路指導もキャリア教育もともに学校の教育活動全体を通じて推進されるべきものである。そのためには教育課程の最終的な編成者である校長の方針に基づき、全教職員が協力して、しっかりとした校

内の指導・運営体制等を整えていく必要がある。そこで本節ではまず、文部科学省『中学校キャリア教育の手引き』(教育出版、2011〈平成23〉年) および『高等学校キャリア教育の手引き』(教育出版、2011〈平成23〉年) を中心に、進路指導・キャリア教育から求められる校内組織と指導体制等について概観することにしたい。

　校内の指導・運営体制の整備にあたっては、まずは進路指導・キャリア教育の意義やねらい、基本的性格、全体計画の構想、指導や運営の方法、当面する課題や問題点等についての共通理解が全教職員間で深められていくことが肝要である。その際、とくに学校長には、自らの学校経営にキャリア教育をどのように位置づけ、進路指導との関連をいかに理解するべきかなどの諸問題に対する方向性を、全教職員に向けて明確に示すことが求められる。また、進路指導やキャリア教育を推進していくためには、学校長を頂点に学校の教育活動全体を俯瞰しながら具体的な目標や計画等を立案・実施できるよう、校内組織を整える必要がある。そうした校内組織の一例を、中学校については図7-4-1、高等学校については図7-4-2に示した。各学校では、こうした体制等によって、キャリア教育の全体計画や年間指導計画の作成と実施、連携機関との連絡・調整、生徒への直接の指導、実践上の課題解決や改善、キャリア教育の評価等を実践するようにしたい。

2) 生徒に対する指導体制・外部との連携体制

　進路指導・キャリア教育の実践では、例示にみられる各役職等のほか、担任が直接的に担う役割は大きい。中学校の学級担任については道徳・総合的な学習の時間・特別活動等、高等学校の担任については総合的な学習の時間・特別活動等の指導をとおして、直接的な指導者としてキャリア教育を実践していくこととなる。また、教科担当者についても、担当する教科をとおしたキャリア教育の推進が求められよう。さらに、効果的なキャリア教育の推進を図るには、外部との連携が不可欠な体験活動 (職場体験やインターンシップ) の実施が大切となる。その際には、外部連携体制の整備や「窓口」役としての担当者の配置も必要である。かくして、学校全体でキャリア教育を推進するためには、多くの場面で全教職員が主体的に関わりながら取り組んでいくことが必須の条件といえよう。

図7-4-1 「キャリア教育推進委員会」を中心とした運営体制例（中学校）

(2) 指導計画
1) 全体計画の作成

　キャリア教育は、さまざまな学校教育全体の活動を通じて体系的に実施されるものである。そこで、各学校では、生徒や地域の実態に応じて学校ごとに焦点化・重点化して、全体計画の作成にあたることが望まれる。

　まず、キャリ教育の全体計画を立案するにあたっては、全体的な教育目標を踏まえつつ、自校の生徒におけるキャリア発達上の課題、育成すべき能力や態度の明確な把握とその焦点化・重点化に基づいて、自校の目標を設定す

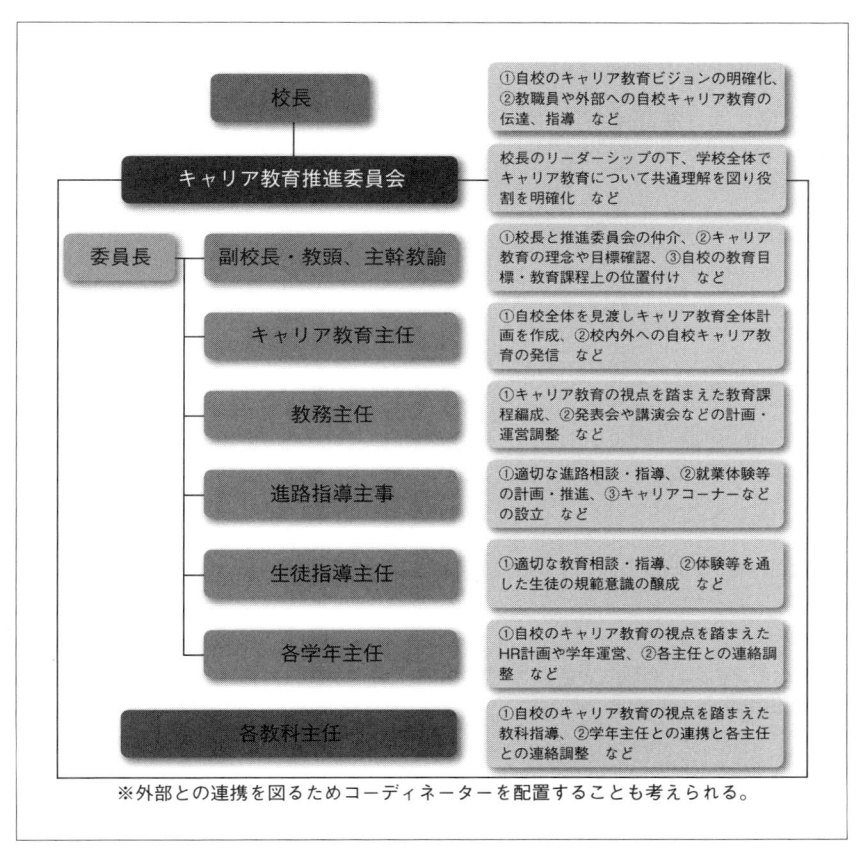

4．進路指導・キャリア教育の組織と計画　187

校長	①自校のキャリア教育ビジョンの明確化、②教職員や外部への自校キャリア教育の伝達、指導　など
キャリア教育推進委員会	校長のリーダーシップの下、学校全体でキャリア教育について共通理解を図り役割を明確化　など
委員長　副校長・教頭、主幹教諭	①校長と推進委員会の仲介、②キャリア教育の理念や目標確認、③自校の教育目標・教育課程上の位置付け　など
キャリア教育主任	①自校全体を見渡しキャリア教育全体計画を作成、②校内外への自校キャリア教育の発信　など
教務主任	①キャリア教育の視点を踏まえた教育課程編成、②発表会や講演会などの計画・運営調整　など
進路指導主事	①適切な進路相談・指導、②就業体験等の計画・推進、③キャリアコーナーなどの設立　など
生徒指導主任	①適切な教育相談・指導、②体験等を通した生徒の規範意識の醸成　など
各学年主任	①自校のキャリア教育の視点を踏まえたHR計画や学年運営、②各主任との連絡調整　など
各教科主任	①自校のキャリア教育の視点を踏まえた教科指導、②学年主任との連携と各主任との連絡調整　など

※外部との連携を図るためコーディネーターを配置することも考えられる。

図7-4-2　「キャリア教育推進委員会」を中心とした運営体制例（高等学校）

る必要がある。その際、留意するべき事項としては、以下の4点を挙げることができる。

① 日常の生活や学習の特徴、人間関係形成の様子、集団活動における活動、勤労生産的な活動に対する意識などの分析や、生徒・保護者へのアンケートにより実態を把握することで、育成すべき能力や態度について検討をする。

② 学校評議員や学校関係者評価委員の意見を聞いたり、地域住民や地域産業界の意見を聞いたりしながら、学校の課題や学校教育に対する思いや願いを把握する。
③ 校区内・通学区における小学校あるいは中学校の児童生徒の実態および職場体験活動の状況等を調べ、児童生徒の実態に即して各学校段階で育成すべき能力や態度について検討する。
④ 各学年の生徒の実態に基づいた目標を設定する。

また、各学校で育成したい能力や態度の設定については、第三節にみた基礎的・汎用的能力をベースに構築する必要がある。

2）年間指導計画

ついで、全体計画を具現化するためには、各学年における年間指導計画を立案・実施する必要がある。その手順の例を以下に示そう。

① 各学校の生徒の学年あるいは学科等に応じた能力や態度の目標を決定する。
② キャリア教育の全体計画で設定したそれぞれの能力や態度の目標に基づき、各学校の年間行事予定、学年あるいは学科別の年間指導計画に記載する内容を検討する。
③ 各教科、道徳、総合的な学習の時間、特別活動および学級や学科・学年などの取組等を相互に関連づけた指導計画を作成する。
④ それぞれの能力や態度の到達目標に応じた評価の視点を設定し、明確化する。

なお、計画の立案には、①各学校の生徒の実態や発達段階に応じた目標や内容とすること、②教科指導および教科外活動におけるそれぞれのねらいや内容を踏まえて関連づけを図ること、③入学から卒業までを見通しての生徒のキャリア発達を支援できるように具体的で系統的なものとすること、④評価の視点等を考慮し、評価方法を検討すること、⑤家庭や地域、学校間の連携を考慮することなどに留意する必要がある。

かくして年間指導計画を作成することでえられる効果としては、以下の4点が考えられよう。

① 学年別年間指導計画を作成することで、発達の段階に応じて学年を通したキャリア発達を支援できる。
② 発達の段階や学年に応じた身につけさせたい能力や態度の到達目標が明確になる。
③ 年間の学年における活動がどのような能力や態度の育成を図ろうとするものか明確になる。
④ 各教科、道徳、総合的な学習の時間、特別活動および学級や学科・学年の取り組み等がどのように関連づけられているか明確になる。

参考文献
・片山紀子『新訂版・入門生徒指導』学事出版、2014（平成26）年
・藤田裕介『生徒指導の教科書』文化書房博文社、2014（平成26）年
・森田愛子『生徒指導・進路指導論』協同出版、2014（平成26）年
・小泉令三『よくわかる生徒指導・キャリア教育』ミネルヴァ書房、2010（平成22）年
・高橋哲夫『生徒指導の研究』教育出版、2009（平成21）年
・岩城孝次『生徒指導の新展開』ミネルヴァ書房、2008（平成20）年
・仙崎武他『生徒指導・教育相談・進路指導』田研出版、2007（平成19）年
・藤田晃之『キャリア教育基礎理論』実業之日本社、2014（平成26）年
・吉田辰雄『最新生徒指導・進路指導論―ガイダンスとキャリア教育の理論と実践』図書文化社、2013（平成25）年
・文部科学省『高等学校キャリア教育の手引き（改訂版）』教育出版、2012（平成24）年
・文部科学省『小学校キャリア教育の手引き（改訂版）』教育出版、2011（平成23）年
・文部科学省『中学校キャリア教育の手引き（改訂版）』教育出版、2011（平成23）年
・仙崎武他『図説・キャリア教育』社団法人雇用問題研究、2011（平成22）年
・仙崎武他『キャリア教育の系譜と展開』社団法人雇用問題研究、2008（平成20）年
・吉田辰雄編『21世紀の進路指導事典』ブレーン社、2001（平成13）年

第8章　学校安全・危機管理

1．学校安全・危機管理の意義
2．学校安全・危機管理の内容
3．学校安全・危機管理の進め方
4．マスコミ対応の基本

1．学校安全・危機管理の意義

(1) 意　　義

　児童生徒の健やかな成長を、保護者や地域の人びとなどは願っている。こうした大人の願いを背景に、学校では「学校安全」という教育活動によって、児童生徒の成長を見守ってきた。学校では伝統的な疫病観、事故観などで、これまでは児童生徒の健全育成に努めてきた。

　しかし昭和50年代に入って学校が荒れだすと、児童生徒間の深刻ないじめや暴力行為が社会問題化していった。1998（平成10）年1月28日には、学校の新しい荒れを象徴する事件が起こった。栃木県黒磯市の黒磯北中で、女子教員が1年生の男子生徒にバタフライナイフで刺されて死亡した（「朝日新聞〈夕刊〉」1998〈平成10〉年1月28日）。翌日の朝刊に関連記事が掲載されたが、「新しい荒れ」が発生しているとし、現場教師の次のような声を採録している。

　　「とうとう来たか」神奈川県の、ある教師の第一声だ。自分の中学校は「殺人以外なんでもあり」。ネクタイは締めない。首を絞められるからだ。フットワークを軽くするため、くつはズック。教師は全員、授業が入っていない時間は校内を見回る。一人で回ると危険なので、いつもペア。「後ろから羽交い締めしないと危険です。キレると、もう止まらない」（中略）東京都内の女性教師は、

（中略）「女性や新任など弱い立場の先生をねらってくる。でも、生徒だから、という一点でこらえる。つらいですよ。でも、それが教師じゃないか、と自分に言い聞かせているんです」（「朝日新聞〈朝刊〉」1998〈平成 10〉年 1 月 29 日）

同記事内で、文部省の調査によると、1996（平成 8）年度に生徒が教師に暴力をふるったケースは、公立中学校 595 校で 1,316 件発生。その発生件数は前年度比で約 5 割増えたと述べる。子どもたちは「新しい荒れ」の中で生活するようになっていった。また子どもたちに「いじめ」などからストレスが高まり、イライラしながら生活している者が増加し[1]、最近学校と警察の連携も進んで、2007（平成 19）年頃から学校内外で何らかの暴力事件を起こした青少年が多くなった[2]。心のケアが必要な児童生徒の問題が、安全教育活動の一つとして強く意識されるようになってきている。

2000 年前後に、「心の暗」をかかえた者による日本社会に衝撃を与えた二つの事件が起こった。一つ目は 1997（平成 9）年の神戸連続児童殺傷事件である。自称「酒鬼薔薇聖斗(さかきばらせいと)」と名のった中学 3 年生男子が、殺人妄想にさいなまれた結末であった。凶行の被害者は小学生 5 人（「少年 A 神戸連続児童殺傷家裁審判「決定（判決）」全文公表」『文藝春秋』第 93 巻第 5 号、2015〈平成 27〉年 5 月、p.314～342）。殺人の欲求を高めて、実際に殺人に及んだ最近の事件を二つ例示したい。2014（平成 26）年 7 月に長崎県佐世保市で県立高 1 年女子が、「人体の中を見たかった」として、友人を自宅で殺害し、遺体の一部を切断した（「朝日新聞〈朝刊〉」2014〈平成 26〉年 7 月 28 日）。また同年 12 月に、名古屋市在中の名古屋大学 1 年女子（19 歳）が、「人を殺してみたかった」として、77 歳女性を殺害。高校時代以来の三つの罪で逮捕（「朝日新聞〈朝刊〉」2015〈平成 27〉年 1 月 29 日、6 月 6 日）。もう一つは、2001（平成 13）年 6 月 20 日に起こった大阪教育大学附属池田小学校事件である。小学校に侵入した 37 歳男（池田小に入学したかったが実現せず）が、児童 6 人を刺殺。その他教諭を含む 23 人が負傷した（「朝日新聞〈夕刊〉」2001〈平成 13〉年 6 月 8 日）。文部科学省は、最終的に死に到った 8 人の遺族に 4 億円を賠償し、学校の「安全策の継続」を約束することになった（「朝日新聞〈朝刊〉」2003〈平成 15〉年 6 月 6 日）。ちなみに警察庁によると、幼稚園や小中高校、大学などへの不審者侵入事件

は、1990（平成2）年で778件、2000（平成12）年で1,355件、2010（平成22）年1,382件となっている。最近の例としては、2012（平成24）年10月に東京都練馬区内小学校に、脱法ハーブを吸った状態で学校に侵入し、女子児童を追い回す事件があった。また2013（平成25）年1月には、福島県南相馬市県立原町高校にサングラスをかけマスクをした男が、登校時間に学校に侵入し、生徒6人を殴る事件発生。女子生徒2人が病院に搬送された。さらに5月に東京都練馬区大泉第一小学校で侵入事件を起した男（47歳）が、6月に同校正門近くで6歳と7歳の男児3人をナイフで切りつけ負傷させた。

　以上のように、学校内外での暴力事件、学外からの侵入者による殺傷事件、学外での児童生徒がまきこまれる殺傷事件（たとえば、2004〈平成16〉年の奈良市下校女児殺害事件、2005〈平成17〉年の栃木県今市市：現在の日光市における下校女児殺害事件、この犯人は2014〈平成26〉年6月逮捕、2014〈平成26〉年9月神戸市長田区で下校後に遊びに出た小1女児の殺害事件など）、誘拐事件（新潟県三条市の小4女児が行方不明となり、9年2ヶ月ぶりに無事保護、「朝日新聞〈朝刊〉」2000〈平成12〉年1月29日。2014〈平成26〉年だけでも「朝日新聞」によると、7件の誘拐事件が発生している。7月に倉敷市で小学5年女児を自宅に監禁した事件は、「自分好みの女性に育てたかった」とする動機によるもので、三条市事件に酷似している。）なども多発しており、学校を巡る安全・安心への世論の関心は高い。

　一方、1995（平成7）年1月7日に起こった阪神・淡路大震災で、多くの教員、児童生徒が死亡（神戸市内だけでも296人の児童生徒が死亡。兵庫県教育委員会編発行『震災を生きて―記録・大震災から立ち上がる兵庫の教育―』1996〈平成8〉年、pp.253〜254）し、児童生徒の心のケア、ダメージを受けた業務の再開が課題の中心になった。さまざまな困難を抱えて、教育関係者はこの危機を乗り越えた。この震災によって、防災教育も重視すべきだという安全教育の今後の課題が明らかになっていった。

　こうした背景の中で、2008（平成20）年6月に、新しく「学校保健安全法」が成立した（施行は翌年4月）。これによって、「学校の安全管理に関する事項」が法定され、危機管理マニュアルの作成が義務付けられた（29条）。また安全確保での校長の業務も拡大された（28条）。学校教育活動の中で、学校安全・

危機管理の指導・援助活動の在りようは、2011（平成23）年3月11日の東日本大震災でも問われた。熱心に防災教育に努めてきた岩手県釜石市内の学校では、「津波てんでんこ（津波のときには、てんでんばらばらに逃げろという言い伝え）」を合い言葉に、多くの子どもが高台に逃げて助かった。いっぽう宮城県石巻市立大川小学校では、全校児童108人のうち、70名のいのちが奪われ、4名の子ども達の行方がいまだにわかっていない。これほど多く犠牲者が出た学校は、大川小だけだったといわれる（NHKスペシャル取材班編『釜石の奇跡』イースト・プレス、2015〈平成27〉年、pp. 73～127、pp. 160～179）。いかに普段からの学校安全・危機管理の活動が重要であるか思い知らされる。今後も自然災害の発生が予測されるし、災害によるストレスを抱える青少年の増加も考えられ、学校安全・危機管理活動の重要さは、ますます高まっている。

(2) 安全行動形成段階と習得上の課題

人間にとって、児童生徒の時代は、心身を急激に発達させていく時期である。こうした児童生徒の時代に、彼らの発育・発達を考慮して、学校安全・危機に関する教育も推進される必要がある。そこで、文部科学省編発行『「生きる力」をはぐくむ学校での安全教育』2010（平成22）年、改訂版、pp. 13～19を参照して、各教育機関での指導・援助の概略について述べたい。

1）幼　稚　園

幼児は心身の発達を背景に、外界と生き生きとした交流を図るようになる。しかし外界の危険との直接的な体験が少ないため、思わぬ事故に出会うことがある。そこで幼児は保護者や幼稚園、保育園などの教師の援助のもとで、さまざまな体験を積みあげ、何が危険かを理解し、それに対する基本的な対処方法を身につけていく。この年齢期は、身体的苦痛や精神的恐怖など、身体の安全と心の安全（安心）に関して最も敏感な時期である。したがって、場面限定つきで、危険を理解させて、慎重な行動を取らせるようにする。幼児は危険を予測する認知能力が低いので、常に教師や保護者は、幼児の危険な行動に対して注意を怠らないようにする必要がある。また幼児の認知は、一つの事柄に注意や認知が固定化し、それ以外のことの認知処理が困難になる。こうした特徴も考慮した指導・援助も必要である。また衝動的な行動が多く

みられ、好奇心も旺盛であるので、教師や保護者は彼らの行動を注視しておく必要がある。さらに幼児は万能意識にとらわれる場合があり、テレビのヒーローの力も自分の力のように感じ、ヒーローと同じような行動をとり、それが時には事故災害に結び付く場合がある。ヒーローと同じことをしたら、危険な場合があることを教えなければならない。

なお4歳ごろから、「他者の心の存在」を理解できるようになるので、自分の気持ちと他者の気持ちが異なることを学習させ、「自分の気持ちを伝える」「相手の気持ちを理解する」などの、対人コミュニケーションスキルを身に付けさせることも、安全教育の大事な課題である。

幼児期の子どもの教育方法は、具体的に教えることが、非常に重要である。言葉だけで教えて幼児の安全行動を形成することは、困難であることを、教師は理解しておく必要がある。

2）小　学　生

小学生は、保護者や教師のしつけを素直に受ける時期で、衝動的な行動は一般的に減少をみせる。低学年から物事の因果関係の理解能力も発達する。中学年、高学年になると、さまざまな体験を通じて、危険に対する判断能力や対処能力が身に付いてくる。

小学生は、習得能力に個人差があっても、一般に素直に受け止め、身に付けようとする。安全教育推進のうえで、この時期は一通りの教育が可能であり、その効果も大きい。しかしこの時期の児童は、学んだ知識が必ずしも行動に結び付くとは限らない。したがって、できるだけ実際的な場面で、具体的な題材を用いた安全教育の実施が望まれる。

中学年になると、彼らの行動範囲は大きく広がる。したがって、自分たちの生活空間と関連付けて、安全・危険の問題を具体的に考えさせる「安全マップづくり」などの教育は、非常に有効である。また、大人の行動を客観的に見ることができるようになる。彼らに単に言葉で指導するだけでなく、教師自らが実際の行動で示すことが、安全教育のうえで求められる。さらに「ギャングエイジ」の時期にも入るので、仲間が行っている危険行動に加わろうとする意識も強まる。悪いことなら仲間のさそいに従わず、拒否する行動もとれるよう指導することは、安全教育上も重要なことである。

3）中　学　生

　思春期を迎える中学生は、自分を「子ども時代を卒業した存在」ととらえ、大人から子ども扱いされることに反発心をもつ。これまで身に付けた慣習や道徳、社会規範などに反発する者も現れる。こうした中学生の安全教育は、規則を守ることを強制したり、指示的な指導をしても成果は上がらない。教師は安全規則を厳守することの意義や安全な行動をとることの理由を、明確に示すことが大切である。

　教育方法で留意すべきことは、彼らに自ら考えさせ、「どのように考えたのか」とか「どうすれば安全かねぇ」などと、ポジティブな声がけをして考えさせて、生徒に主体的な学習をさせる。そして、彼らが「大人になりつつある存在」であることを認め、彼らを指導していくことが肝要である。

4）高　校　生

　高校生は、自分らしい生き方を模索するようになる。安全教育の立場からは、社会的貢献など、社会の一員としての役割を意識させ、より大きな視点に立った生き方を促す。

　教育方法としては、社会的貢献という観点から安全教育に関わり、社会的責任を意識する経験を多く持たせることが重要であろう。つまり、ボランティア活動、社会貢献活動などの体験活動を活用し、安全のために何が必要か、自分は何ができるかなど、高校生の気付きを促すような指導・援助が必要である。社会の安全に、自分はどのように関わるべきか、それを考えさせるのが、高校生の安全教育である。

2．学校安全・危機管理の内容

(1) 定　　義

　安全とは、「心身や物品に危害をもたらす様々な危険や災害が防止され、万が一、事件・事故災害が発生した場合には、被害を最小限にするために適切に対処された状態」である。さらに、「人々が自他の安全を確保するためには、個人だけではなく社会全体として安全意識を高め、すべての人々が安全な社会を築いていくために必要な取組を進めていかなければならない。」とする。

196　第8章　学校安全・危機管理

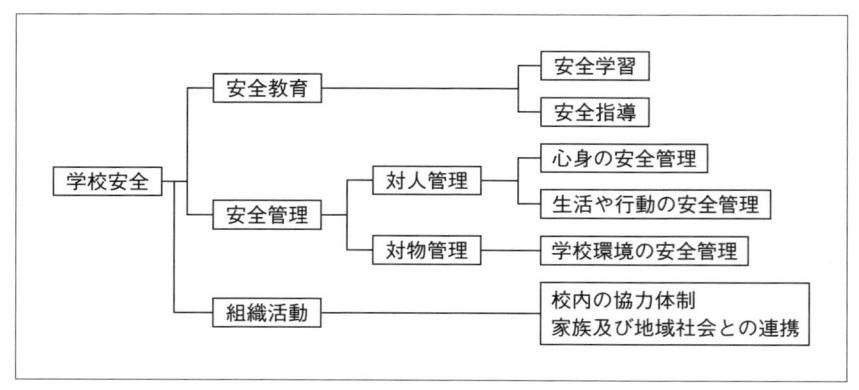

```
学校安全 ─┬─ 安全教育 ─┬─ 安全学習
          │              └─ 安全指導
          ├─ 安全管理 ─┬─ 対人管理 ─┬─ 心身の安全管理
          │              │              └─ 生活や行動の安全管理
          │              └─ 対物管理 ─── 学校環境の安全管理
          └─ 組織活動 ─── 校内の協力体制
                          家族及び地域社会との連携
```

図 8-2-1　学校安全の構造図
＜出典＞文部科学省編発行『「生きる力」をはぐくむ学校での安全教育』2001（平成13）年、p.23の図1

　こうした安全観に立ち「学校安全の活動」が定められている。「学校安全の活動」は「児童生徒等が自らの行動や外部環境に存在する様々な危険を制御して、自ら安全に行動したり、他の人や社会の安全のために貢献したりできるようにすることを目指す」ところの「安全教育」と、「児童生徒等を取り巻く環境を安全に整えることを目指す」ところの「安全管理」、そしてこれら「両者の活動を円滑に進めるための組織活動」の三つの主要な活動から構成されている。なお「組織活動」は、「校内での協力体制を確立するとともに、家庭や地域の関係機関・団体等と密接に連携し、計画的に進める」ものである（文部科学省編発行『「生きる力」をはぐくむ学校での安全教育』2001〈平成13〉年、pp.11〜12）。**図 8-2-1** が、「学校安全の活動」を図化したものである。
　ところで、「学校安全は、学校保健、学校給食とともに学校健康教育の三領域の一つであり、それぞれが、独自の機能を担いつつ、相互に関連を図りながら、児童生徒の健康の保持増進を図っている。また、課題によっては、生徒指導、情報モラルの育成などとの連携も必要になる。云々」（上掲、文部科学省、2001〈平成13〉年、p.22）とある。学校安全の活動は、学校健康教育の一領域も占め、課題によっては生徒指導や情報モラルの育成などとも連携するものなのである。

2．学校安全・危機管理の内容　197

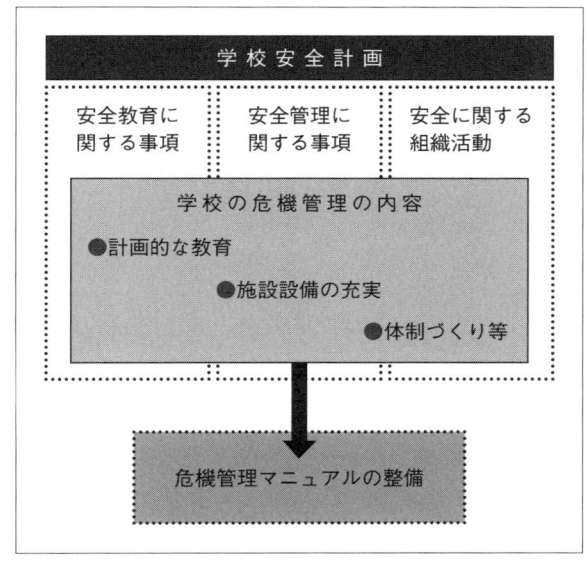

図 8-2-2　学校安全計画と危機管理
＜出典＞文部科学省編『学校の安全管理に関する取組事例集―学校への不審者侵入時の危機管理を中心に―』日本スポーツ振興センター、2003（平成 15）年、p.3 の図 2

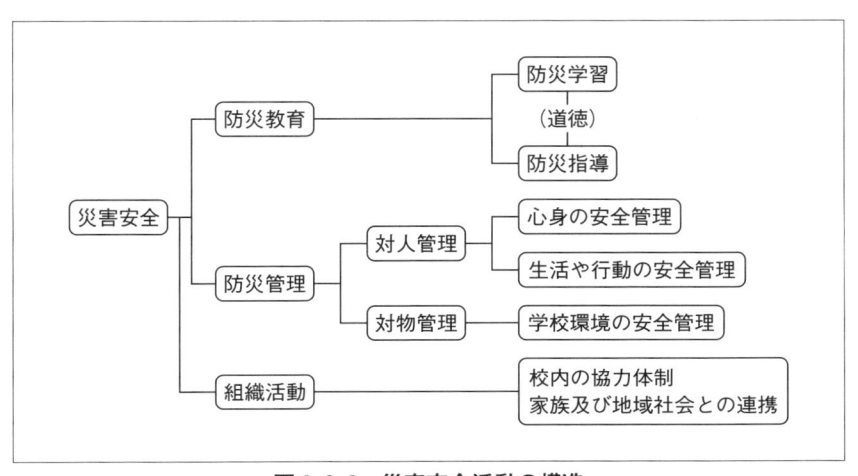

図 8-2-3　災害安全活動の構造
＜出典＞文部科学省編発行『「生きる力」を育む防災教育の展開』1998（平成 10）年、p.6 の図

2009（平成21）年4月に、「学校保健安全法」が施行されると、「学校安全の活動」の中に、「危機管理」の活動も入ってきた。この両者の関係を示すのが、図8-2-2である。

この図8-2-2「学校安全計画と危機管理」によって理解できるように、危機管理の内容は、安全教育、安全管理、組織活動の事項にまたがって整備されている。

それでは文部科学省は、「危機」や「危機管理」をどのように定義しているのだろうか。「危機」については「学校の安全を脅かす事件・事故（危機と同義。云々）」とする。つまり学校の安全を脅かす事件・事故が「危機」だとする[3]。さらに「危機管理」とは、「人々の生命や心身等に危害をもたらす様々な危険が防止され、万が一事件・事故が発生した場合には、被害を最小限にするために適切かつ迅速に対処すること」を指すと定義している（文部科学省編『学校の安全管理に関する取組事例集——学校への不審者侵入時の危機管理を中心に——』日本スポーツ振興センター、2003〈平成15〉年、p.1）。

最後に、「学校安全」のもう一つの側面について述べたい。文部科学省編発行『「生きる力」を育む防災教育の展開』1998（平成10）年、pp.5～6によると、「学校安全」は「安全教育」「安全管理」「組織活動」の三つの主要な活動から構成されているが、指導内容によって分類すると「生活安全」「交通安全」「災害安全」（「防災」とも言う）の三領域からなっている、と述べる。そして「災害安全の構造」モデルとして、図8-2-3「災害安全活動の構造」を提示する。筆者はこうした三領域の他に、応急手当法やストレスマネジメントの知識や方法の学習も加えたらどうかと考える。

(2) 目　　標

学校における安全教育の目標は、文部科学省編『生徒指導提要』教育図書、2010（平成22）年、pp.148～149によると、「日常生活全般における安全確保のために必要な事項を実践的に理解し、自他の生命尊重を基盤として、生涯を通じて安全な生活を送る基盤を培うとともに、進んで安全で安心な社会づくりに参加し貢献できるような資質や能力を養うことにあります。」と述べる。ようするに、㋐、安全確保に必要な事項を実践的に理解する。㋑、生涯

を通じて安全な生活を送る基盤を養う。㋒、進んで安全で安心な社会づくりに参加し貢献できるような資質や能力を養う、という三つの目標を示している。ついで、さらに具体的に、次のような三つの目標を挙げる。

① 日常生活における事件・事故災害や犯罪被害者等の現状、原因および防止方法について理解を深め、現在及び将来に直面する安全の課題に対して、的確な思考・判断に基づく適切な意志決定や行動選択ができるようにする

② 日常生活の中に潜む様々な危険を予測し、自他の安全に配慮して安全な行動をとるとともに、自ら危険な環境を改善することができるようにする

③ 自他の生命を尊重し、安全で安心な社会づくりの重要性を認識して、学校、家庭および地域社会の安全活動に進んで参加・協力し、貢献できるようにする

以上のような目標を実現するために、生徒指導の立場からも、日常的に児童生徒を指導・援助していくことも必要である。知識として学んだことを日常生活で実践できるようにするのは、生徒指導が果たすべき大切な役割である。ただ児童生徒の発達段階を踏まえて指導・援助しないと、彼らに十分な定着を実現することは難しかろう。

ちなみに防災教育の目標については、文部科学省編発行『「生きる力」を育む防災教育の展開』2001（平成13）年11月、p.8によると、次のような三つを示す。

ア．自然災害等の現状、原因および減災等について理解を深め、現在および将来に直面する災害に対して、的確な思考・判断に基づく適切な意志決定や行動選択ができるようにする。

イ．地震、台風の発生等に伴う危険を理解・予測し、自らの安全を確保するための行動ができるようにするとともに、日常的な備えができるようにする。

ウ．自他の生命を尊重し、安全で安心な社会づくりの重要性を認識して、学校、家庭および地域社会の安全活動に進んで参加・協力し、貢献できるようにする。

(3) 教育内容

　学校安全・危機管理に関連する教育活動は多岐にわたり、すべてを紹介することはできない。そこでここでは、その一部を紹介して読者の教育内容に関する理解に供したい。

　まず次の**図 8-2-4**「安全教育の領域と構造」を参照してもらいたい。これによると、児童生徒はさまざまな安全学習と安全指導を受けていることがわかろう。こうした安全教育の諸活動を、生徒指導の機能を生かしてサポートすることが必要である。児童生徒の日常生活の中で、安全教育の定着に資する指導・援助が望まれる。

　文部科学省が示す「学校安全計画例（中学校）」（同省編発行『「生きる力」をはぐくむ学校での安全教育』2001〈平成 13〉年、p.118 の表 1-3）によると、安全教育が理科、美術、体育分野、保健分野、技術家庭分野などさまざまな教科、特別活動などで学ばれていることが理解できる。

　最後に渡邉正樹氏が作成された「学校安全の主な内容」の**表 8-2-1** を参照

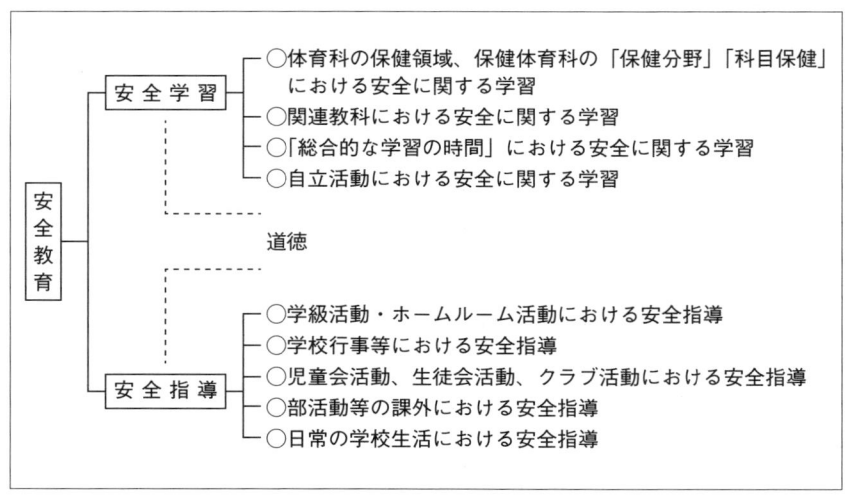

```
                    ┌─○体育科の保健領域、保健体育科の「保健分野」「科目保健」
            ┌安全学習┤  における安全に関する学習
            │        ├─○関連教科における安全に関する学習
            │        ├─○「総合的な学習の時間」における安全に関する学習
            │        └─○自立活動における安全に関する学習
    安全教育┤           道徳
            │        ┌─○学級活動・ホームルーム活動における安全指導
            │        ├─○学校行事等における安全指導
            └安全指導┤─○児童会活動、生徒会活動、クラブ活動における安全指導
                     ├─○部活動等の課外における安全指導
                     └─○日常の学校生活における安全指導
```

図 8-2-4　安全教育の領域と構造

＜出典＞文部科学省編発行『「生きる力」をはぐくむ学校での安全教育』2001（平成 13）年、p.34 の図 3

表 8-2-1 学校安全の主な内容

生活安全	①学校（園）生活や各教科、総合的な学習の時間など学習時の安全 ②児童（生徒）会活動やクラブ活動等の安全 ③運動会、校内競技会等の健康安全・体育的行事の安全 ④遠足・旅行・集団宿泊的行事、勤労生産・奉仕的行事等学校行事の安全 ⑤始業前や放課後等休憩時間及び清掃活動等の安全 ⑥登下校（園）や家庭生活での安全 ⑦野外活動等の安全 ⑧窃盗、誘拐、傷害、強制わいせつなどの犯罪被害の防止 ⑨携帯電話やコンピュータ等の情報ネットワークにおける犯罪被害の防止 ⑩施設設備の安全と安全な環境づくり
交通安全	①道路の歩行や道路横断時の安全 ②踏切での安全 ③交通機関利用時の安全 ④自転車利用に関する安全 ⑤二輪車の特性理解と乗車時の安全 ⑥自動車の特性理解と乗車時の安全 ⑦交通法規の正しい理解と遵守 ⑧運転者の義務と責任、自動車保険の理解 ⑨幼児、高齢者、障害のある人、傷病者等の交通安全に対する配慮 ⑩安全な交通社会づくり
防災	①火災防止と火災発生時における安全 ②地震・津波発生時における災害と防災 ③火山活動による災害と防災 ④風水（雪）害、落雷等の気象災害と防災 ⑤原子力災害発生時の対処 ⑥屋内外の点検と災害に対する備え ⑦避難所の役割と避難経路について ⑧注意報、警報や災害情報へのアクセスとその理解 ⑨災害発生時の連絡法 ⑩地域の防災活動の理解と積極的な参加
共通	①応急手当の意義と方法 ②災害時における心のケア ③学校と保護者、地域住民との連携 ④関係諸機関・団体との連携 ⑤学校安全に関する広報活動

＜出典＞斎藤歖能監修、渡邉正樹編著『学校安全と危機管理』大修館書店、2006（平成18）年、p.14 の表 1-3

202　第8章　学校安全・危機管理

願いたい。既述したように、この表中で「防災」とあるのは、文部科学省では「災害安全」という指導領域名を用いている。この表によって具体的な三領域の主な指導内容が理解できる。生徒指導においても、教師はこうした学校安全の指導内容を常に念頭に置いて、児童生徒の指導・援助を行うことが肝要である。

(4) 生徒指導と危機管理

　児童生徒は安全教育を、基本的に特別活動（主に学級活動あるいはホームルーム活動、学校行事など）や教科活動を通じて学んでいる。しかしひとたび、事件・事故・災害が発生すると、教職員を中心に具体的な対処が行われる。そこで、次にそれらの代表的な具体例を示したい。学校における教師としての活動の中で、学校危機に対応するための知識や心の準備の重要性が高まって

図8-2-5　地域の防犯活動
＜出典＞文部科学省編発行『学校の危機管理マニュアル―子どもを犯罪から守るために―』2002（平成14）年、p.39の図

2．学校安全・危機管理の内容　203

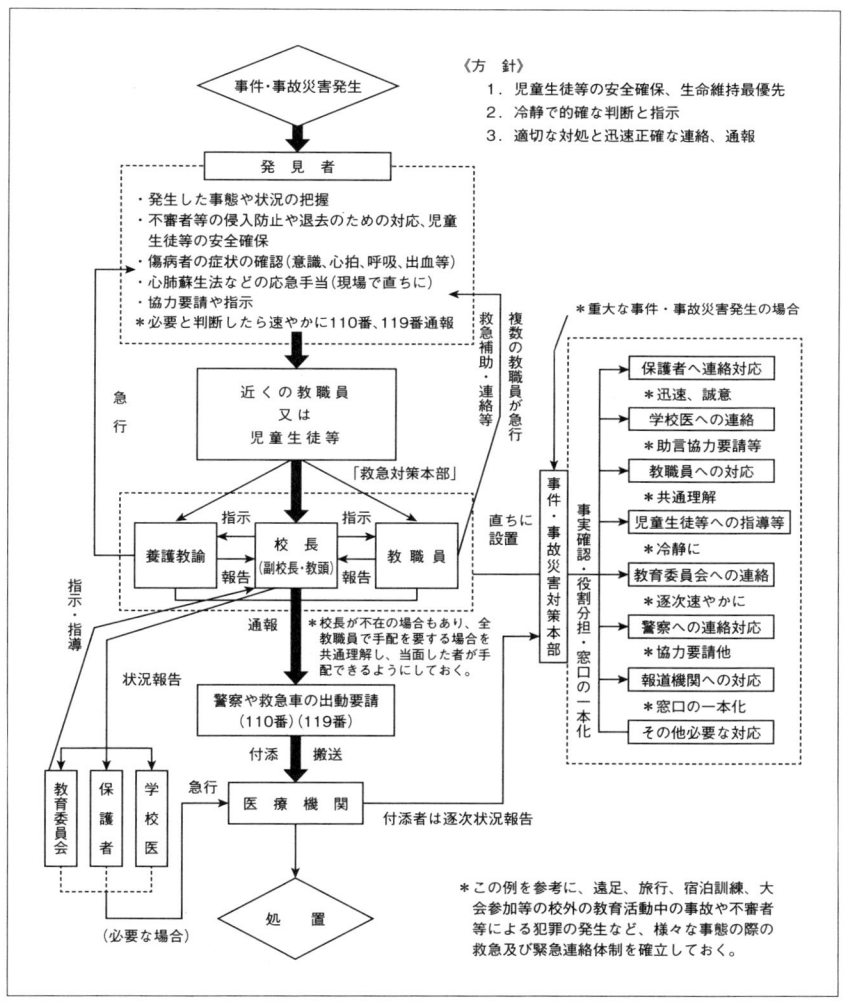

図8-2-6　校内での事件・事故発生時の対処、救急及び緊急連絡体制の一例
＜出典＞文部科学省編発行『「生きる力」をはぐくむ学校での安全教育』2001（平成13）年、p.134

いる。
1）地域の人々と連携した防犯活動

　文部科学省編発行『学校の危機管理マニュアル―子どもを犯罪から守るために―』2002（平成14）年、p.39 によると、地域と協力しての防犯活動は、**図8-2-5**「地域の防犯活動」のようであるべきだとする。

　学校への不審者の侵入や登下校時の不審者との遭遇や登下校時の不審者からの声掛けから、児童生徒を守る活動が必要になってきている。そのために、共通ユニフォーム等を活用し、子ども見守り活動（防犯パトロール）が各地で実践されている。この他、青色回転灯を装備した車によるパトロール、環境の浄化活動（地域の清掃、花壇の整備など）、防犯啓発用のぼり旗等の設置、「子ども110番の家」や「子ども110番の店」への協力依頼、地域で子どもを育てるという意識向上のための「あいさつ運動」の実践などを、学校は地域の人々と連携・協力して実施することが望まれる。

2）校内での事件・事故災害発生時の対処

　校長を中心とする学内の教職員の役割分担と学外の関係機関などとの連携関係、対応関係を示したものが**図8-2-6**である。この図が対処の基本を示しているが、現場ではその他に個別の学校安全・危機管理のマニュアルが作成されている。不信者侵入対策マニュアル、地震対策マニュアル、火災避難マニュアル、食物アレルギー緊急時対応マニュアルなども作成しており、一旦緊急事態が発生したら、それに対応できるよう、日常的に訓練が行なわれている。

3．学校安全・危機管理の進め方

(1) 安全管理と生徒指導

　学校の中では、さまざまな事件・事故が発生している。学校で生活をしている児童生徒は、成長発達の途上にある。そのため、彼らは好奇心が強く、また行動力にあふれ、大人の想像をはるかに超えた行動をとりがちである。さらに小学生の高学年以降になると、教師に反発し、教師の注意や制止を聞かず、事件・事故になることもある。

3．学校安全・危機管理の進め方　205

　教科の授業中であっても、理科の実験、技術科・家庭科での刃物や火を使う実技指導、体育での実技授業などは、危険をともなう活動である。これらの体験を通じて、児童生徒は危険に至る感覚を学習していく。事故を恐れて何もさせないことは、かえって大人になって自制・自立して生活できない人間になってしまうことになる。学校教育は、危険を内在しながら事故防止に努める活動でもある。こうした事故防止のための授業中の指導・援助は、生徒指導の機能を十分に生かすべき教育的活動である。

　学校安全の活動の中で、児童生徒の心身の安全管理、生活や行動の安全管理のための諸活動は、生徒指導とも深く関わっている。たとえば、児童生徒の心身の状態を常に観察し、場合によってはベストの対応（保健室や病院などに行かせる）を選択する。また児童生徒の日常の生活や行動を点検し、その乱れに注意を向け、もし問題をかかえた者がいたら、生徒指導の立場から指導・援助しなければならない。

　要するに、特別活動や学科の授業だけでは不十分な安全管理の教育活動を、生徒指導の活動によって、日々の学校生活の中で補っていかねばならない。

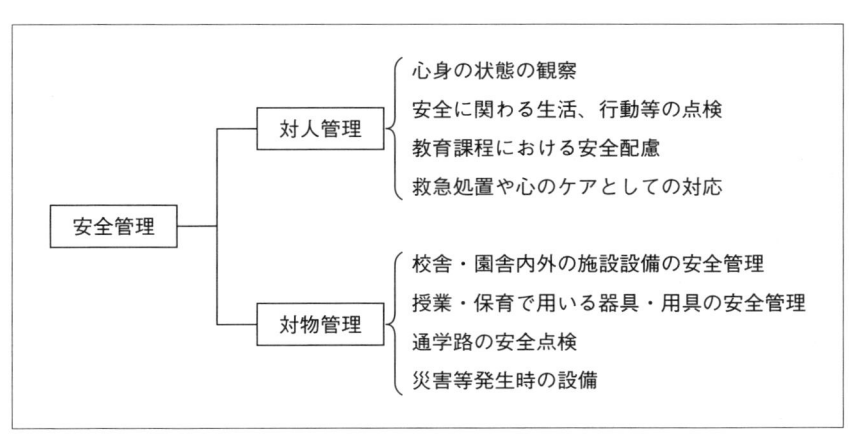

```
安全管理 ─┬─ 対人管理 ─┬─ 心身の状態の観察
          │             ├─ 安全に関わる生活、行動等の点検
          │             ├─ 教育課程における安全配慮
          │             └─ 救急処置や心のケアとしての対応
          │
          └─ 対物管理 ─┬─ 校舎・園舎内外の施設設備の安全管理
                        ├─ 授業・保育で用いる器具・用具の安全管理
                        ├─ 通学路の安全点検
                        └─ 災害等発生時の設備
```

図 8-3-1　安全管理の内容
＜出典＞斎藤歓能監修『学校安全と危機管理』大衆館書店、2006（平成18）年、p.81 の図Ⅲ-1

(2) 心のケアと生徒指導

　子どもたちは成長の過程でいくつもの心理・性的な危機を乗り越えて人格を形成していく。エリクソン（Erickson, E.H.）は、だれもが経験する危機を「発達に伴う正常な危機」（あるいは「発達的・標準的な危機」）と称した。そして青年期のような一見すると異常な発達段階も、精神的な病気ではなく、むしろそれは正常な発達の危機（Normative crisis）であるという。この正常な発達の危機は、「外傷的で神経症的な強制された危機」（あるいは「押しつけられた・トラウマ的・神経症的な危機」）とは異なるものだとする（エリク・H・エリクソン著、西平直・中島由恵訳『アイデンティティとライフサイクル』誠信書房、2011〈平成23〉年、p. 14、p. 131、pp. 152〜153）。

　このように児童生徒は、成長の過程で「発達に伴う正常な危機」と「外傷的で神経症的な強制された危機」のなかで成長している。キャプラン（Caplam, G）はエリクソンの業績に基づき、新たに前者を「発達の危機」、後者を「突発的危機」という呼称を使用している（カプラン＜あるいはキャプラン＞著、新福尚武監訳『予防精神学』朝倉書房、1970〈昭和45〉年、p. 38）。本稿では、キャプランの呼称を使用したい。

　ともかく児童生徒は、成長の過程で「発達の危機」を経験することによって、良き人格を形成するものと悪しき人格を形成するものとが現れる。学校では児童生徒が良き人格を形成していくよう、生徒指導を通じて指導・援助してきた。しかし近年、学内外での児童生徒の殺害事件、震災や津波による家族や友達の大量死亡、ストレスをかかえるものの大量発生などにより、「突発的危機」の問題への対処が、学校教育でも大切になってしまった。

　キャプランによると、この突発的危機について「突然危機の時期を通じて思いがけぬやり方で変わってしまう。その変化が健康や成熟の増大の方向にいく場合には、その危機はチャンスの時期（中略）その変化が人生の問題を効果的に対処する能力を減ずる方向にいく場合には、その危機は有害な事件云々」（キャプラン上掲書、p. 40）と述べる。つまり児童生徒が突発的危機（事件・事故災害時におけるストレス症状）をどう乗り越えるかで、この危機が良き人格を手にできるチャンスにもなりうるし、有害な事件にもなりうるという。生徒指導を通じて、ストレスに対する心のケアをどう行うのかが問われるの

3．学校安全・危機管理の進め方　207

```
PTSR：心的外傷後ストレス反応（post traumatic stress reaction）
PTSD：心的外傷後ストレス障害（post traumatic stress disorder）
ASD：急性ストレス障害，初期に起こる治療の必要な状態

         ←―― 1～2カ月 ――→
事件 ┐
事故 ├→ PTSR → 症状の終息
災害 ┘    ↑  （ASD） ←―― 症状の持続＝PTSD
        誰にも起こる              ↑
        → 心のケアが必要         治療が必要
```

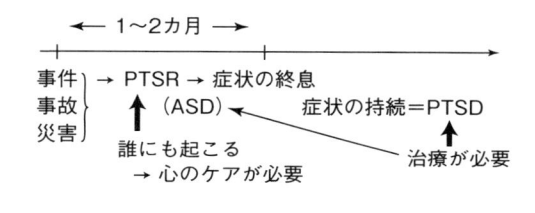

図 8-3-2　PTSR・ASD・PTSD

＜出典＞高橋哲「震災から学校危機対応へ―「こころのケア」の深化―」『臨床心理学』第 4 巻第 6 号、2004（平成 16）年 11 月、p.742 の図 1

である（**図 8-3-2** にみるように、最悪の場合 PTSD になる）。ストレス・マネジメントの指導（リラクセーション訓練を含む）が、生徒指導でも日常から実践されることが必要である（文部科学省編発行『「生きる力」をはぐくむ学校での安全教育』2001〈平成 13〉年、pp.87～94 に詳しい）。

註
1　古垣光一編著『青年の生活・価値観に関する調査（第 2 次）―大学生を中心として―』（千葉県立保健医療大学健康科学部栄養学科　古垣光一研究室、2014〈平成 26〉年）p.22 の E 表（イジケ型の増加）、p.25 の I 表（イライラ青年の増加）、p.176 のク表（イライラ青年の増加）、参照。
2　表 8-3-1 は、文部科学省の統計によって 1998（平成 10）年以降のデータを整理した。この表によると、学校内外での暴力事件が、2007（平成 19）年頃から一段と増加している。刃物を学内で使用した事件は、1998（平成 10）年から注目されてきたことは、「朝日新聞」2010〈平成 12〉年 6 月 16 日、p.39 の表によって知ることができる。この表は 2005（平成 17）年まで整理されている。最近でも 2013（平成 25）年に二つの刃物使用事件が発生している。1 月 17 日長野県立高校で、2 年生男子が刃物で 1 年生女子の首を殺害目的で切る。また 6 月 27 日千葉県市立習志野高校で、2 年生男子が同級生を折りたたみナイフで胸を刺して重傷を負わせている。
3　後述するように、心理学では「発達の危機」と「突発的危機」の用法が使用される。

表 8-3-1　学校内外における暴力行為の発生件数と発生率(1,000 人当たりの発生件数)

		1998 年〈H 10〉	2003 年〈H 15〉	2005 年〈H 17〉	2006 年〈H 18〉	2008 年〈H 20〉	2010 年〈H 22〉	2012 年〈H 24〉	2013 年〈H 25〉
学校内	発生件数	29,671	31,278	30,283	40,019	54,378	54,294	50,265	54,227
	発生率	2.0	2.4	2.3	2.8	3.9	3.9	3.7	3.9
学校外	発生件数	5,561	4,114	3,735	4,602	5,240	6,011	5,571	5,118
	発生率	0.4	0.3	0.3	0.3	0.4	0.4	0.4	0.4
学校内外	発生件数	35,232	35,392	34,018	44,621	59,618	60,305	55,836	59,345
	発生率	2.4	2.7	2.6	3.1	4.2	4.3	4.1	4.3

(注1) 文部科学省『平成 25 年度「児童生徒の問題行動等生徒指導上の諸問題に関する調査」』2014（平成 26）年、pp. 7〜9 の表により作成。
(注2) 2005（平成 17）年度までは公立の小・中・高等学校、2006（平成 18）年度からは国私立学校も調査。また、中等教育学校前期課程を含める。
(注3) 2013（平成 25）年度からは高等学校に通信制課程を含める。

4．マスコミ対応の基本

　学校において事件、事故などが発生した際には、校長や教員はテレビや新聞といったマスコミへの対応に迫られることになる。近年、滋賀県大津市の中学校におけるいじめ自殺事件では、記者会見における教育委員会や学校の教職員の対応の悪さが、世間に学校に対する不信感を与えることにつながった。このようにマスコミの影響力は大きいものであり無視することはできない。そのため事件、事故等を防ぐための危機管理とともに、万一にそなえたマスコミへの対応について私たちは理解しておく必要があろう。本節では、マスコミ対応の基本的な心構えについて述べる。次に、マスコミ対応の一般的な手順について確認することとしたい。

(1) マスコミ対応にあたっての基本的な心構え

　記者会見などマスコミ対応に当って心がけることが必要なこととして、以下の3点を挙げておきたい。

1) アカウンタビリティ

　第一に、学校が主体性を持って誠実に説明責任（アカウンタビリティ）を果

たすことが求められる。事件、事故などの問題が発生し、それに関係する人々がマスコミとやり取りする場合には、つい守り姿勢になってしまったり、隠蔽する意識が働いてしまったりすることが多いといわれる。特に学校をめぐる報道においては、こうした姿勢でいることは自己保身をしているように受け取られ、かえって人々から不信感や反発を持たれることにつながる。そのため報道陣の追及から逃げることなく対応し、誠実に説明責任を果たす姿勢を持つことが必要となる。記者会見などでは難しい言葉や教育関係者のみがわかる言葉の使用を避け、一般の人々にわかりやすい言葉で丁寧に説明することも求められる。

2）確実な事実のみを話す

記者会見などでは確実な事実のみを話すことが必要となる。憶測に基づくあいまいな発言は慎まなければならない。何の調査や準備もなくマスコミ対応に臨めば、誤解を招くようなあいまいな発言ばかりになってしまう。会見に臨むにあたってできる限りの事実関係の調査と、説明すべき内容の準備が必要となる。

また、事実を否定した虚偽の発言はしてはならない。身内を守る意識で事実を隠蔽することも禁物である。虚偽や、都合の悪い情報の隠蔽は、後から事実関係が明らかになっていったときに、学校の信用をさらに失墜させることにつながる。記者会見では、確実な事実を伝えるためにも、説明すべき内容を整理するとともに、想定問答も準備しておくことが重要である。これによってあいまいな発言をすることを防ぐことができる。

3）人権や個人のプライバシーに配慮する

学校の児童生徒のことを第一に考えて対応することが必要である。つまり、教育の場である学校として、児童生徒や保護者などの関係者の人権やプライバシーを守っていく必要がある。学校が誠意を持ってマスコミなどに対して説明責任を果たしていかなければ、取材の矛先が児童・生徒、保護者などに向かうことになってしまう。

ただし、説明責任を果たさなくてはならないとはいえ、児童生徒のプライバシーに関わる情報までをも公表する必要はない。この点はマスコミにも理解してもらうようにしたい。また、教育の場であることをかんがみ、児童生

徒への直接的なインタビューや教室の撮影については控えてもらうよう働きかけることも必要である。

　以上のことを踏まえつつ、事件、事故の発生時には、学校に対して厳しい見方をとる傾向のあるメディアの特性を理解するとともに、万一に備えた体制作りを行い、学校の教職員間で一致した対応ができるようにしておかなければならない。

(2) マスコミ対応の手順

　次に、以上のような心構えを踏まえて、マスコミ対応（取材）の具体的な手順について確認しておきたい。

1) 取材の申込み

　学校をめぐって事件、事故などが発生し、それに対してマスコミからの取材の申込みがあった際には、窓口を一本化し、担当者はその時点において明らかになっている事実を丁寧に説明する。何がわかっていることで、何が不明であるのか、また学校としてどのように対応しているのか、などについて具体的に話す。この際に、児童生徒や保護者の人権やプライバシーへの配慮を求めていくことが必要である。取材の申込みがあったことについては所管の教育委員会などに必ず連絡し、相談することも忘れてはならない。

2) 取材のルール確認

　マスコミからの取材を受けることとなったら、校内において取材内容の記録係を決め、取材目的、取材内容を再度確認のうえ、取材の方向性、時刻及び取材時間を設定する。取材が複数の者の場合にはなるべく代表者を決めてもらうようにする。

　マスコミにとって締め切り時間は重要であることから、取材時刻、時間の決定にあたり、これに配慮することも求められる。一般的にはテレビの昼のニュース、新聞夕刊の締め切り時間は午前10時30分であり、テレビの夜のニュース、新聞朝刊は午後4時である。また、テレビ取材では映像によって報道されることから、何を撮影するのかをあらかじめ確認し、トラブルの未然防止に努めたい。

　こうしたルールに基づき、校長は取材をマスコミに対して許可をする。ま

た、取材を受けることを教育委員会などにも連絡する。

3）教職員、児童生徒及び保護者への説明

校長および担当者は、教職員に対してマスコミからの取材、記者会見などがあることを伝え、事前に共通理解を図っておく。また、児童生徒および保護者に対して、マスコミの取材、記者会見があり、場合によっては新聞およびテレビなどによって報道される可能性があることをあらかじめ説明しておくことが、混乱を防ぐために望ましい。

4）記者会見、取材の当日

記者会見、取材の待機場所には、張り紙をし、教職員のうち担当者を複数決めて配置して対応にあたる。複数者による取材の場合には、特に必要である。

記者会見や取材に臨むにあたっては、誠意をもって、事実のみを述べる。「言えないこと」については、はっきり「言えない」と理由をつけて説明したり、聞かれたことについてのみ的確に答えたりすることが必要である。また新聞記事になったり、テレビで放映されることを踏まえ、同意したものと誤解されるような相槌を打たないようにしたり、意見や感想を求められたら、慎重に対応したりするようにしなければならない。思いがけず失言してしまったり、事実と異なる話をしてしまった際には、その場で素直に陳謝し、訂正することが肝要である。

記者会見、取材に当って事実関係をはっきりと示していくためには、事前に資料を作成し、それを配布するということも考えられる。ただし、事実関係を詳しく説明しようとするあまりに分量が多くなりすぎないよう、紙1枚程度に要点のみを記載するようにしたい。配布する資料は内容をよく吟味するとともに、事前に教育委員会に連絡し、内容について相談する必要がある。

記者と名刺交換をしておく。そうすれば誤解されやすい内容や誤った内容を話してしまった場合などには、後で連絡をして訂正を求めることができる。また、テレビの場合には放送時間、新聞の場合には掲載日について確認しておく。記者会見や取材を受けるにあたって、マスコミ対応する案件の内容によっては教育委員会の職員も同席することもある。そうでない場合は、記者会見や取材における内容、時間などの概要については所管の教育委員会に報

告する。

5）記者会見、取材の後

　記者会見、取材の後に校長は教職員に対して、その内容について報告するとともにその後の対応について指示する。特にテレビのニュースや新聞記事となる場合には、児童生徒および保護者への対応の方針について詳しく説明し、学校で一致した対応をしていくことが大事である。児童生徒にも、関係者のプライバシーや人権に十分に配慮しながらできる限り、記者会見や取材内容について話をする。また、保護者に対しても文書だけでなく、保護者会などを開催して、事件、事故の経緯や学校の方針について丁寧に説明して理解を図るように努め、協力を求めていくようにしていく。さらに、地域の関係者に対しても説明、協力を求めていくことが望ましい。

参考文献
・阪根健二『教育関係者が知っておきたいメディア対応』北大路書房、2007（平成19）年
・広島県教育委員会『生徒指導の手引き　改訂版』2010（平成22）年
・片山紀子『新訂版　入門生徒指導』学事出版、2014（平成26）年

執筆者紹介

＊磯辺武雄（いそべ・たけお）
　　元：国士舘大学副学長、
　　　　国士舘大学名誉教授　第1章1、3

　江津和也（ごうづ・かずや）
　　淑徳大学専任講師　第1章2、第5章6、第8章4

　伊藤洋二（いとう・ようじ）
　　元：東京都内公立中学校長、
　　　　東京都国分寺市教育委員会教育アドバイザー　第1章4、第3章2、3、第6章1

　野島正剛（のじま・せいごう）
　　こども教育宝仙大学准教授　第2章1、第4章2、3、4

　雨森雅哉（あめもり・まさや）
　　日本体育大学非常勤講師　第2章2、3、第4章1

　田邉　修（たなべ・おさむ）
　　元：東京都内公立中学校長、
　　　　東京都江戸川区教育委員会教育相談室指導員　第3章1、第6章4、5

　坂本徳雄（さかもと・とくお）
　　元：埼玉県内公立中学校長、
　　　　宝仙学園中高理数インター副校長　第3章4、第6章6

＊金　泰勲（きむ・てーふん）
　　文部科学省国立教育政策研究所客員研究員　第5章1、2、3、4、5

　栗栖　淳（くりす・じゅん）
　　国士舘大学教授　第6章2、3

＊山﨑真之（やまざき・まさゆき）
　　東京国際大学専任講師　第7章1、2、3、4

　古垣光一（ふるかき・こういち）
　　元：千葉県立保健医療大学教授、
　　　　東京薬科大学非常勤講師　第8章1、2、3

（＊編者、執筆順、執筆担当）

生徒指導・進路指導の方法と実際

2015年10月15日　初版第1刷発行

編著者	磯辺　武雄
	金　　泰勲
	山﨑　真之

発行者　阿部　成一

〒162-0041　東京都新宿区早稲田鶴巻町514番地

発行所　　　　株式会社　成文堂
電話 03(3203)9201　FAX 03(3203)9201
http://www.seibundoh.co.jp

製版・印刷・製本　三報社印刷
Ⓒ 2015　T. Isobe, T. Kim, M. Yamazaki　Printed in Japan
☆乱丁・落丁本はおとりかえいたします☆
ISBN978-4-7923-9255-0　C3037　　　検印省略

定価（本体2,200円＋税）